LAW & BUSINESS

法商圖書

造价法律实务四十二讲

FORTY-TWO LECTURES ON LEGAL PRACTICE OF COST

张　雷 / 著

法律出版社
LAW PRESS·CHINA
北京

图书在版编目(CIP)数据

造价法律实务四十二讲 / 张雷著. -- 北京：法律出版社，2023(2025.1 重印)
ISBN 978-7-5197-7530-8

Ⅰ. ①造… Ⅱ. ①张… Ⅲ. ①工程造价-建筑法-中国 Ⅳ. ①D922.297

中国国家版本馆 CIP 数据核字(2023)第 020284 号

造价法律实务四十二讲
ZAOJIA FALÜ SHIWU SISHIER JIANG

张 雷 著

责任编辑 慕雪丹 章 雯
装帧设计 汪奇峰

出版发行 法律出版社
编辑统筹 法商出版分社
责任校对 赵明霞
责任印制 胡晓雅
经　　销 新华书店

开本 710 毫米×1000 毫米 1/16
印张 21.25 字数 331 千
版本 2023 年 2 月第 1 版
印次 2025 年 1 月第 2 次印刷
印刷 天津嘉恒印务有限公司

地址：北京市丰台区莲花池西里 7 号(100073)
网址：www.lawpress.com.cn
投稿邮箱：info@lawpress.com.cn
举报盗版邮箱：jbwq@lawpress.com.cn
销售电话：010-83938349
客服电话：010-83938350
咨询电话：010-63939796

书号：ISBN 978-7-5197-7530-8
定价：85.00 元
凡购买本社图书，如有印装错误，我社负责退换。电话：010-83938349

致读者的一封信

读者朋友,你们好！非常高兴以书稿的形式与各位就工程造价法律实务这一门课做一次交流和分享。我叫张雷,是上海市建纬律师事务所合伙人,目前主要业务类型就是造价争议解决。我毕业于中国政法大学,学的是法学专业,在执业过程中又先后取得了造价员和建造师的专业资格,因此对工程造价这一门课还是有一定的认识和研究的。

我在2017年出了一本书叫《工程造价法律实务:108个实务问题深度释解》。这本书的内容和目前行业内比较关注的工程造价司法鉴定有很多共通之处。如果说工程造价司法鉴定是从程序和证据的角度去解决如何计算工程款的问题,那么,这本书则从法律关系和实体应用的角度提供了解决方案。我认为这本书的内容还是不错的,感兴趣的读者可以再去看看这本书。

工程造价是建设工程施工合同纠纷的核心问题。处理的建设工程施工合同纠纷比较多之后,我发现客户其实并不太在乎合同效力问题、招投标问题、资质问题等。他们最关心的就是工程造价,就是工程价款如何计算。建设工程专业律师的专业能力就体现在可以看懂工程造价结算书,可以从法律的角度提供专业的意见。造价律师的专业意见,甚至可以直接影响上千万标的额的上下浮动。

当然,工程造价法律并不是一门比较容易掌握的交叉学科,它要求学习者同时具备项目管理、法律和造价三方面的知识。这本书就是以工程造价的基本概念为基础,结合实务案例为大家提供系统化的讲解。希望各位读者在学完这门课后,能够形成体系化、框架性的知识体系。在处理施工合同纠纷的过程中,能够迅速地辨别争议焦点,同时能够轻松找到正确的解决思路。

读完本书,相信各位读者的进步将会非常大。很多律师都想代理建设工程施工合同纠纷的案件，这是为什么呢？因为施工合同纠纷的标的额往往非常大，因此收的律师费也会非常高。这本书可以帮助律师朋友们在激烈的市场竞争中取得竞争优势，并可以帮助律师朋友们走上一条专业化的发展道路。我本人非常愿意在工程造价与法律交叉学科中深入学习下去，同时也希望各位读者能够跟我一起，把这个学科研究透，把这块业务能力增强，把市场的蛋糕做大。

前言部分结束，正式进入第一讲：工程计价的基本原理。

简目 Contents

第 一 讲　工程计价的基本原理 / 1

第 二 讲　人工费的概念与价格调整 / 7

第 三 讲　材料费的概念与价格调整 / 17

第 四 讲　机械费的概念与停窝工损失 / 29

第 五 讲　企业管理费的概念与常见错误理解 / 37

第 六 讲　利润的概念与索赔 / 47

第 七 讲　安全文明施工费的概念和不可竞争性 / 55

第 八 讲　夜间施工增加费 / 67

第 九 讲　大型机械进出场及安拆费的概念与报价问题 / 73

第 十 讲　垂直运输费的概念与计算方法 / 79

第十一讲　超高施工增加费的概念与计价依据 / 85

第十二讲　检验试验费的概念与计算 / 91

第十三讲　措施项目费的概念与调整方法 / 99

第十四讲　暂列金额的概念与所有权归属 / 107

第十五讲　计日工的概念与计算依据 / 113

第十六讲　总承包服务费的概念与责任主体 / 119

第十七讲　规费的概念与不可竞争性 / 127

第十八讲　风险费用的概念与价格调整 / 133

第 十 九 讲　奖励费的概念与双方配合义务 / 141
第 二 十 讲　固定总价 / 149
第二十一讲　综合单价的概念与确定 / 163
第二十二讲　可调价的概念与按实结算原则 / 169
第二十三讲　工程量清单计价的特征与适用范围 / 175
第二十四讲　财政审计 / 181
第二十五讲　工程垫资与垫资利息 / 187
第二十六讲　法律法规的变化 / 193
第二十七讲　工程变更 / 201
第二十八讲　项目特征不符 / 213
第二十九讲　工程量清单缺项 / 219
第 三 十 讲　工程量偏差 / 227
第三十一讲　赶工费 / 235
第三十二讲　索赔 / 241
第三十三讲　签证 / 249
第三十四讲　约定不明 / 257
第三十五讲　工程计量 / 265
第三十六讲　工程进度款 / 275
第三十七讲　工程质量 / 281
第三十八讲　合同无效 / 287
第三十九讲　黑白合同 / 295
第 四 十 讲　未完工程造价 / 301
第四十一讲　工程造价司法鉴定 / 307
第四十二讲　鉴定依据 / 317

后记 / 323

详目

Contents

Lesson 1 第一讲 **工程计价的基本原理** / 1

1. 工程计价的基本原理 / 3
2. 建筑安装工程费用项目组成 / 4

Lesson 2 第二讲 **人工费的概念与价格调整** / 7

1. 人工费的概念 / 9
2. 人工费价格波动的三种情形 / 10
3. 人工费的价格波动是否调价的三个结论 / 11
4. 案例:政策性调整导致的人工费价格波动的合同价款调整问题 / 13

Lesson 3 第三讲 **材料费的概念与价格调整** / 17

1. 材料费的定义与性质 / 19
2. 材料的供应 / 20
3. 合同应当约定材料的市场价格波动风险 / 21
4. 没有约定,按照合同漏洞填补规则处理 / 22
5. 材料费市场价格波动时调整价款的具体约定方法 / 24
6. 案例:材料价格波动,承包人不能超出合同约定主张调价 / 26

Lesson 4 第四讲 **机械费的概念与停窝工损失** / 29

1. 机械费的基本概念 / 31
2. 机械费的市场价格波动 / 32
3. 关于机械设备损失的承担问题 / 33
4. 机械设备的停窝工损失 / 34

Lesson 5 第五讲 **企业管理费的概念与常见错误理解** / 37

1. 企业管理费的概念 / 39
2. 企业管理费的投标报价 / 40
3. 所谓“管理费”,是用于管理的费用吗? / 41
4. “管理费”的收缴 / 43
5. 案例:企业管理费按实际管理情况计取 / 44

Lesson 6 第六讲 **利润的概念与索赔** / 47

1. 利润的概念和计算方法 / 49
2. 可得利益损失 / 50
3. 利润索赔的合同依据 / 52
4. 案例:挂靠情形下是否支持利润 / 53

Lesson 7 第七讲 **安全文明施工费的概念和不可竞争性** / 55

1. 安全文明施工费的概念和内容 / 57
2. 安全文明施工措施费的重要性 / 58
3. 安全文明施工费的不可竞争性 / 59
4. 安全文明施工费与停工权 / 61
5. 案例:安全文明施工费与管理性规定及举证责任的关系 / 63

Lesson 8 第八讲 **夜间施工增加费** / 67

1. 夜间施工增加费的概念与行政许可 / 69
2. 定额科目与事实推定 / 70
3. 案例:对于夜间施工增加费应当及时签证 / 71

Lesson 9 第九讲 **大型机械进出场及安拆费的概念与报价问题** / 73

1. 大型机械设备进出场及安拆费的定义 / 75
2. 大型机械设备进出场及安拆费的计算与零报价问题 / 75
3. 案例:大型机械进出场及安拆费有别于机械费 / 76

Lesson 10 第十讲 **垂直运输费的概念与计算方法** / 79

1. 垂直运输费的概念 / 81
2. 垂直运输费的两种计算方法 / 81
3. 案例:垂直运输费的计算应以证据资料为准 / 83

Lesson 11 第十一讲 **超高施工增加费的概念与计价依据** / 85

1. 超高施工增加费的概念和计算 / 87
2. 计价依据 / 87
3. 案例:计价依据的变更应当谨慎 / 89

Lesson 12 第十二讲 **检验试验费的概念与计算** / 91

1. 检验试验费的定义与内容 / 93
2. 承包人检验试验的法定义务 / 94
3. 案例:检验试验费应当按实结算 / 96

Lesson 13
第十三讲 措施项目费的概念与调整方法 / 99

1. 措施项目费的定义和计算规则 / 101
2. 措施项目费的投标报价 / 102
3. 合同变更后措施项目费的调整 / 104
4. 案例:措施项目费不得调整的约定可能违反公平原则 / 105

Lesson 14
第十四讲 暂列金额的概念与所有权归属 / 107

1. 暂列金额的概念 / 109
2. 暂列金额的特殊要求 / 110
3. 案例:暂列金额所有权在发包人 / 110

Lesson 15
第十五讲 计日工的概念与计算依据 / 113

1. 计日工的概念 / 115
2. 计日工的程序要求 / 115
3. 案例:计日工应当通过签证予以固定 / 116

Lesson 16
第十六讲 总承包服务费的概念与责任主体 / 119

1. 总承包服务费的概念 / 121
2. 总承包服务费的费率 / 123
3. 案例:总承包服务费应当由业主承担 / 124

Lesson 17
第十七讲 规费的概念与不可竞争性 / 127

1. 规费的概念 / 129
2. 规费的性质 / 129
3. 劳动关系的认定 / 130
4. 案例:规费具有不可竞争性 / 131

Lesson 18 第十八讲 **风险费用的概念与价格调整** / 133

1. 风险费用的概念 / 135
2. 风险的种类及承担方式 / 136
3. 材料市场价格波动的价款调整 / 137
4. 有关材料价格调整的条款 / 138

Lesson 19 第十九讲 **奖励费的概念与双方配合义务** / 141

1. 奖励费的概念与性质 / 143
2. 发包人的配合义务 / 144
3. 发包人不予配合的法律后果 / 145
4. 鉴定过程中双方的配合义务 / 146
5. 案例:未取得奖励的双方责任 / 147

Lesson 20 第二十讲 **固定总价** / 149

1. 固定总价的概念 / 151
2. 清单总价的价格调整 / 153
3. 施工图总价合同的基本原则 / 156
4. 基本原则的例外 / 158
5. 案例:固定总价范围内的工程一般不予调整 / 161

Lesson 21 第二十一讲 **综合单价的概念与确定** / 163

1. 综合单价的概念 / 165
2. 综合单价的确定 / 166

Lesson 22 第二十二讲 **可调价的概念与按实结算原则** / 169

1. 可调价的概念 / 171

2. 实践中的可调价格 / 172
3. 案例:可调价合同等于按实结算 / 173

Lesson 23
第二十三讲 **工程量清单计价的特征与适用范围** / 175
1. 清单计价模式的特征 / 177
2. 清单计价的适用范围 / 178
3. 案例:《清单计价规范》不能作为裁判依据 / 179

Lesson 24
第二十四讲 **财政审计** / 181
1. 财政审计的效力 / 183
2. 案例:审计结论能否作为裁判依据视具体情况而定 / 185

Lesson 25
第二十五讲 **工程垫资与垫资利息** / 187
1. 垫资的概念 / 189
2. 垫资利息 / 190
3. 案例:垫资与工程计价 / 191

Lesson 26
第二十六讲 **法律法规的变化** / 193
1. 法律法规变化的含义 / 195
2. 案例:建设主管部门的调价文件不属于国家政策 / 198

Lesson 27
第二十七讲 **工程变更** / 201
1. 工程变更的概念 / 203
2. 变更估价三原则 / 205
3. 工程量的变更 / 208
4. 工程变更与违约行为 / 209

5. 案例:对发包人违约行为的正确处理方式 / 210

Lesson 28 第二十八讲 **项目特征不符** / 213

1. 项目特征的概念 / 215
2. 项目特征不符的责任承担 / 216
3. 案例:项目特征描述不符的责任应当由招标人承担 / 217

Lesson 29 第二十九讲 **工程量清单缺项** / 219

1. 清单缺项的定义 / 221
2. 清单缺项的责任 / 222
3. 清单缺项的处理 / 223
4. 案例:清单缺项时仍要按实计量 / 224

Lesson 30 第三十讲 **工程量偏差** / 227

1. 工程量偏差的概念 / 229
2. 工程量偏差的处理 / 230
3. 案例:工程量偏差的两种情形 / 232

Lesson 31 第三十一讲 **赶工费** / 235

1. 赶工费的概念 / 237
2. 案例:承包人提前竣工并不必然获得赶工费 / 239

Lesson 32 第三十二讲 **索赔** / 241

1. 索赔与违约责任的区别 / 243
2. 索赔的程序 / 244
3. 案例:索赔应严格按照约定程序进行 / 247

Lesson 33
第三十三讲 **签证** / 249

1. 签证的概念 / 251
2. 签证的程序 / 252
3. 案例:监理实施职务行为所作的签证有效 / 254

Lesson 34
第三十四讲 **约定不明** / 257

1. 约定不明的具体规则 / 259
2. 合同漏洞填补的适用情形 / 261

Lesson 35
第三十五讲 **工程计量** / 265

1. 工程计量的基本概念 / 267
2. 计量风险 / 268
3. 工程计量的程序 / 271
4. 案例:招标人应当对清单工程量负责 / 273

Lesson 36
第三十六讲 **工程进度款** / 275

1. 工程进度款的概念 / 277
2. 进度款的支付 / 278

Lesson 37
第三十七讲 **工程质量** / 281

1. 工程质量责任 / 283
2. 案例:竣工验收合格不能免除承包人的违约责任 / 285

Lesson 38
第三十八讲 **合同无效** / 287

1. 合同无效的法律后果 / 289
2. 合同无效的处理 / 290

Lesson 39
第三十九讲 **黑白合同** / 295

1. 黑白合同的概念 / 297
2. 案例:中标合同之外另行签订的合同并非全部属于黑合同 / 299

Lesson 40
第四十讲 **未完工程造价** / 301

1. 单价合同下的未完工程造价 / 303
2. 总价合同下的未完工程造价 / 304

Lesson 41
第四十一讲 **工程造价司法鉴定** / 307

1. 鉴定意见的性质 / 309
2. 鉴定意见的审查 / 310
3. 鉴定意见的质证 / 313
4. 重新鉴定的情形 / 315

Lesson 42
第四十二讲 **鉴定依据** / 317

1. 定额与竣工图 / 319
2. 案例:鉴定依据应当谨慎对待 / 321

后　记 / 323

LESSON 1

第一讲

工程计价的基本原理

1. 工程计价的基本原理

举一个非常简单的例子:发包人和承包人就某一土建项目约定,最终的结算是按照承包人实际完成的面积和一千元每平方米的单价,两者之间进行乘积,得到总的工程价款,这一计价方法称为单方计价(平方米单价)。别看单方计价操作简单,但是它却体现了工程计价的基本原理:就是用量和价进行乘积,然后汇总。无论是后面要讲到的定额计价方法,还是清单计价方法,其所运用都是对量价之积进行汇总的基本原理,只不过因为对项目分解和组合的标准不同,才产生了两种不同形式的计价程序。不过从理论上来说,两种计价方法对同一项目最终的计价结果应该是相同的。

回到上述提到的单方计价,该计价方法虽然方便,但实际上并不科学。因为平方米单价是按平面面积计价的,并没有考虑到空间立体的高度,试想,如果承包人修建的楼层只有四米高,他按照一千元/平方米进行结算尚且能够获得一定的利润,但是如果修建到阁楼或者门厅部分,楼层的高度达到十几米高,此时承包人的成本是否还能够保得住?是否还有利润?这就不一定了。因此这种单方计价的方法很容易产生纠纷。

目前国家施行的《建筑安装工程费用项目组成》(建标〔2013〕44 号)、《建设工程工程量清单计价规范》(以下简称《清单计价规范》)以及各省份、各种类的定额文件,对建设工程项目造价构成的分类还是比较科学的,包括分部分项工程费、措施项目费、其他项目费、规费和税金五部分。计价时,通过给予分部分项工程费、措施项目费等各个子目特定的单价,再用各自子目的单价和对应的工程量做乘积,经过汇总后得到总的工程造价。因此,需要掌握的工程计价基本原理,就分为计量和计价两部分,最后将量价之积进行汇总得到总的工程造价。

首先看计量这一部分。在谈到计量时,我们会遇到两个概念,分别叫作实物量和消耗量。所谓实物量,打个比方,如果按照图纸施工得到了一幢楼,那么它的楼板、楼梯、梁、柱、地底下的桩等能够看得见、摸得着的实体部分的工程量就是实物量。消耗量指的是每一基本的单元,或者具体来说每平方米的楼板、每根桩,它所对应的人工、材料、机械的量各是多少。消耗量是抽象的数据,我们经常谈到的定额就包含消耗量。

定额作为一个数据库,其中就包含了每一基本单元所包含的人工、材料和机械的消耗量。所以说消耗量就是一种数据,工程实务中常常讲到的"套定额"指的就是用实物量去套取、换算人材机的消耗量。以上就是计量的概念。

另外一部分叫作计价。计价包括两个方面:一是单价的确定,二是总价的确定。在使用定额计价的方法时,单价包括人工费、材料费、机械费三部分;在清单计价中,单价包括人工费、材料费、机械费、企业管理费、利润这五部分(当然还有风险费用,此处先不考虑)。

因此,在计算总价时,如果采用的是含人工费、材料费、机械费的工料单价法,就可以用分部分项工程的工程量乘以工料单价得到直接工程费,以此为基础,按照当地定额标准再分别换算出相应的措施费、间接费(企业管理费和规费)、利润、税金,最终汇总后生成总的工程造价。当然,不同地区的定额计价程序或者说汇总方式可能会稍有不同。

如果采用以人工费、材料费、机械费、企业管理费、利润组成的综合单价,就可以用清单工程量直接乘以综合单价得到综合总价。另外,再加上措施费、规费和税金即为总的工程造价。

因此,单价有两种:一种是工料单价,包括人工费、材料费、机械费;另一种是综合单价,包括人工费、材料费、机械费、管理费、利润。与之对应的总价也有两种确定方法:一种是定额计价方法,另一种是清单计价方法,当然,这两种计价方法在汇总程序上也有略微的不同。

讲完这些基本概念后,希望各位读者能够对工程计价的基本原理即对量价之积进行汇总有进一步的理解。工程造价既要关注量也要关注价,但站在法律的角度,更需要关心的应是计价问题。

2. 建筑安装工程费用项目组成

在《建筑安装工程费用项目组成》(建标〔2013〕44 号)这一文件的附件一中,对建筑安装工程费用按照其构成要素进行了划分,包括人工费、材料费、机械费、管理费、利润、规费和税金。附件二则是按照造价形成,将建安工程费划分为分部分项工程费、措施项目费、其他项目费、规费和税金。在两个附件中，规费和税金的定义没有区别，都是由承包人作为支付主体需要向政府部门或者税收部门缴纳的一笔款项。我们更需要重点关注的是这两种划分方法背后的意义。

先来看按照造价形成进行划分的方法，实际上笔者更倾向于用“交易”性质这样一种思维方式去理解所谓的造价形成。以房屋建筑与装饰工程为例，分部分项工程中包括很多的单位工程，如土石方工程、桩基工程等。承包人实际挖了那么多土方，实际打了成千上万根基础桩，这些土方或是桩作为一种实体，是承包人履行合同义务的体现，需要有能体现其价值的价格对象。这一价格对象就是分部分项工程费。

第二种费用叫措施项目费。什么叫“措施”？按照文义解释的方法，根据《辞海》的定义，措施就是“手段”。措施项目最大的特征就是在工程竣工之后，再也看不到、摸不着了。例如，脚手架措施项目费、降水措施项目费、模板措施项目费，在工程完工之后，再也看不到了。但这些都是承包人为了完成工程实体，为了完成分部分项工程而实际履行的合同义务。所以措施项目费就是指施工过程中某种手段所实际花费的成本，发包人当然应当支付相应对价。

第三种费用叫其他项目费，包括暂列金额、计日工、总承包服务费等。以总承包服务费为例，指的是总承包人去管理、协调以及提供服务给第三方而向业主收取的一笔费用。这里的第三方是指业主单独发包工程的承包人，如单独承包电梯工程的安装工程公司，需要由业主指令总承包人向其提供相应的配合服务。总承包人提供相应的配合服务后，根据合同相对性以及等价有偿等原则，按照总承包合同的约定向业主收取相应的总承包服务费。

以上，无论是分部分项工程费、措施项目费还是其他项目费，都是从交易对价的角度去理解的，是发包人和承包人在交易市场上讨价还价后确定的购买对象的价格。

再看按照构成要素划分的情况。假设我们自己是承包人委派在现场的项目经理，那么作为项目经理，就需要关心收到每一笔进度款之后，进度款怎么花的问题。是用来购买现场需要用到的材料，或是去租赁机械设备，还是支付给现场的农民工工资？项目经理需要做资源调配的工作，将这笔费用支付给不同的主体。从资源调配的角度去考虑，就可以将建筑安装工程费划分为人工费、材料费、施工机具使用费、企业管理费和利润。一般的竣工结算报告或者预算书，都会在单位工程费用的表格后，附上主要工日表、主要材料表。这些表格体现了消耗并固化在工程中的基本构成要素，也是一种抽象的数据。当然，资源调配不是法律人的工作，作为法律人更需要了解的是，假如材料费当中有一项材料是钢材，那么钢材的市场价格在施工过程当中大幅上涨，超过了合同约定的范围，此时能不能调整合同价格？这些问题将在后文作更进一步的说明。

这就是按照两种分类方法所划分的工程费用项目组成，请各位读者反复去看一看，对后面的学习是有帮助的。

后面讲解分部分项工程费、措施项目费和其他项目费时，将会通过人工费、材料费、机械费、管理费、利润还有风险费用这样的一些构成要素去讲解，而不去讲它的实际计量问题。

LESSON 2

第二讲

人工费的概念与价格调整

1. 人工费的概念

第二讲是人工费。所谓人工费，是指“按工资总额构成规定，支付给从事建筑安装工程施工的生产工人和附属生产单位工人的各项费用”。从定义上看，人工费的支付对象是生产工人，既不包括在项目上从事管理工作的管理人员，也不包括施工企业的法务、会计、后勤等人员。

我们可以从三个角度来理解人工费的含义。

第一，人工费是单价的组成部分。前文讲到，定额计价法下有工料单价，清单计价法下有综合单价。工料单价由人工费、材料费、机械费三部分组成，综合单价由人工费、材料费、机械费、管理费、利润和风险费用组成。所以人工费是两种单价的共同组成部分。在任何结算书或预算书中，都可以看到在分部分项工程费用表或者单位工程费用表之后，有关于工人人工费的统计表格，一般叫作主要工日价格表，它记载了工程中所使用的一类工、二类工、三类工分别是多少，通常以工日为单位进行计价。例如，三类工共计 28,851.96 个工日，每工日 50 元。

第二，人工费是项目经理调配的主要资源。前文也讲到，项目经理收到进度款之后，最关心的就是这笔钱是拿去支付工人的工资，还是购买材料，所以人工费是项目经理非常关心的一项生产成本。那么在施工过程当中发生了人工费的价格波动，如人工费价格上涨，那是否可以要求发包人承担调增部分的价款？这个问题我们在后文详细讲解。

第三，人工费是工程价格信息的主要内容。造价管理部门或者定额站会定期公布工程价格信息，如对材料价格就会按照具体材料的种类来公布相应的每个月或每个季度的价格。人工费也是价格信息的内容，不同工种对应着不同的价格。

这里需要多讲几句，关于人工费在法律层面上应该如何定性。根据《价格法》的规定，价格分为三种，包括政府定价、政府指导价以及市场调节价。那么人工费价格信息属于哪一种？可以明确的是，人工费不属于政府指导价或政府定价，因为只有水电费或者其他和日常生活息息相关的、用以维持基本生活的这些费用,才会被列入政府价格目录中,实行政府定价或政府指导价。人工费并不在价格目录当中,自然不能算政府指导价或是政府定价。那么人工费就属于市场调节价吗?市场调节价是指“由经营者自主制定,通过市场竞争形成的价格”。像水泥、黄沙这些材料费用,就是造价管理部门,按照一定时期的统计方法,根据统计对象计算、公布出来的价格,应当实行市场调节价。人工费尽管也是由各地的工程造价管理部门,如省住建厅,定期发布的价格,但是这个价格仍然不属于市场调节价。现在很多省份的综合工日价格,是 125 元/工日左右。但如果用 125 元去当地劳动市场上聘请工人,会发现根本请不到工人来做 8 个小时的工作,也就是不符合 125 元/工日的定义。大体上看,当前劳动市场上的零散建筑工人,一天的费用要 400 元左右,这两个价格相差很大。所以省住建厅公布的人工费价格,不是市场价格。从实践来看,各省份住建厅发布的人工费价格,更多都是配合当地的计价定额发布的。在发布新版定额时,每一个定额子目配套有定额基价,其中就包含了人工费。于是在定额的基价中,人工费就有了具体数额,如 56 元/工日,并在每一次的定额更新中作出相应调整。因此,人工费作为配套定额使用的价格,是定额价的一部分,其性质似乎游离于《价格法》之外,是一套与定额配套并自成体系、不断更新的信息数据。

2. 人工费价格波动的三种情形

接下来讲在人工费价格发生波动时,是否可以调价的问题。笔者经常遇到有承包人咨询,某某工程做了有三五年,其间人工费调整了数次,是否可以要求业主另外支付一笔人工费的调价费用?

笔者发现很多承包人对于为什么会发生人工费价格波动有一定的误解。要弄清楚这个问题,我们先要在具体的文件中找到关于人工费波动的情形。

首先,看《清单计价规范》的规定。《清单计价规范》第 3.4.2 条规定:“由于下列因素出现,影响合同价款调整的,应由发包人承担:1. 国家法律、法规、规章和政策发生变化;2. 省级或行业建设主管部门发布的人工费调整……”该条文本身并不是强制性条文,规定的情形是省级或行业建设主管部门,也即住建厅这样的政府部门颁布的红头文件中要求对人工费进行调整,如由 56 元/工日调整到 76 元/工日。此时要考虑的法律问题是,这种行政性的、政府部门的价格干预，是否一定会对发承包双方的价格约定产生影响？是否一定要据此调整人工费价格？

其次，自2014年2月1日生效的《建筑工程施工发包与承包计价管理办法》，其中第14条规定："发承包双方应当在合同中约定，发生下列情形时合同价款的调整办法：……（二）工程造价管理机构发布价格调整信息的。"根据《建筑工程施工发包与承包计价管理办法》的要求，基于发布的新的价格调整信息调整合同价款的，应当由双方在合同中进行约定。另外，《建筑工程施工发包与承包计价管理办法》中规定的发布价格调整信息的单位指的是工程造价管理机构，而非有关政府部门。因此，问题的关键就是当造价管理机构发布价格调整信息后，是否需要据此进行价格调整呢？

最后，2017版《建设工程施工合同示范文本》（以下简称《施工合同示范文本》）第11.1条"市场价格波动引起的调整"部分规定："除专用合同条款另有约定外，市场价格波动超过合同当事人约定的范围，合同价格应当调整。"根据《施工合同示范文本》所体现的交易习惯，人工费是能够因市场价格波动而调整的。

通过上述三个条文，我们初步了解了造成人工费价格波动的三种不同情形，那么特定情形下到底是否应当调价呢？

3. 人工费的价格波动是否调价的三个结论

第一个结论：双方当事人对人工费价格波动调整价格有约定的，按照约定来调整。安徽省高级人民法院发布的《关于审理建设工程施工合同纠纷案件适用法律问题的指导意见（二）》第15条规定："建设工程施工合同履行过程中，人工、材料、机械费用出现波动，合同有约定的，按照约定处理。"人工费价格波动的调整首先应当遵守双方约定优先原则。如果合同中明确约定人工费价格在某个范围之内的波动不调整，那就应该执行合同约定，不调整人工费价格；如果合同约定的人工费价格波动在±10元/工日的范围之内不调整，合同履约期间若人工费涨了30元/工日，那么超过10元部分的20元就可以进行调整，应当由业主方来承担上涨部分的人工费价格。这就是有约定按约定的处理方法，完全按照当事人意思自治这一民法基本法律原则来处理。

如果发承包双方对人工费的市场价格波动是否调整并没有约定，该怎么处理呢？安徽省高级人民法院同样在《关于审理建设工程施工合同纠纷案件适用法律问题的指导意见(二)》中规定："合同无约定，当事人又不能协商一致的，参照建设行政主管部门的规定或者行业规范处理。"这一规定背后体现出来的法律精神是什么呢？其实，在合同无约定这一特定词句表述下，各位读者应该能够联想到《民法典》第510条、第511条关于合同漏洞填补规则的规定。《民法典》第510条规定："合同生效后，当事人就质量、价款或者报酬、履行地点等内容没有约定或者约定不明确的，可以协议补充；不能达成补充协议的，按照合同有关条款或者交易习惯确定。"第511条规定："当事人就有关合同内容约定不明确，依据前条规定仍不能确定的，适用下列规定：……(二)价款或者报酬不明确的，按照订立合同时履行地的市场价格履行；依法应当执行政府定价或者政府指导价的，依照规定履行……"按照合同漏洞填补规则，当合同对价款没有约定时，可以按照有关条款或者交易习惯来确定；如果此时仍无法确定价款，则可以根据第511条的规定，参照合同签订时合同履行地的市场价格来确定。由此可见，安徽省高级人民法院《关于审理建设工程施工合同纠纷案件适用法律问题的指导意见(二)》有关价格波动调整的规定就来源于《民法典》中关于合同漏洞填补规则的这两个条文。这一点在后面材料费一讲当中也会强调。综上所述，笔者认为，人工费市场价格波动调整合同价格是一定要在合同中明确约定的，有约定按约定，没有约定就属于约定不明的情形，按照合同漏洞填补规则处理。律师朋友们在处理造价争议时，一定要仔细辨别合同中是否存在关于人工费价格调整的约定，该约定既可能在通用条款部分约定，也可能在专用条款部分约定。

第二个结论：行政性调整不必然调价。

《民法典》第5条规定："民事主体从事民事活动，应当遵循自愿原则，按照自己的意思设立、变更、终止民事法律关系。"从法理上来解释，各省市住建厅发布的人工费调整文件即关于人工费价格的行政干预，对当事人并不直接具有约束力，并不能改变当事人的自由约定，法院在进行审判时也必须尊重当事人的意思自治。

但在某些特殊情况下，政府有关部门的行政干预可能会对合同产生一定影响。例如，福建省住房和城乡建设厅发布的《福建省建设工程人工费动态管理办法》第13条规定："国有资金投资的建设工程，应按照本办法规定调整人工费,并在合同中约定。”政府部门的红头文件对国有资产投资的建设工程可能会有一定的约束力和管理作用。不过《福建省建设工程人工费动态管理办法》虽然要求国有投资的项目应当按照规定来调整人工费,但同时《福建省建设工程人工费动态管理办法》还规定人工费调整方式应当在合同中约定。看起来福建省住房和城乡建设厅在发布《福建省建设工程人工费动态管理办法》时的态度似乎并没有十分强硬,同时因为该规定缺少站得住脚的法理基础,才会要求双方还应在合同当中约定人工费调整的方式。对于“非国有资金投资的建设工程”,则是“可参照本办法规定调整人工费”。所谓参照,就是说文件本身并非强制性的规定。在其他省份的规定中,基本上也都是按照“有约定按照约定”处理,对人工费调整无约定时才需要参照当地文件协商解决。因此,政府部门出台的关于人工费的调价文件,不必然对发承包双方具有约束力。

第三个结论:要清楚认识有关政府部门出台的人工费调价文件,其指向的对象是什么。

如上文所述,很多人工费调整的文件都是为了更新定额而出台的。既然我们已经认识到定额仅仅是一种数据,那么就不难理解人工费调整文件的性质了,人工费调整文件是与定额配套使用的,所以是一种更新的数据。如果发承包双方在合同中明确约定,以当地的计价定额作为结算的依据,那么意味着当地计价定额的更新也对双方具有约束力,发承包双方就应当按照政府部门出台的人工费调整文件进行调价。这一结论包含的前提基础是,发承包双方约定采用当地计价定额作为结算依据时,其实均已经对合同履行过程中可能发生的人工费调整有所预料和准备。

综上,笔者的三个结论是:第一,合同有约定的,按照合同约定调价,没有约定的按照合同漏洞填补规则处理,体现了民法中的自愿原则。第二,行政性调整,不必然进行调价,这是公法不应当干预私法的一种体现。第三,很多人工费调整文件是配合定额发布的,如果合同约定采用定额计价,则相应地,有关政府部门出台的人工费调价文件,对当事人同样具有约束力。

4. 案例:政策性调整导致的人工费价格波动的合同价款调整问题

下面通过具体的司法案例来看一看应当如何去理解人工费价格波动的

问题。

河南省的某一施工项目，在施工合同中约定“价款为62,269,886.29元，采用固定价款方式确定”，合同价款中包括的风险范围为：“……政策性调整……”这里所指的固定价款应当理解为固定单价，至于什么是固定总价，什么是固定单价，本书后面会专门讲到。另外，合同约定的风险范围中有内容叫作政策性调整，关于什么是“风险范围”，这里先简单解读一下，根据《清单计价规范》的规定，所谓“风险费用”，是指“隐含于已标价工程量清单综合单价中，用于化解发承包双方在工程合同中约定内容和范围内的市场价格波动风险的费用”。风险范围本来仅包括市场价格波动的风险，但是目前存在大量发包人利用自己的市场优势地位，将许多乱七八糟、不合理的、本应由发包人来承担的风险统统转移到风险范围之内。承包人出于对业务的渴求，在投标报价时只能接受发包人的要求，因此承担了许多不合理的风险或责任。像本案中的合同就将政策性调整不合理地包含在风险范围以内。

什么叫作政策性调整，在本书第二十六讲“法律法规的变化”我们再深入讨论。关于政策性调整对合同价款的影响，可以通过这样一个例子简单理解：国家原来规定每周工作五个工作日，现在有政策要求调整为每周工作四个工作日，因此如果建筑工人常年无休，每周都需要多加班一天，承包人就需要额外多支付一天的加班工资，这样一来为完成工程花费的人工成本就会大幅提高。如果这种政策性调整带来的合同价款调整还要求承包人来承担，是非常不合理的。如果发包人没有遵循公平原则合理确定双方的权利义务，在合同中约定了种种不合理的计价方法，这将导致双方在合同履行过程中产生很大的造价争议，甚至会影响此工程质量、工期、造价目标能否实现。从管理角度，笔者并不建议发包人采用过于苛刻的计价约定。

什么文件可以构成政策性调整是本案的关键问题。在该项目的施工过程中，河南省住房和城乡建设厅发布了《关于进一步明确建设工程人工费计价问题的通知》，文件规定：“发承包双方依据人工费指导价签订施工合同，还应在合同当中约定施工期的人工费风险幅度。我省规定人工费风险幅度为±10%，发承包双方在合同中约定的风险幅度最高不得超过本通知规定的幅度。施工期内人工费指导价与签订合同时的价格之差，超过人工费风险幅度，可对人工费超过部分进行调整。”通俗理解，即假设开工时的人工费是50元/工日，风险幅度±10%就是以50元为基数，加5元减5元，分别是45元/工日和55元/工日。如果人工费单价上涨到超过了55元，如58元，那么58元和55元之间的3元钱的风险就应当由发包人来承担，合同就应当进行调价。本案恰恰就是在施工过程中，人工费单价从40元/工日涨到了70元/工日，此时发承包双方之间的人工费能否进行调价？

直接看一审和二审判决结果。一审判决“根据《建设工程工程量清单计价规范》（GB 50500－2008）及河南省住房和城乡建设厅（2011）45号文件第三条、第四条的规定，招标文件编制时，应明确执行人工费指导价。严禁在招标文件中强行要求单方承担无限风险，人工费风险发承包双方共同承担。发承包双方依据人工费指导价签订施工合同，还应在合同中约定施工期间的人工费风险幅度。河南省规定人工费风险幅度为±10%，根据上述规定，原审法院对鉴定机构出具的以43元/工日为基数扣除10%的风险，调整人工费合计为4,426,945.09元（含税，税率3.413%）的结论予以采纳”。

判决的意思是按照河南省文件规定，43元/工日加上10%的涨幅是47.3元，以47.3元/工日为基础，再往上涨价的那部分人工费单价，就要由发包人承担并支付给承包人了。最后增加的工程造价是400余万元。

对于一审判决结果，我们需要思考以下几个问题：法院能够直接依据《清单计价规范》作出判决吗？地方政府出台的规范性文件能否作为判决依据？

最高人民法院《关于裁判文书引用法律、法规等规范性法律文件的规定》第4条规定：“民事裁判文书应当引用法律、法律解释或者司法解释。对于应当适用的行政法规、地方性法规或者自治条例和单行条例，可以直接引用。”无论是《清单计价规范》还是河南省住房和城乡建设厅发布的《关于进一步明确建设工程人工费计价问题的通知》，都不属于人民法院判决文书可以直接引用的对象。这样的红头文件或国家标准，都没有上升到能够作为裁判依据的法律位阶。因此，一审法院的判决值得商榷。但是，就判决结果来说，笔者认为，还是比较合理的，该判决体现了风险共担的计价原则，同时体现了对于风险范围以及风险幅度应当在合同中进行约定的要求。发承包双方必须对市场价格波动有事前约定；没有约定就应当参照当地建设管理部门处理办法，或者参照当地以及行业的交易习惯来处理。

这个案子到了二审之后，二审法院以合同当中约定的风险范围包括政策性调整为由，认定“双方签订的《建设工程施工合同》约定合同价款中包括的风险范围：……政策性调整、国安公司可以预见的因素。河南省住房和城乡建设厅(2011)45号文件规定的人工费调整属于政策性调整，故依据双方合同约定，该项人工费调整不应当在合同价款中扣减”。该判决肯定了河南省住房和城乡建设厅出台的人工费调整属于政策性调整，既然合同中约定了风险范围包括政策性调整，那么即使施工过程中政府部门出台了相关的人工费调整文件也不产生调整合同价格的效果，该风险应由承包人自行承担。以上就是二审法院的改判理由，判决该项人工费不应当在合同价格中调整。

我们看二审的判决结果，可以明显感受到实践中真的有很多发包人将各种各样乱七八糟的所谓风险因素都归入宽泛的风险范围之中，要求承包人承担。只要是发包人自己不能控制、不能掌握、无法避免的风险，以及从公平原则的角度来讲本就应当由发包人承担的风险，都通过“风险范围”的约定转嫁给承包人，这种合同约定本身就是不公平。除此之外，关于“政策性调整”的概念本身就是含糊不清的，相关论述本书后文会有讨论。因此，笔者认为，本案的结论仍是值得商榷的。

当然，律师在处理这类纠纷时，其实并不需要在意到底谁对谁错。只要能够自圆其说，最终能够说服法官，使判决结果有利于当事人，就达到目的了。

笔者借这个案子想要告诉读者的是，在处理造价争议时，一定要认真、透彻地解读合同中关于调价的条款到底是如何约定的，理解价款约定非常关键，案子中的业主一方不就因为对合同条款的有利解读赚到400多万元！通过这一讲，也希望读者们能够初步理解风险范围和政策性调整的含义，以及人工费调整的三种不同情形和相应结论。

LESSON

3

第三讲

材料费的概念与价格调整

1. 材料费的定义与性质

接下来进入第三讲,材料费的概念与价格调整。如果未作特别说明,本书中涉及的材料费包含工程设备费。

所谓材料费,是指"施工过程中耗费的原材料、辅助材料、构配件、零件、半成品或成品、工程设备的费用"。其中,工程设备是指"构成或计划构成永久工程一部分的机电设备、金属结构设备、仪器装置及其他类似的设备和装置"。

对建筑工程而言,材料费占到整个工程造价的60%,甚至70%。因此,承包人非常关注材料单价的价格走势。包工包料的工程,是由承包人购买材料并运到施工现场用于工程上,承包人实际购买材料的价格和承包人投标报价时报给发包人的材料价格之间一定会有价差。价差是承包人赚取的利润。当然也存在承包人购买材料的价格高昂,购买成本价高于其投标报价这种亏损情况。甲供材的工程,就是甲方购买材料并运到施工现场用于工程上,此时承包人可以收取一定的总承包管理费。

一般的工程计价教材或定额文件还会将材料费的价格组成进一步区分为材料的原价、运杂费、运输损耗费、采购及保管费。但作为律师,我们只需要知道,在发承包双方之间,存在材料费的单价,这是交易的价格。至于材料费的组成,在工程项目的投资估算结算中更有意义。

类似于对人工费的理解,也需要从三个角度来理解材料费。第一,材料费是单价的组成部分,不管是工料单价还是综合单价,都包含了材料费。第二,材料费是项目经理调配的主要资源。项目经理需要时时关心所购买的材料或者说工程所需的材料价格走势,以避免亏损或者可以利用预期判断囤积材料,以赚取更高的利润。第三,材料费是工程造价信息的主要内容。工程造价信息主要就是钢筋、水泥、黄沙这类材料的单价。

2. 材料的供应

前面已经讲到,用于工程的材料既可以由发包人采购和供应,也可以由承包人采购和供应,但是无论是哪一种采购方式都要保证所供应的材料符合工程质量的强制性标准。甲供材的情形下,最高人民法院《关于审理建设工程施工合同纠纷案件适用法律问题的解释(一)》(以下简称《施工合同司法解释一》)第13条明确规定,“发包人具有下列情形之一,造成建设工程质量缺陷,应当承担过错责任:……(二)提供或者指定购买的建筑材料、建筑构配件、设备不符合强制性标准”。此时,发包人承担的是工程质量的过错责任。《北京市高级人民法院关于审理建设工程施工合同纠纷案件若干疑难问题的解答》规定:“承包人具有下列情形之一的,应当认定其对建设工程质量缺陷存在过错:……(2)承包人对发包人提供或指定购买的建筑材料、建筑构配件、设备等没有进行必要的检验或经检验不合格仍然使用的。”所以,对于一批质量不合格的建筑材料,即使是由发包人购买并运到施工现场,承包人也要承担《建筑法》和《建设工程质量管理条例》所规定的进场检验的法定义务。如果没有进行检验,那么应当认定承包人具有过错;当然,这种情形发包人也有过错,双方共同承担质量责任。这也是《民法典》第592条“当事人都违反合同的,应当各自承担相应的责任”的应有之义。

承包人的检验义务,不仅限于材料的进场检验。《建设工程质量管理条例》第31条规定:“施工人员对涉及结构安全的试块、试件以及有关材料,应当在建设单位或者工程监理单位监督下现场取样,并送具有相应资质等级的质量检测单位进行检测。”也就是说,应当由建设单位委托第三方质量检测机构进行见证取样质量检验,所发生的见证取样费用和检验的费用,由建设单位直接支付给第三方质量检测机构。至于承包人在施工过程中,对工程质量、材料进行质检产生的费用,已经列入企业管理费中。这个问题在本书讲企业管理费时也会着重强调。

此外,还可以从材料供应的方式上区分出是合法的劳务分包还是违法分包。《建筑工程施工发包与承包违法行为认定查处管理办法》第12条规定:“存在下列情形之一的,属于违法分包:……(六)专业作业承包人除计取劳务作业费用外,还计取主要建筑材料款和大中型施工机械设备、主要周转材料费用的。”如果在结算中发现,有某一专业作业的承包人还负责了项目主要建筑材料的供应,应当认为存在违法分包。《北京市高级人民法院关于审理建设工程施工合同纠纷案件若干疑难问题的解答》也规定:“合同约定劳务作业承包人负责与工程有关的大型机械、周转性材料租赁和主要材料、设备采购等内容的,不属于劳务分包。”也就是说,即使在形式和名称上都是劳务分包的合同,如果合同内容包括主要材料的采购,那么就不应当认为是纯粹的劳务分包合同,而是一种违法分包。

3. 合同应当约定材料的市场价格波动风险

本书前面已经讲过人工费价格波动如何调价的解决办法,这里就要继续讲解,当出现材料的市场价格波动时如何进行调价的问题。

笔者认为,对于建设工程施工合同而言,市场价格波动带来的风险由哪一方承担的问题必须要由双方当事人在合同中明确约定。市场价格波动是建设工程合同价款的组成部分,进而没有约定市场价格波动所带来的调价后果,属于约定不明。既然约定不明,就可以适用《民法典》中关于合同漏洞填补的相关规则,也即《民法典》第 510 条和第 511 条的规定。这一结论也可以从很多地方政府建设行政主管部门的规定中推断出来。例如,《山东省建设厅关于加强工程建设材料价格风险控制的意见》规定:“发承包双方在招投标和施工合同签订过程中,应考虑到施工期内材料价格波动的因素,增强风险防范意识,明确主要材料包括的范围,并合理约定主要材料价格波动的风险幅度及超出幅度后的调整办法,共同分担主要材料价格波动造成的风险,保障建筑工程的顺利实施。”政府行政主管部门要求发承包双方应当考虑风险幅度和风险范围之外的调价方法。由此可以看出,这是一种行业内的约定俗成,或者说是交易习惯。再如,《吉林省住房和城乡建设厅关于调整建设工程材料价格指导性意见的通知》规定:“2017 年下半年,全省建设工程材料价格出现大幅增长,其涨幅和影响时间是发承包双方在工程发包和投标报价时无法预测的。合同中对价格风险的内容、范围以及解决办法不约定或约定不明,造成合同缺陷,是合同当事双方的责任。”这一规定非常具有启发性,也验证了笔者的论断,即材料的市场价格波动风险应当成为工程合同应有的内容，如果没有约定，那么可以认为合同是有一定缺陷的，属于合同漏洞。对于造成合同漏洞的责任，应当由双方共同承担。

前文讲人工费时，提到过安徽省高级人民法院《关于审理建设工程施工合同纠纷案件适用法律问题的指导意见（二）》的规定，即“合同无约定，当事人又不能协商一致的，参照建设行政主管部门的规定或者行业规范处理”。综上，发承包双方应在合同中明确材料市场价格波动的风险和价格调整办法，否则适用《民法典》第 511 条的漏洞填补规则。对于市场价格波动的风险，每一位读者都要有充分的认识，再警惕也不为过。有的合同并没有采用风险范围的概念，而是会明确约定调价因素包括物价波动，即只要物价出现波动，承包人就可以获得波动之后调价的权利，这是一条对于发包人而言非常可怕，但对承包人来说非常有利的条款。所以，笔者希望各位读者能够正确地去理解材料价格波动的风险。

4. 没有约定，按照合同漏洞填补规则处理

再来具体看一下反复强调的合同漏洞填补规则。

第一，《民法典》第 470 条规定，“合同的内容由当事人约定，一般包括下列条款：……（五）价款或者报酬……当事人可以参照各类合同的示范文本订立合同”。对于建设工程施工合同这种商事合同，既然《清单计价规范》和《施工合同示范文本》都规定了当市场价格发生波动时，人工费、材料费、机械费的单价如何调整的内容，那么调价条款应当成为合同内容的一部分。

第二，合同漏洞填补规则规定在《民法典》第 510 条和第 511 条。第 510 条规定：“合同生效后，当事人就质量、价款或者报酬、履行地点等内容没有约定或者约定不明确的，可以协议补充；不能达成补充协议的，按照合同有关条款或者交易习惯确定。”所以当事人对价款约定不明时，第一种补救方法是协议补充。无法达成协议补充的，也可以按照有关条款或交易习惯确定。按照有关条款就是联系上下文去推断出当事人约定的真实价格。多说一句，按照有关条款或者交易习惯，也是《民法典》第 466 条所规定的一种合同条款的解释方法，第 466 条规定：“当事人对合同条款的理解有争议的，应当依据本法第一百四十二条第一款的规定，确定争议条款的含义。”第 142 条的内容是：“有相对人的意思表示的解释，应当按照所使用的词句，结合相关条款、行为的性质和目的、习惯以及诚信原则，确定意思表示的含义。”换言之，进行合同漏洞填补时，应当准确地运用合同解释规则，将合同所使用的词句与相关条款结合来进行填补。第 510 条还提到可以按照交易习惯来填补。参考《江苏省高级人民法院关于审理建设工程施工合同纠纷案件若干问题的意见》第 8 条规定：“建设工程合同生效后，当事人对有关内容没有约定或者约定不明确的，可以协议补充；不能达成补充协议的，按照合同有关条款或者参照国家建设部和国家工商总局联合推行的《建设工程施工合同（示范文本）》的通用条款确定。”因此，《施工合同示范文本》中的约定可以作为一种交易习惯来填补合同漏洞；同时笔者认为，常用的《清单计价规范》也可以作为交易习惯来使用。

如果通过相关条款和交易习惯都无法填补合同漏洞，根据《民法典》第 511 条的规定，“当事人就有关合同内容约定不明确，依照前条规定仍不能确定的，适用下列规定：……（二）价款或者报酬不明确的，按照订立合同时履行地的市场价格履行；依法应当执行政府定价或者政府指导价的，依照规定履行”。在合同价款不明的情况下，也可以按照订立合同时的履行地的市场价格执行。这意味着当发承包双方对合同材料调差没有约定时，可以用造价管理部门发布的材料费调差文件来进行合同漏洞填补。

2017 年年底的环保风暴带来了材料价格的大幅异动，如混凝土价格，因为全国各地到处都有水泥的停产令，其价格是一路疯涨，给承包人造成了非常大的合同价款压力。如果双方当事人有关于风险范围和风险幅度的具体约定，那么在风险幅度之外的价格是要进行调整的，这部分价差就应当由发包人承担。

对于材料价格的异常波动，很多律师、法务人员提出可以依据情势变更原则去调价。但是，最高人民法院在 2009 年 7 月 7 日发布的《关于当前形势下审理民商事合同纠纷案件若干问题的指导意见》中要求“慎重适用情势变更原则，合理调整双方利益关系”，并在《关于正确适用〈中华人民共和国合同法〉若干问题的解释（二）服务党和国家的工作大局的通知》中也规定：“为了因应经济形势的发展变化，使审判工作达到法律效果与社会效果的统一，根据民法通则、合同法规定的原则和精神，解释第二十六条规定：合同成立以后客观情况发生了当事人在订立合同时无法预见的、非不可抗力造成的不属于商业风险的重大变化，继续履行合同对于一方当事人明显不公平或者不能实现合同目的，当事人请求人民法院变更或者解除合同的,人民法院应当根据公平原则,并结合案件的实际情况确定是否变更或解除。对于上述解释条文,各级人民法院务必正确理解、慎重适用。如果根据案件的特殊情况,确需在个案中适用的,应当由高级人民法院审核。必要时应报请最高人民法院审核。”即要想适用情势变更原则调整合同价款,还需要由高级人民法院或者最高人民法院进行审核。考虑到目前基层法院法官每年要处理几百起案件的实际情况,某案子由基层法院提请高级人民法院审核的可能性几乎为零。因此,情势变更原则在工程造价争议解决中,基本没用。律师用情势变更原则去主张调价,也很难得到法院的支持。

但是,如果认为材料费市场价格波动是双方必须约定的合同内容,没有约定属于合同漏洞,就可以进行合同漏洞填补,这种思路为发承包双方调价提供了更为可靠的法律依据。

当然,实务中还有些合同会明确约定所有的材料涨价风险都由承包人承担,这种条款能否直接判断是有效还是无效?这是争议非常大的问题,本书后面讲《清单计价规范》的强制性条文时,会深入讨论。一般认为这种材料涨价风险均由承包人承担的约定还是合法有效的。如果出现重大的利益失衡,依据《民法典》第 6 条的规定“民事主体从事民事活动,应当遵循公平原则,合理确定各方的权利和义务”,人民法院也有可能依据公平原则进行调整。但法律原则的适用,在适用方法上必须遵循一定的逻辑,只有当穷尽全部法律规则仍无法实现个案正义时,法律原则才有适用的可能性。风险承担的问题较为复杂并且个案的属性较强,不能一概而论。另外,针对这类不公平的条款,司法实践中亦有当事人依据《民法典》第 147 条“基于重大误解实施的民事法律行为,行为人有权请求人民法院或者仲裁机构予以撤销”,向法院提起撤销权诉讼并最终获得法院支持的案例。

5. 材料费市场价格波动时调整价款的具体约定方法

具体的材料价格调整方法,合同各方当事人可以在合同中自由约定。

《清单计价规范》第 9.8.2 条规定:“承包人采购材料和工程设备的,应在合同中约定主要材料、工程设备价格变化的范围或幅度;当没有约定,且材料、工程设备单价变化超过 5% 时,超过部分的价格应按照本规范附录 A 的方法计算调整材料、工程设备费。”如果双方对主要材料、工程设备的价格变化的具体范围和幅度没有约定，那么当材料、工程设备的单价变化超过5%时，超过部分的价格可以按照《清单计价规范》的附录A所记载的方法进行调整。附录A介绍了两种调价方法：一种是按照价格指数调整价格差额，另一种是按照造价信息调整价格差额，所谓造价信息就是本书前面讲到的由造价管理部门或机构所公布的信息价。第一种价格指数法既需要有关部门或第三方定期发布的指数标准，又需要有对应材料的权重比例，还需要套用公式来计算，比较复杂。第二种按照造价信息调整价格差额的方法才是发承包当事人采用更多的一种方法，也是有些省市级住建部门规范性文件中推荐优先适用的调价方案。

一般在投标文件中有投标人提供的《主要材料和工程设备一览表》，该表格记载了主要材料的名称、规格、型号、单位、数量、风险系数、基准单价、投标单价、发包人确认单价等内容。其中“投标单价”一栏，由投标人在投标时自主确定。“基准单价”在《清单计价规范》中规定：“招标人应优先采用工程造价管理机构发布的单价作为基准单价，未发布的，通过市场调查确定其单价”，即基准单价由招标人确定。将施工期间的信息价和承包人投标报价时的基准价，以及承包人的投标价，进行比较和计算，可以得出应当调整的差额。例如，基准价格为100元，投标价格为90元，若合同约定履行期间材料单价涨幅以基准价格为基础超过5%以外部分据实调整，则应以基准价格100元为基数计算出5%是5元，信息价涨到105元以内是不调整的，当信息价涨到110元时，调整的范围为110元减去105元的部分，即调整5元。当某一材料在施工期间出现了新的价格，就要考虑新的价格比照基准价增加了多少或者降低了多少，比承包人投标时投标单价又是增加了还是减少了，通过材料的价差来计算确定合同价款调整的幅度。具体调价规则可以参照《施工合同示范文本》第11.1款市场价格波动引起的调整的约定。这里摘抄如下：

“（2）材料、工程设备价格变化的价款调整按照发包人提供的基准价格，按以下风险范围规定执行：

①承包人在已标价工程量清单或预算书中载明材料单价低于基准价格的：除专用合同条款另有约定外，合同履行期间材料单价涨幅以基准价格为基础超过5%时，或材料单价跌幅以在已标价工程量清单或预算书中载明材料单价为基础超过5%时，其超过部分据实调整。

②承包人在已标价工程量清单或预算书中载明材料单价高于基准价格的：除专用合同条款另有约定外，合同履行期间材料单价跌幅以基准价格为基础超过5%时，材料单价涨幅以在已标价工程量清单或预算书中载明材料单价为基础超过5%时，其超过部分据实调整。

③承包人在已标价工程量清单或预算书中载明材料单价等于基准价格的：除专用合同条款另有约定外，合同履行期间材料单价涨跌幅以基准价格为基础超过±5%时，其超过部分据实调整。

④承包人应在采购材料前将采购数量和新的材料单价报发包人核对，发包人确认用于工程时，发包人应确认采购材料的数量和单价。发包人在收到承包人报送的确认资料后5天内不予答复的视为认可，作为调整合同价格的依据。未经发包人事先核对，承包人自行采购材料的，发包人有权不予调整合同价格。发包人同意的，可以调整合同价格。

前述的基准价格是指由发包人在招标文件或专用合同条款中给定的材料、工程设备的价格，该价格原则上应当按照省级或行业建设主管部门或其授权的工程造价管理机构发布的信息价编制。"

本书强调的是，施工期间材料的市场价格是需要发包人批价确认的，需要调整价格的材料数量也需要发包人确认。然后再根据承包人某一种材料的风险系数来最终确定价格调整范围和具体数值。

6. 案例：材料价格波动，承包人不能超出合同约定主张调价

最后，通过案例来阐述市场价格波动带来的造价争议。

施工合同明确约定"材料单价调减后价格＝投标时所报材料单价－（基准价×97%－施工当期公布的信息价）"，但在施工过程中，当地建设厅出台了规范性文件，名称叫作《规范建设工程造价风险分担行为的规定》，规定"材料单价调减后价格＝投标时所报材料单价－（投标时所报材料单价×97%－施工当期公布的信息价）"。通过比较上述两个公式，因承包人投标时所报的材料单价低于基准价，其主张按照政府部门规定的调价公式进行调差，这样最后得到的合同价款会高于按照施工合同约定能够得到的数额。

承包人之所以提出这样的主张，依据是在施工合同中经常会看到的一种约定，那就是“因法律、行政法规和国家有关政策性变化影响合同价款的，按照相关规定执行”，也即承包人认为政府部门发布的上述《规范建设工程造价风险分担行为的规定》属于国家有关政策性变化。当然，关于什么是“政策性变化”，本书后面谈到法律法规变化时，还会重点解读。但笔者个人的理解是地方政府或者地方政府部门的规范性文件绝对不能够被认定为国家政策。

最高人民法院对本案的看法是：“政府相关部门有关工程造价的规定属于指导性文件，而不是强制性规范；其规定的内容可以理解为广义上的‘国家有关政策’，均蕴含着尊重当事人意思自治的内容，优先适用当事人的约定，只有合同没有约定或约定不明确时，才适用相关规定。”即要充分尊重当事人的约定，优先适用约定。有关地方政府部门的这一类关于造价的规定仅仅是指导性文件，不能将此类文件作为司法裁判的大前提。最后，还是应当按照《施工合同》约定的材料价格波动调整方法进行调整。实践中，很多大型施工企业的造价合约工作做得非常好，材料价格波动时的价格调整方法已经非常成熟，形成了很严密的合同约定，读者可以找来范本参考学习。

第三讲材料费的概念与价格调整，讲到这里结束。各位读者仍有疑问，可以同时研读《清单计价规范》和《施工合同示范文本》的相关条款。

LESSON

4

第四讲

机械费的概念与停窝工损失

1. 机械费的基本概念

施工机具使用费(简称机械费),是指施工作业所发生的施工机械、仪器仪表使用费或其租赁费。其中,施工机械使用费是以施工机械台班耗用量乘以施工机械台班单价表示;仪器仪表使用费则指的是工程施工所需使用的仪器仪表的摊销及维修费用。

机械费包括使用费和租赁费两种费用类型,这也就意味着不同费用所对应的机械所有权归属是不同的。如果是施工企业自己所有的机械设备,对机械消耗的费用称为使用费。如果是施工企业从市场上租赁而来的机械,如租赁大型塔吊、挖掘机等,支付的费用就称为租赁费。

要从两个角度理解机械费的性质。第一,机械费也是工程造价的组成部分,工料单价和综合单价中都有人材机的费用,机械费是工程造价不可缺少的组成部分。第二,机械费是施工单位项目经理调配的主要资源。施工单位项目经理收到发包人支付的预付款后,就要安排施工机械进场。如果因为项目经理调配不及时,导致机械设备不能够按时到位,由此造成项目迟延开工,那么承包人要承担相应的违约责任。

我们还需要了解机械费的内容。机械费的内容包括折旧费、大修理费、经常修理费、安拆费及场外运费、人工费,燃料动力费和税费。需要强调的是,机械费中的安拆费要区别于措施项目费中的大型机械进出场及安拆费。机械费中的安拆费,是指小型机械现场安装和拆除的费用。大型机械进出场及安拆费则作为独立的一项措施项目费单独计价。机械费中又包含人工费,这里的人工费也区别于本书前面所讲的人工费。本书前面所讲的人工费是指支付给现场建筑工人的工资费用等,而这里的人工费是指支付给施工机械上的司机或者其他操作人员的费用。对于机械费或者前面讲到的人工费、材料费的进一步划分,进一步细化,其目的都是帮助施工企业在编制企业定额时更方便从财务数据中调取数值。施工企业将这些细分的科目的数值提取出来后,汇总在一起,然后除以台班消耗数量,就能得到某一台班的单价。对于律师而言,我们不需要再去考虑机械费的定额消耗量是如何确定的以及定额单价是如何计算的,只要认识到机械费已经是交易过程中的最小价格单元就足够了。

2. 机械费的市场价格波动

本书前面讲人工费和材料费时已经介绍过,人工费和材料费的市场价格波动超过一定幅度范围可以进行合同价款调整。

关于机械费的调差问题,因其体量较小,并不是造价争议的一种主要类型。这里需要着重介绍的是《施工合同示范文本》通用条款中涉及机械费的条款。通用条款第 11.1 款约定:“除专用合同条款另有约定外,市场价格波动超过合同当事人约定的范围,合同价格应当调整。合同当事人可以在专用合同条款中约定选择以下一种方式对合同价格进行调整。”其中第二种方式采用造价信息进行价格调整是行业内经常使用的方法。具体来说,就是“合同履行期间,因人工、材料、工程设备和机械台班价格波动影响合同价格时,人工、机械使用费按照国家或省、自治区、直辖市建设行政管理部门、行业建设管理部门或其授权的工程造价管理机构发布的人工、机械使用费系数进行调整”。由此可以发现,这一条款没有讲材料费的调整,显然材料费和人工费、机械费的调整思路是不一样的。实际上该条款介绍的是机械费价格波动时的参考基准,如果相关部门或机构发布了机械费调整系数,那么就可以参照该系数调整合同价款。

但在《清单计价规范》中,机械费的参考基准则不仅仅如此。《清单计价规范》附录 A.2.1 条规定:“施工期内,因人工、材料和工程设备、施工机械台班价格波动影响合同价格时,人工、机械使用费按照国家或省、自治区、直辖市建设行政管理部门、行业建设管理部门或其授权的工程造价管理机构发布的人工成本信息、机械台班单价或机械使用费系数进行调整。”也就是说,机械费调整的参考基准不仅仅包括机械使用费系数,还包括机械费的台班单价。如果台班单价发生了变化,那么也要把它作为参考的基准来决定是否调价。

前文讲到,《施工合同示范文本》第 11.1 款“市场价格波动引起的调整”部分约定了两种对合同价格进行调整的方式,其中第二种方式“采用价格信息进行价格调整”约定:“施工机械台班单价或施工机械使用费发生变化超过省级或行业建设主管部门或其授权的工程造价管理机构规定的范围时,按规定调整合同价格。”也就是说,《施工合同示范文本》的通用条款,默认的调价模式是可以直接采用当地政府部门或者造价管理机构出台的调价文件，在机械费的涨幅超过一定的范围时就要进行调价。介绍通用条款的目的是希望各位读者在为发承包双方修改施工合同条款时，能够做到与当事人，尤其是公司内部负责造价的造价工程师充分沟通，按照当事人的真实意思去决定，是否要按照有关政府部门或机构的调价规定来调整合同价款，并及时在专用条款中写明排除、采用或更改的特殊约定。

3. 关于机械设备损失的承担问题

这里要介绍两种承包人应当自己承担机械设备损失的情形。

第一，不当使用。《清单计价规范》第3.4.4条规定："由于承包人使用机械设备、施工技术以及组织管理水平等自身原因造成施工费用增加的，应由承包人全部承担。"也就是说，因承包人自己原因造成机械设备使用效率的降低，或者机械设备的损坏，相应成本或费用应当由承包人自己承担。笔者曾接受某项目的总包方咨询，称施工单位在施工现场所用的大型挖掘机都是租赁的，且挖掘机的司机也是由出租单位派遣到施工现场的。司机在操作挖掘机出场时发生车辆倾覆，挖掘机现场就损坏掉了，出租单位因此就要求总包单位就挖掘机的损坏来承担责任。这种损失应当由谁承担？显然是谁的原因造成的损失就应当由谁来承担，所以本案挖掘机损坏的损失不应当由总包商承担，而应当由出租单位自己来承担。但由于工程行业的各方主体素质参差不齐，胡搅蛮缠的事情数不胜数，建议各位读者学好本书内容，做高端业务，不要参与低层次的纠纷解决，劳心劳力不讨好，实无必要。

第二，应当由承包人承担损失的情况就是不可抗力。不可抗力的损失承担应当按照所有者原则来处理，即归谁所有的物，不可抗力造成的损失就由谁承担。比如，某在建工程因为地震全部坍塌，因工程归发包人所有，损失就应当由发包人承担，发包人不可以通过合同的约定将不可抗力的损失转嫁给承包人。对于承包人一方，《清单计价规范》第9.10.1条规定："因不可抗力事件导致的人员伤亡、财产损失及其费用增加，发承包双方应按下列原则分别承担并调整合同价款和工期：…… 3.承包人的施工机械设备损坏及停工损失，应由承包人承担。"例如，承包人安放在施工现场的塔吊、大型挖掘机等机械设备，因为地震、泥石流等不可抗力造成损坏,该损失应由承包人自己承担。此外,还有一种特殊类型,如机械设备是承包人租赁来的,租赁物品的所有权属出租方,那么该损失由谁承担?同样按照所有者原则,不可抗力造成的损失应当由设备所有人也即出租方自己承担。

4. 机械设备的停窝工损失

关于机械费的最后一个知识点是机械设备的停窝工损失。

机械设备的停窝工损失是一种比较难计算的损失。虽然《民法典》还有各个地方高级人民法院有很多关于停窝工的具体规定,对停窝工损失也稍有涉及,但此类具体条款中关于如何计算却没有详细的规定。

河南省《建设工程中途停工损失补偿办法(试行)》是目前规定得比较全面的地方政府部门规范性文件,分别介绍了停工时人工费、材料费和机械费如何计算。其中,第 23 条规定:“施工机械停滞补偿的范围,仅限于停工前后施工所需的不能移动的尚未拆除的机械。停工后,发承包双方应及时清点未拆除的数量,对可以拆除的机械应及时拆除。尽快编制有施工机械名称、规格、数量、新旧程度的停滞机械清单,加盖双方公章,并由经办人签字,作为计算机械停滞补偿费的依据。”文件规定的停窝工损失补偿的对象非常明确,仅指在施工现场不能移动,并且不可以拆除的这些大型机械。比如大型塔吊,就有可能成为计算损失的对象。对于那些可以拆除的、可以移动的机械设备,则应当尽早移出施工现场,以避免更大的损失,一般而言,承包人可以将运出的机械设备等用于其他工程。《民法典》第 591 条规定了守约方的“减损规则”,即“当事人一方违约后,对方应当采取适当措施防止损失的扩大;没有采取适当措施致使损失扩大的,不得就扩大的损失请求赔偿。当事人因防止损失扩大而支出的合理费用,由违约方负担”。所以,停窝工损失部分,如果是因为承包人未能采取相应的措施,放任机械设备停留在施工现场或故意在停工期间留有大量的建筑工人在现场,导致机械设备和工人工资损失进一步扩大的,应当由承包人承担扩大部分的损失。对于那些不可拆除的机械设备,双方应当及时清点并制作清单,以清单记载的机械设备名称和数量来作为索赔和纠纷解决时计算停窝工损失的证据。很多承包人会在和发包人产生冲突后,把机械设备停滞在现场,要求发包人对停滞产生的全部费用进行补偿，这种心态并不可取。即使计算停窝工损失，也应当仅仅局限于不可拆除的机械设备。双方当事人都有义务采取措施避免损失扩大。

《建设工程中途停工损失补偿办法（试行）》第 24 条规定："施工机械停滞费按《河南省统一施工机械台班费用定额》相应机械台班停滞费乘以停工日期计算。"说的是以停工日期作为基准，与河南省当地规定的标准机械台班停滞费乘积就能得到总的停工停滞费。当然，如果机械设备是租赁而来的，那么承包人可以举证证明承租机械设备每天的租赁费用，以租赁价格和停工日期做乘积，也能得到总的停窝工损失。

《建设工程中途停工损失补偿办法（试行）》第 25 条规定："根据第二十四条计算方法所得出的任何一种机械的停滞费均不得高于该施工机械停滞前的尚存净值。"该条是针对施工企业自有设备的。施工企业的自有设备折旧摊销之后得到尚存净值，机械的停窝工损失就不得高于尚存净值。这是从财会的角度所作的规定，至于是否具有可操作性，在现实情况下只能具体问题具体分析。

此外，关于停窝工损失，还需要注意《民法典》的立法本意和实践中发承包双方的特殊约定。《民法典》第 803 条规定："发包人未按照约定的时间和要求提供原材料、设备、场地、资金、技术资料的，承包人可以顺延工程日期，并有权要求赔偿停工、窝工等损失。"第 804 条规定："因发包人的原因致使工程中途停建、缓建的，发包人应当采取措施弥补或者减少损失，赔偿承包人因此造成的停工、窝工、倒运、机械设备调迁、材料和构件积压等损失和实际费用。"这两条规定的是因发包人原因造成工程停窝工时，发包人应当承担法定的赔偿责任。但实践中，常常有发包人利用自身的市场优势地位，在招标文件或合同中约定，因发包人原因造成的停窝工只顺延工期，不赔偿停窝工损失。这种约定显然违反了《民法典》第 6 条"民事主体从事民事活动，应当遵循公平原则，合理确定各方的权利和义务"的法律原则，但是人民法院不一定直接引用法律原则进行裁判。此时，可以参照适用 2021 年生效的《施工合同司法解释一》第 10 条的规定："当事人约定顺延工期应当经发包人或者监理人签证等方式确认，承包人虽未取得工期顺延的确认，但能够证明在合同约定的期限内向发包人或者监理人申请过工期顺延且顺延事由符合合同约定，承包人以此为由主张工期顺延的，人民法院应予支持。"由此可以类推得出发包人在招标文件或合同中约定的这一类免除自身法定责任,限制承包人权利的条款,不应当进行适用,而应当考虑实际的合同履行情况和公平原则等加以调整。

以上就是关于机械设备停窝工损失的一种比较合理的计算方法。

LESSON

5

第五讲

企业管理费的概念与常见错误理解

1. 企业管理费的概念

接下来讲企业管理费。所谓企业管理费，是指“建筑安装企业组织施工生产和经营管理所需的费用”，它和本书之前所讲的人工费、材料费、机械费等有重要区别。人材机可以理解为消耗在工程实体之上的资源，而企业管理费，更多是指实施管理行为、组织行为而应获得的一种对价。从性质上看，企业管理费并不必然是单价的组成部分。像工料单价就不包含企业管理费；综合单价则包括“人材机管利风”，其中的“管”就是指企业管理费。

本书前面介绍过两种不同的计价方法，采用定额计价方法时，是将人材机的费用计算出来后，通过取费得到企业管理费。采用工程量清单计价方法时，可以先汇总得到总的管理费用，再将它分解到不同的综合单价当中（不过一般也还是套定额和套费率）。

读者还要去理解，企业管理费是一种“企业”的费用，那么当一些实际施工人，尤其是个人，承包工程时的企业管理费怎么计算？承包人是自然人时，企业管理费费率是否还要按照企业实体的高标准来计算？

先看企业管理费的内容。企业管理费包括管理人员工资、办公费、差旅交通费、固定资产使用费、工具用具使用费、劳动保险和职工福利费、劳动保护费、检验试验费、工会经费、职工教育经费、财产保险费、财务费、税金及其他。所以从内容上看，企业管理费是一个集合的概念，不仅仅包括施工现场所发生的管理费用，还包括施工企业“总部”所发生的种种费用。实际上，在企业管理费的历史沿革中，曾经出现过现场管理费和总部管理费两个概念，当然，现在有的项目也会遇到类似的现场管理费的说法。各位读者看见这种约定也不要感到惊讶，只不过是按照费用发生地点将之分为两种类型：一种叫作总部的费用，另一种叫作现场的费用。对于不同的施工企业，在历史上曾经规定过，按照不同的企业资质等级分别确定不同企业的企业管理费费率。至于承包人是个人的情况，稍后会通过案例来讲一讲个人的企业管理费费率如何计算的问题。

另外，还有必要对企业管理费的费率是如何得来的加以介绍。实际上对于某一个具体项目的投标人而言，或是对于负责投标的施工企业项目经理而言，他并不需要知道管理费的费率是怎么计算得到的。施工企业项目经理只需要知道企业规定的企业管理费费率是多少,只要能够保证相应的费率底线,投标不会造成亏损就足够了。所以管理费费率是怎么计算得来的,项目经理并不关心。但是造价合约人员要从本质上认识企业管理费,就需要去了解企业管理费费率到底是怎么来的。

企业管理费的费率计算有三种基本方法,其中有一种方法是以人工费为计算基础,将施工企业整年度的每个工人所摊销的管理费和人工单价相除计算得出一个费率。然后在计算投标报价时用费率和项目的人工费总额作乘积,就得到管理费用总额。《建筑安装工程费用参考计算方法》规定:"工程造价管理机构在确定计价定额中企业管理费时,应以定额人工费或(定额人工费 + 定额机械费)作为计算基数,其费率根据历年工程造价积累的资料,辅以调查数据确定,列入分部分项工程和措施项目中。"所以我们认识到定额站或者造价管理部门所公布的企业管理费的费率并不是法定的费率或强制的费率,它也是数据统计意义下的费率。而且,需要注意的是,这种数据统计一般是以大型施工企业的财务数据为基础的。所以反过来思考,在计算个别施工单位的企业管理费时就要清楚,定额站或造价管理部门发布的管理费费率,不见得就对任何施工单位都是适用的。可能有些小的企业,不会发生诸如工会经费、职工教育经费等,它们就不应当适用这么高的定额管理费费率。不同的对象应当适用不同的管理费费率。

不过,工程造价司法鉴定实践中,企业管理费费率究竟是可以直接适用,还是依据企业的实际情况打折适用,并没有统一认识。即使审理建设工程的专业法官,也不见得明白什么叫作企业管理费,这是现实的无奈,短期内无法解决。本书介绍上述内容,是为了帮助各位读者更深刻了解企业管理费的本质概念和费率确定的方法,便于说理论证。

2. 企业管理费的投标报价

不同于安全文明施工费,企业管理费是一种可充分竞争的费用。所谓安全文明施工费的不可竞争,本书后面还会详细讲解,读者到时就会发现工程行业从业人员对安全文明施工费的理解,基本都是错误的。

可以充分竞争,是指在招投标时,招标人鼓励投标人之间就企业管理费充分竞争报价,鼓励报更低的价格。因为不同施工企业的企业管理水平是不同的,所以企业管理成本也是不同的。那么分摊在每个具体的分部分项工程综合单价中的管理费,就有高低之分,所以说管理费允许投标人之间充分竞争。

北京市《关于执行2012年〈北京市房屋修缮工程计价依据——预算定额〉的通知》规定:"在编制招标控制价或标底时,企业管理费应按现行费率标准执行;在编制投标报价时,可根据企业的管理水平和工程项目的具体情况自主报价,但不得影响工程质量安全成本。"自主决定管理费的费率是投标人的自由。但是企业管理费的费率是否可以无下限低?为了防止企业就企业管理费采取过分的低价竞争策略,而导致工程质量缺陷,参考《重庆市国有资金投资建设工程合理价格组成及合理低价投标报价暂行规定》的规定:以重庆市建设行政主管部门颁发的建设工程费用定额规定的企业管理费下浮15%作为最低控制线标准。对于企业管理费的标准低于文件所规定的最低控制线标准,投标人应在评标过程中就向评标专家作出具体解释说明,要将工程项目管理的成本分析资料交给评标专家进行评议。评标委员会会分析各项费用构成的合理性以及各种证明材料的真实性和有效性,并对投标人进行质询。

企业管理费是一种具有风险自担属性的费用。《清单计价规范》第3.4.4条规定:"由于承包人使用机械设备、施工技术以及组织管理水平等自身原因造成施工费用增加的,应由承包人全部承担。"这就意味着如果因为承包人在现场的管理非常混乱导致发生盗窃事件、专业施工队的劳动界面和施工顺序冲突、因承包人原因停窝工等问题,所产生的种种费用和损失应当由承包人自己承担,此种费用和损失不可作为索赔或签证事项,要求发包人承担。

3. 所谓"管理费",是用于管理的费用吗?

在解决造价争议过程中,经常会遇到两类比较容易混淆的费用,即转包费和挂靠费,这里作出辨析。

从工程发承包的范围所作的区分。《建筑工程施工转包违法分包等违法行为认定查处管理办法(试行)》(现已废止)第7条规定:"存在下列情形之一的,属于转包:……(五)劳务分包单位承包的范围是施工总承包单位或专业承包单位承包的全部工程,劳务分包单位计取的是除上缴给施工总承包单位或专业承包单位‘管理费’之外的全部工程价款的。”施工总承包单位取得工程项目后不能直接转包,这是法律所明确禁止的。因此,施工总承包单位就和劳务分包单位签订所谓的《劳务合同》,以合法的形式将全部工程转包给劳务分包企业来做。原本劳务分包企业只能做劳务部分,不包括提供大型机械设备、提供周转材料等内容,但是这些所谓的《劳务合同》却恰恰将总包工程的全部范围都涵盖了,这是典型的非法转包。这是一种典型以合法形式掩盖非法目的的行为,《民法典》第146条规定:“行为人与相对人以虚假的意思表示实施的民事法律行为无效。”我们应该穿透过表面虚假的劳务合同关系找到真实的非法转包法律关系。《施工合同司法解释一》第1条规定:“承包人因转包、违法分包建设工程与他人签订的建设工程施工合同,应当依据民法典第一百五十三条第一款及第七百九十一条第二款、第三款的规定,认定无效。”

我们还要区分两个概念,当我们说转包时,通常形容为非法转包,转包一定是非法的;当我们说分包时,用到的词句是违法分包,而不是非法分包。这是因为分包在有些情况下是合法的,如经过业主同意将非主体工程分包给专业分包单位就是合法的,再如劳务分包也是一种合法分包。

从价款计取角度来讲,劳务分包企业本来能收取的费用仅仅是劳务费用,但在转包情况下,劳务分包企业收取的是除了所谓“管理费用”之外的全部工程价款,也即人工费、材料费、机械费、管理费和利润、规费、税金等,所有的造价组成部分劳务分包企业都要收取。那么这里面所说的劳务分包企业上交给施工总承包企业的管理费用,还是本讲谈到的企业管理费吗?完全不是!劳务分包企业上缴给总承包企业的所谓“管理费用”,不是用来实施管理行为的费用。所谓“管理费用”完全就是给转包人的转包费,是“好处费”,是总承包企业非法获得的利益。

江苏省高级人民法院《建设工程施工合同案件审理指南》规定:“没有资质的实际施工人借用有资质的建筑施工企业名义的。这种行为在实务中常被称为‘挂靠行为’。其特征为:……第二,挂靠人向被挂靠企业交纳一定数额的‘管理费’,这是挂靠的最重要的特征。”那么这里的“管理费”还是造价构成中谈到的管理费用吗?是用来实施管理行为的对价吗?被挂靠企业虽然收取了所谓管理费,但是被挂靠企业究竟管理什么了?什么也没有。所以此处的管理费用,就是挂靠费。实践中,也经常会看到有些母公司和子公司之间存在这种情况,母公司为了从子公司处上提利润,就和子公司签订管理协议,然后要求子公司定期向母公司缴纳管理费,以达到将子公司的利润提到母公司的目的。这时候要考虑,母公司对子公司有过管理行为吗? 有过派遣管理人员吗? 有形成相应的管理规范吗? 没有! 所以所谓管理费,经常被借来用作一些非法勾当。就像江苏省高级人民法院规定的情形,挂靠人向被挂靠人缴纳的一定数额的管理费用就不能理解为造价构成中的企业管理费,而是挂靠费用。

笔者曾经遇到过这样的情况,有的企业不做任何施工,但是资质非常好,完全靠出借资质来赚取企业利润。企业负责人咨询律师说,能不能请律师去做他们企业的法律顾问,帮忙规避掉这种转包和挂靠的法律风险。各位读者,这种企业的法律顾问还是不要做了吧。业务风险非常大。

4. “管理费”的收缴

实际上管理费的收缴这一问题来源于最高人民法院《关于审理建设工程施工合同纠纷案件适用法律问题的解释》(已失效)第 4 条的规定:“承包人非法转包、违法分包建设工程或者没有资质的实际施工人借用有资质的建筑施工企业名义与他人签订建设工程施工合同的行为无效。人民法院可以根据民法通则第一百三十四条规定,收缴当事人已经取得的非法所得。”上文提到转包、违法分包还有挂靠行为都是无效的,因此当事人由此获得的利益属于非法所得,根据本解释的规定人民法院可以收缴。其上位法依据是《民法通则》(已失效)第 134 条关于民事责任承担方式的规定,除了列举了几种责任承担的主要方式之外,《民法通则》还规定:“人民法院审理民事案件,除适用上述规定外,还可以予以训诫、责令具结悔过,收缴进行非法活动的财物和非法所得,并可以依照法律规定处以罚款、拘留。”在司法裁判实践中,究竟要不要由人民法院来收缴? 如果规定的是人民法院应当收缴,对法院来说也是比较头疼的事情,原本诉讼就有输赢,总有一方不服,再收缴违法所得,更加激化矛盾了。所以有的地方法院就比较聪明,对于非法所得,会在判决书会写明,建议由当地建设行政主管部门收缴,或者如果当地建设行政主管部门已经收缴,人民法院则不再重复收缴。收缴非法所得是比较烫手的山芋,人民法院不愿意直接处理。当然律师在给当事人提供法律意见时,肯定要依据第 4 条的规定告诉当事人,人民法院可以收缴,至于具体操作过程中会不会被收缴,那是另外一回事。

是否收缴管理费或者说转包人、被挂靠人可否收取管理费,实务中有另外一种反对意见。江苏省高级人民法院在《审判工作座谈会纪要 2009 年》中规定:“因转包、违法分包建设工程或者基于挂靠关系形成的合同约定了管理费,如果按照约定收取管理费的当事人在合同履行过程中实施了管理行为并在招投标过程中缴纳了相关费用,且建设工程经竣工验收合格的,可以参照合同约定收取管理费。”是否收取是以被挂靠人或者转包人有没有真正参与管理作为判断标准的。本讲前面对管理费的定义作了非常详细的说明,将其区分为现场管理费和总部管理费,区分为企业管理费和个人施工的管理费,那么管理费用究竟应不应当收取,要看被挂靠单位或转包单位有没有实施管理行为,要看有没有履行关于施工管理的合同义务。

当然,随着《民法典》的出台与实施,《民法通则》第 134 条规定的人民法院收缴非法所得的权利被删除;相应地,在《施工合同司法解释一》中,也删除了人民法院“收缴权”之规定,因此建设工程施工合同无效,法院收缴非法所得缺乏相应的法律依据。

5. 案例:企业管理费按实际管理情况计取

接下来,通过案例来看如何正确理解管理费费率。

某工程包含 10 栋楼房,双方约定的计价方法是单方计价,按照 1050 元/平方米结算。实际施工的承包人未取得建筑业企业资质,后该工程中途停工。单方计价的工程,中途停工后如何计价是非常复杂的问题。因为单方计价只有在全部工程完工之后才可以计价,比如承包人仅仅打了几根桩子,这是最极端的情形,那承包人施工的建筑面积是多少?没有建筑面积!此时是没有办法按照平方米单价的方式进行造价司法鉴定的。关于未完工程如何计价,本书后面会专门谈到。

本案的法院启动了工程造价司法鉴定,双方协商按照定额计算消耗量、套取信息价并取费的方式进行计价。造价司法鉴定机构的鉴定报告建议“管理费按个体承包计算,只计算现场管理费,费率参照原计价定额费率标准按 3%

计算”。

对于3%的管理费标准,承包人非常反对,并要求按照12.2%的一般施工企业的标准计算,承包人就管理费费率的差额向人民法院提起了再审申请。最后法院判决认为没有建筑施工企业资质的承包人,不应当以具备资质的正规企业的取费标准计取管理费。显而易见,法院不鼓励、不支持并且明令禁止不具备建筑业企业资质的承包人承揽工程。该判决中法院对只按照3%的标准计算管理费的支持态度,是对超越资质等级的施工人的一种警示,也有利于在建筑工程领域形成正确的导向,规范建设工程的承包行为。法院判决显然考虑到了类似判决的社会效果,是值得提倡的,并且法院认为承包人在人员资质和经营管理方面确实存在瑕疵,不符合相应资质企业的要求,所以承包人要求把9%的差额部分判给他,缺乏事实和法律依据。

通过判决结果也可以看出,本案中法院对管理费用的内涵以及不同费率的意义有着比较深刻的理解和认识。该判决就按照本书前面提到的理解方法,不仅将管理费用分为现场管理费用和总部管理费用,还将管理费用区分为不同资质等级或没有资质的企业的管理费用。不具备建筑业企业资质的实际施工人完成多少合同义务,执行什么管理标准,就按照什么标准支付管理费。否则统统按照定额规定的社会平均管理水平支付给不具备建筑业企业资质的施工人,显然对其他企业是不公平的,并且变相鼓励了违法承包工程的行为。如果都按照统一的标准,那么资质管理就没有意义了。

LESSON 6

第六讲

利润的概念与索赔

1. 利润的概念和计算方法

接下来进入第六讲建筑安装工程费(以下简称建安工程费)的利润。利润是建筑安装工程费用的组成部分,是指“施工企业完成所承包工程获得的盈利”。按照费用构成要素,可以将建安工程费划分为人工费、材料费、施工机具使用费、企业管理费、利润、规费和税金,其中利润作为一项总的费用种类,它是在计取了人材机费用之后,通过取费得到的金额。在综合单价的价格形式里,利润又是综合单价的组成部分。综合单价包括人工费、材料费、机械费、管理费、利润和风险费用,所以利润是一项计价科目。

以上仅是对利润这一计价科目的简单认识,想要真正掌握这一概念,我们必须对其有更深入的理解。例如,我们在计价表格中看到的“利润”这样一类计价科目与施工企业实际获得的利润是一回事吗?在数额上是相等的吗?举例而言,施工单位投标报价的材料价,在包工包料情况下由承包人自己采购,那么承包人采购的材料价和投标报价的投标价之间如果有利差,难道利差就不属于利润吗?所以说施工企业的最终实际利润不一定是按照费用构成要素划分出来的通过取费计算出来的利润数额,两者在数额上并非相同,在性质上也不可混为一谈。

利润的计算,按照《福建省建设工程综合单价计价暂行办法》的规定,“利润是指按规定计入工程造价的利润。利润不分工程类别,按各专业定额有关规定以人工费、材料费、机械费、综合费之和为基数乘以利润率计算”。读者不需要考虑这里提到的综合费,总之利润就是通过人材机等费用汇总之后乘以利润率得到的金额。

《重庆市国有资金投资建设工程合理价格组成及合理低价投标报价暂行规定》规定:“利润:投标人最低可按零利润投标报价。”上文也提到工程造价中的利润并非施工企业实际取得的利润,其实报价表中体现了所谓零利润,也只是投标报价表格中的零利润,实际上施工企业还可以从其他诸如材料费、管理费当中挤出真实利润。只要投标人的零利润报价,仍然在成本价之上,就不违反《招标投标法》第 33 条“投标人不得以低于成本的报价竞标,也不得以他人名义投标或者以其他方式弄虚作假，骗取中标”不得低于成本报价的法律禁止性规定。

2. 可得利益损失

在谈到利润时，笔者更希望读者能够在法律语境下去理解，在什么情况下可以获得利润。

《民法典》第 584 条规定：“当事人一方不履行合同义务或者履行合同义务不符合约定，造成对方损失的，损失赔偿额应当相当于因违约所造成的损失，包括合同履行后可以获得的利益；但是，不得超过违约一方订立合同时预见到或者应当预见到的因违约可能造成的损失。”这是关于损失赔偿额的法律规定，即在一方违约给对方造成损失时，违约方应当赔偿可得利益损失。那么，可得利益损失具体指的是哪些损失？最高人民法院《关于当前形势下审理民商事合同纠纷案件若干问题的指导意见》规定：“三、区分可得利益损失类型，妥善认定可得利益损失　9. 在当前市场主体违约情形比较突出的情况下，违约行为通常导致可得利益损失……承包经营、租赁经营合同以及提供服务或劳务的合同中，因一方违约造成的可得利益损失通常属于经营利润损失……”由此可见，承包人正常施工经营所获得的利润，就属于《民法典》意义上的可得利益损失。上述条文也就为本书后面讲变更和索赔时提供了法理基础。

《施工合同示范文本》第 16.1 款“发包人违约”设置了几种发包人的违约情形，摘录如下：

“在合同履行过程中发生的下列情形，属于发包人违约：

(1)因发包人原因未能在计划开工日期前 7 天内下达开工通知的；

(2)因发包人原因未能按合同约定支付合同价款的；

(3)发包人违反第 10.1 款〔变更的范围〕第(2)项约定，自行实施被取消的工作或转由他人实施的；

(4)发包人提供的材料、工程设备的规格、数量或质量不符合合同约定，或因发包人原因导致交货日期延误或交货地点变更等情况的；

(5)因发包人违反合同约定造成暂停施工的；

(6)发包人无正当理由没有在约定期限内发出复工指示，导致承包人无法复工的；

(7)发包人明确表示或者以其行为表明不履行合同主要义务的；

(8)发包人未能按照合同约定履行其他义务的。”

并且第16.1.2项“发包人违约的责任”部分也设置了发包人应当赔偿利润的原则:“发包人应承担因其违约给承包人增加的费用和(或)延误的工期,并支付承包人合理的利润。此外,合同当事人可在专用合同条款中另行约定发包人违约责任的承担方式和计算方法”。

上述条文体现了《民法典》第584条规定的违约方应当赔偿可得利益损失给守约方的法律规则。但需要注意的是,律师代理承包人向发包人主张可得利益损失时,利润如何计算?我们可以看《清单计价规范》的附录F.2《综合单价分析表》,也即投标人投标报价时向发包人提供的表格,里面会载明“清单综合单价组成明细”,包括定额编号、定额项目名称、定额单位、数量、单价及合价(人工费、材料费、机械费、管理费和利润),或许可以利用《综合单价分析表》来计算利润。但需要注意的是,此表格单价中“管理费和利润”是统一在一个栏目内,未区分某一综合单价的管理费和利润分别是多少,所以无法将管理费和利润剥离开来。那么此时主张利润损失,其实较为困难。在工程造价诉讼中,可能就需要借助工程造价司法鉴定,参照同行业平均利润率以及具体项目投标报价的下浮率来计算了。但计算的结果仍然是尽可能合理,无法做到绝对准确。

同样,《施工合同示范文本》第16.2.1项也规定了几种承包人违约的情形,摘录如下,供读者参考。

“在合同履行过程中发生的下列情形,属于承包人违约:

(1)承包人违反合同约定进行转包或违法分包的;

(2)承包人违反合同约定采购和使用不合格的材料和工程设备的;

(3)因承包人原因导致工程质量不符合合同要求的;

(4)承包人违反第8.9款〔材料与设备专用要求〕的约定,未经批准,私自将已按照合同约定进入施工现场的材料或设备撤离施工现场的;

(5)承包人未能按施工进度计划及时完成合同约定的工作,造成工期延误的;

(6)承包人在缺陷责任期及保修期内,未能在合理期限对工程缺陷进行修复,或拒绝按发包人要求进行修复的;

(7)承包人明确表示或者以其行为表明不履行合同主要义务的;

(8)承包人未能按照合同约定履行其他义务的。”

3. 利润索赔的合同依据

在发包人违约的情况下,承包人可以主张可得利益损失。但违约和索赔并非同一概念,发生索赔项时,任何一方都可能并未违约。那么索赔项中,有哪些项目可以主张利润?需要结合《施工合同示范文本》举例说明。

例一:《施工合同示范文本》第 2.1 款规定:“发包人应遵守法律,并办理法律规定由其办理的许可、批准或备案,包括但不限于建设用地规划许可证、建设工程规划许可证、建设工程施工许可证、施工所需临时用水、临时用电、中断道路交通、临时占用土地等许可和批准。发包人应协助承包人办理法律规定的有关施工证件和批件。因发包人原因未能及时办理完毕前述许可、批准或备案,由发包人承担由此增加的费用和(或)延误的工期,并支付承包人合理的利润。”发包人应当在开工前取得建设用地规划许可证、建设工程规划许可证、施工许可证,还有临时用水、用电的批准和许可等,这些行为都应当由发包人自己负责处理。那么因为发包人原因造成了承包人损失,承包人就可主张工期顺延以及利润。但需要注意的是,如果因为工程项目缺乏工程规划许可证导致了施工合同无效,此时的承包人就无法再就工程利润主张赔偿了,法律依据为《民法典》第 157 条:“民事法律行为无效、被撤销或者确定不发生效力后,行为人因该行为取得的财产,应当予以返还;不能返还或者没有必要返还的,应当折价补偿。有过错的一方应当赔偿对方由此所受到的损失;各方都有过错的,应当各自承担相应的责任。法律另有规定的,依照其规定。”合同无效后根据双方的过错承担相应的责任,无过错方可主张的损失赔偿范围也不包括合同履行后可以获得的利益,仅限于缔约过失责任。这些内容,本书在讲合同无效的造价法律问题时会重点强调。说到合同无效,我们还需要注意效力的补正。《施工合同司法解释一》第 3 条规定:“当事人以发包人未取得建设工程规划许可证等规划审批手续为由,请求确认建设工程施工合同无效的,人民法院应予支持,但发包人在起诉前取得建设工程规划许可证等规划审批手续的除外。发包人能够办理审批手续而未办理,并以未办理审批手续为由请求确认建设工程施工合同无效的，人民法院不予支持。”即未取得工程规划许可证的建设工程施工合同无效，但允许当事人在起诉前补正合同效力。

例二：《施工合同示范文本》第5.3.3项关于隐蔽工程的重新检查。隐蔽工程隐蔽后，发包人要求承包人掀开、钻孔重新检查，结果发现工程质量是合格的，那么针对因此造成的损失，承包人可以索赔适当的利润。

例三：《施工合同示范文本》第5.4.2项关于不合格工程的处理。因发包人原因造成工程不合格的，比如发包人乱指挥，要求承包人不按照施工图纸施工，由此造成的损失应当由发包人赔偿承包人一定的索赔利润。

例四：《施工合同示范文本》第7.8.1项关于发包人原因引起的暂停施工。如果发包人应当支付的进度款没有及时支付，或者发包人没有进行必要的工程检查程序，导致工程暂停施工，由此引起的索赔也应当包含利润。

例五：《施工合同示范文本》第8.5.3项关于发包人提供的材料或工程设备不符合合同要求的，工程因此暂时停工，由此造成的停工损失，也应当包含利润。

例六：《施工合同示范文本》第10.7.3项关于因发包人原因导致暂估价合同订立和履行迟延。比如，发包人单独采购电梯工程，因为发包人自己的原因迟迟选择不了合适的供应商，而导致工程停工造成了损失，此时承包人也可以主张相应利润索赔。

以上仅列举了几个利润索赔的情形，关于索赔很复杂，本书后文会有单独的章节讲解。

Lesson 6

4. 案例：挂靠情形下是否支持利润

最后通过案例来看一看关于利润的造价争议。

某工程项目，实际施工人借用了其他企业的资质进行施工，是一种典型的挂靠行为，而发包人对此也是明知的，所以在施工过程中，发包人直接向实际施工人支付了2000多万元的工程价款。但是在结算时双方却对最终结算价格产生了争议。于是双方明确达成合意申请工程造价司法鉴定，如果造价鉴定结果确定发包人尚欠工程款，则发包人在一周之内支付；如工程造价司法鉴定结果表明实际施工人已经超收了工程款，那么实际施工人应当在一周之内归还。

最后司法鉴定的结果显示涉案工程对应的定额利润为 54 万元,该金额显然是按照定额计价方法计算出来的,实际施工人便以此要求发包人继续支付。人民法院判决为此写道:“关于定额利润,因实际施工人没有施工资质,根据上述司法解释第四条规定,没有资质的实际施工人挂靠有资质的施工单位施工获得的利益不应予以支持。建设主管行政部门对该利润部分依法可予以收缴。”这里的“司法解释第四条”指的是最高人民法院《关于审理建设工程施工合同纠纷案件适用法律问题的解释》(已失效)第 4 条的规定:“承包人非法转包、违法分包建设工程或者没有资质的实际施工人借用有资质的建筑施工企业名义与他人签订建设工程施工合同的行为无效。人民法院可以根据民法通则第一百三十四条规定,收缴当事人已经取得的非法所得。”该利润部分正好符合该条文规定的可以收缴的三种情形之一,但是依照现在最新的《施工合同司法解释一》,法院已不能收缴非法所得。总之法院并没有支持承包人关于利润的主张,挂靠情形下发包人无须支付利润。

LESSON 7

第七讲

安全文明施工费的概念和不可竞争性

1. 安全文明施工费的概念和内容

所谓安全文明施工费,是指"在合同履行过程中,承包人按照国家法律、法规、标准等规定,为保证安全施工、文明施工,保护现场内外环境和搭拆临时设施等所采用的措施而发生的费用"。从定义上看,安全文明施工费本身是一种措施费用。关于措施项目费,本书第一讲稍微介绍过相关概念,后面还会单独有一讲深入讲解。

我们知道发包人支付工程款的目的是购买工程实体,而不是购买承包人的种种施工措施。比如,承包人在现场所搭设的临时设施,就不是发包人要购买的对象。但是我们要知道,承包人的种种施工行为不仅仅受到与发包人签订的施工合同的约束,还要受到国家法律和标准的种种强制性约束。这些法律和标准的目的是保证施工现场施工人员的安全、施工行为的文明,以及避免对环境造成损害。所以安全文明施工是承包人的法定义务,是强制义务。承包人为履行法定义务所产生的费用应当由发包人来承担。当然,也不排除有一些建设单位在施工合同中约定更高的标准,要求承包人确保安全、文明、环境保护等。只是这种约定不是此处重点讨论的问题。后文介绍了很多地方的强制规定,读者可以充分理解安全文明施工费的性质和要求。

从内容上看,安全文明施工包括四个方面的内容:环境保护、文明施工、安全施工以及临时设施的搭拆问题。环境保护主要是针对现场的降尘降噪以及垃圾处理等问题。比如施工现场的扬尘,需要采取洒水措施降尘。还有施工现场的施工机械噪声,需要采取措施把它降下来,这都是法定义务。实践中,有些地方的环保压力越来越大,地方建设主管部门和环境保护部门出台越来越多的地方政府部门规范性文件,使施工企业不得不采取越来越多的措施满足政府要求。那么,施工单位履行这些地方政府部门的政策要求而产生的工程成本,是否可以要求建设单位承担?正确理解是施工单位履行地方政府部门的政策要求而产生的工程成本应由建设单位承担。实务中,很多人都会因为错误理解所谓安全文明措施费的不可竞争性而认为该种逐渐增加的施工成本应当由施工企业自己承担。

文明施工主要包括展示、美观、卫生消毒、医疗救助等。例如,现场的五牌一图、墙面的刷白、标语等,都属于展示类。还有施工现场的卫生消毒以及降暑降温,包括电风扇、空调的费用都是属于文明施工。

安全施工,读者们就比较熟悉了,如“三宝四口五临边”(安全帽、安全带、安全网、楼梯口、通道口、预留洞口、电梯井口、楼面临边、屋面临边、阳台临边、升降口临边、基坑临边),都需要采取种种措施以保证安全。

临时设施,如进入工地首先看到的临时办公楼、临时的食堂,还有临时的水、临时的道路、临时的电,都属于临时设施费。当然有的省份对临时设施费是从安全文明施工费用当中拿出来单独计费的,遇到时要注意一下。

2. 安全文明施工措施费的重要性

安全文明施工措施费是为了保证施工安全、环境保护以及文明施工而发生的费用,在工程中具有比较重要的法律地位。

《建筑工程安全防护、文明施工措施费用及使用管理规定》针对安全文明施工费的计取问题、支付问题以及相应的法定责任,作出了种种规定。其中,第 8 条规定:“建设单位申请领取建筑工程施工许可证时,应当将施工合同中约定的安全防护、文明施工措施费用支付计划作为保证工程安全的具体措施提交建设行政主管部门。未提交的,建设行政主管部门不予核发施工许可证。”领取施工许可证本身有诸多前置条件,《建筑法》第 8 条规定:“申请领取施工许可证,应当具备下列条件:(一)已经办理该建筑工程用地批准手续;(二)依法应当办理建设工程规划许可证的,已经取得建设工程规划许可证;(三)需要拆迁的,其拆迁进度符合施工要求;(四)已经确定建筑施工企业;(五)有满足施工需要的资金安排、施工图纸及技术资料;(六)有保证工程质量和安全的具体措施。”《建筑工程安全防护、文明施工措施费用及使用管理规定》将安全文明施工费的支付计划规定为建设行政主管部门核发施工许可证的前提条件,也将安全文明施工费的支付计划置于《建筑法》规定的申请领取施工许可证的前置条件相同的法律地位。这样看来,安全文明施工费的重要性不言而喻。

再看《施工合同示范文本》,合同协议书部分需要签约双方填写“签约合同价”的数额。所谓签约合同价,《施工合同示范文本》第 1.1.5.1 目规定:“是指发包人和承包人在合同协议书中确定的总金额,包括安全文明施工费、暂估价及暂列金额等。"所以合同协议书上一定会写着本合同的签约合同价是多少,并在其后分别列明安全文明施工费是多少,暂列金额是多少,暂估价是多少。将暂列金额和暂估价单列出来,是因为二者具体发生或是不发生,或者结算金额是多少暂时不确定,因此需要单独拿出来提醒合同当事人。安全文明施工费,是因为其具有比较高的法律地位,其支付问题、违约责任问题都要有非常严格的合同约定条款,为此将它单列出来以提示发承包双方,安全文明施工费是非常重要的一笔费用,需要按照合同约定以及法律规定去计取和支付。

但也正是因为安全文明施工费有较高的法律地位,在造价咨询行业或者司法鉴定实务中,诸多当事人对其法律性质产生了误解,笔者认为很有必要特别解释说明。

3. 安全文明施工费的不可竞争性

安全文明施工费最显著的法律性质叫作不可竞争性,来源于《清单计价规范》的一条强制性国家标准。《清单计价规范》第3.1.5条规定:"措施项目中的安全文明施工费必须按国家或省级、行业建设主管部门的规定计算,不得作为竞争性费用。"该条文在《清单计价规范》中是黑体加粗显示的,也即该条文是强制性条文,必须严格执行。正是实践中过于强调强制性标准必须执行的特点,导致人们对安全文明施工费法律性质产生了很大的误解。

很多人理解的不可竞争性,是指合同中安全文明施工费的金额,不但应当按照国家规定的标准计算,而且金额自始至终是一成不变的,不允许双方通过约定的方式加以改变,签约时的金额就是最终结算的金额,或者签约时的费率就是结算时应当适用的费率。甚至很多人进而认为违反了《清单计价规范》的此类强制性条文,会导致合同约定在法律效力上被认定为无效。针对这样几种认识,笔者通过以下两个方面来进行辨明。

第一,关于安全文明施工费的强制性国家标准能不能作为裁判依据?依据最高人民法院《关于裁判文书引用法律、法规等规范性法律文件的规定》第4条"民事裁判文书应当引用法律、法律解释或者司法解释。对于应当适用的行政法规、地方性法规或者自治条例和单行条例,可以直接引用"的规定,《清单计价规范》作为国家标准,不是法律、法律解释或司法解释,也不是行政法规、地方性法规等,不能援引据之裁判。

第二,所谓“不得作为竞争性费用”,从文义解释可知,“竞争”一定指的是投标人和投标人之间的竞争关系,招标人和中标人之间不存在竞争关系。因而“不得作为竞争性费用”不是约束招标人和中标人(发包人与承包人)的条款。因此,笔者认为,只有将“不可竞争”的概念,分别放在投标阶段和结算阶段才能够准确理解。一般而言,投标阶段的不可竞争性体现在所有投标人均应按照招标人规定的,或者地方政府部门规定的费率投标,所谓不可竞争指的是费率的不可竞争。当按照人工费或人工费加上机械费的总和,乘以某固定的费率计算规费、利润时,所用的费率应当是政府所规定的费率,当事人不能任意降低。在有些地方,如重庆市,曾发布《重庆市建设工程安全文明施工费计取及使用管理规定》,第6条规定:“工程招标时(含设计带施工招标),招标文件中必须要有安全文明施工费的相关条款,并由招标人根据本规定计算原则和标准计算出安全文明施工费,以暂定价形式纳入招标文件中。投标人在投标报价时,必须按照招标人给出的暂定价填报。”安全文明施工费在投标阶段的不可竞争性甚至还体现在具体金额的不可竞争。比如,招标人经计算列明在招标文件中的安全文明施工费是10万元,那么所有投标人都要按照10万元填写投标文件。但要知道,安全文明施工费在结算阶段是完全可以由双方约定处分的。《民法典》第5条规定:“民事主体从事民事活动,应当遵循自愿原则,按照自己的意思设立、变更、终止民事法律关系。”合同交易双方有权处分自己的民事权利。《四川省建设工程安全文明施工费计价管理办法》第12条规定:“安全文明施工费的结算管理:1. 承包人向安全文明施工费费率测定机构申请测定费率,并出具《建设工程安全文明施工措施评价及费率测定表》的,按《建设工程安全文明施工措施评价及费率测定表》测定的费率计算;承包人未向安全文明施工费费率测定机构申请测定费率的,只能按本办法第十条规定计取基本费。”也就是说,对于承包人的施工究竟符不符合安全、文明的国家标准或合同约定,如现场安全防护用具的使用、钢筋堆放、道路硬化等,种种安全文明施工的行为,应当由第三方进行评定,第三方根据承包人的现场实际情况进行打分,给定一个最终的费率。在办理竣工结算时,就按照测定的费率计算。该文件还规定如果承包人没能够出具费率测定表,最后就只能计取基本费。四川省的这一规定给我们提供了一种思路,即在投标阶段,安全文明施工费是不可竞争的,但在结算阶段则要按照安全文明施工义务履行的情况去测算,去计价。正确理解“不可竞争性”,就一定要将“不可竞争性”限定在投标阶段,只有在投标阶段才会发生是否不可竞争的问题;在实际履行过程中以及最终竣工结算时,笔者认为,发承包双方完全可以自由的约定和处分。当然,《四川省建设工程安全文明施工费计价管理办法》能否当然适用于四川省内的建筑工程,是不是说省级建设行政主管部门如此规定了,发承包双方就必须按照文件的规定结算? 这不一定。比如,发包人愿意支付给承包人全额的安全文明施工费,谁都无权干预。此外,四川省的规定,毕竟是行政管理的规范性文件,不能直接作用于平等民事主体之间的合同约定。

4. 安全文明施工费与停工权

关于安全文明施工费,需要进一步解读两个小知识点:一个是关于安全文明施工费的支付进度,另一个是关于安全文明事故的责任问题。

《施工合同示范文本》第 6.1.6 项中“安全文明施工费”一项规定:“除专用合同条款另有约定外,发包人应在开工后 28 天内预付安全文明施工费总额的 50%,其余部分与进度款同期支付。发包人逾期支付安全文明施工费超过 7 天的,承包人有权向发包人发出要求预付的催告通知,发包人收到通知后 7 天内仍未支付的,承包人有权暂停施工,并按第 16.1.1 项〔发包人违约的情形〕执行。”该条文是关于安全文明施工费的支付,承包人据此享有合同约定的先履行抗辩权,当然也是法定的先履行抗辩权。从发包人应当预付 50% 的安全文明施工费这一点,我们又能理解本书前面讲过的,合同协议书部分将安全文明施工费单独列为一条签约合同价的内容,是用以提示发承包双方应当按照约定支付安全文明施工费。同时需要注意,安全文明施工费的支付与进度款的支付具有同样的法律适用效果。我们经常遇到当事人咨询律师,问业主已经有段时间没有支付进度款了,能不能暂时停止施工? 对待该问题一定要慎之又慎,仔细研读合同后再回答。最起码在安全文明施工费方面,《施工合同示范文本》条款明确说明要先由承包人履行支付进度款的催告义务。只有当催告通知的期限届满后,承包人才享有停工权。笔者在诉讼实践中曾遇到,法庭之上代表承包人的律师提出,因为业主的进度款支付迟延了,所以承包人可以要求工期顺延。

那么此种抗辩是有效的抗辩吗？显然不是。仅仅从安全文明施工费的角度就知道，即使业主方没有按时支付安全文明施工费，存在违约行为，承包人也要首先履行催告程序，只有在催告通知的期限届满之后承包人才享有暂时停工权。并且未按期付款行为本身并不能产生工期顺延，只有未按期付款导致工期延误，承包人才可以要求工期顺延，所以还涉及承包人证明发包人逾期付款的违约行为导致工期延误的事实及因果关系的举证责任。作为施工人，停工决策一定要慎之又慎。以上是《施工合同示范文本》对发包人在安全文明施工费支付进度上的特别约定。

对于承包人，《施工合同示范文本》也有对应条款："承包人对安全文明施工费应专款专用，承包人应在财务账目中单独列项备查，不得挪作他用，否则发包人有权责令其限期改正；逾期未改正的，可以责令其暂停施工，由此增加的费用和(或)延误的工期由承包人承担。"虽然实际承包人在接受价款时其中某一笔安全文明施工费可能和其他工程进度款在总额上是混淆在一起的，但承包人一定要在账簿中单独列出一项安全文明施工费条目，并实实在在地将安全文明施工费用于安全施工、文明施工、环境保护。如果承包人没有这样做，发包人可以追究承包人的违约责任，并且主张由承包人承担因此增加的费用和工期。

有关安全文明施工的法律责任。《清单计价规范》第 10.2.3 条规定："发包人没有按时支付安全文明施工费的，承包人可催告发包人支付；发包人在付款期满后的 7 天内仍未支付的，若发生安全事故，发包人应承担相应责任。"安全事故分为一般事故、较大事故、重大事故以及特别重大事故，当事故等级上升到一定层级，发包人或承包人应当在发生安全事故时及时上报。事后会由有关政府部门、相关检察部门、公安部门组成事故调查组进行调查。事故调查组作出的调查报告会认定引起安全事故的原因。如果是因为发包人没有及时支付安全文明施工费，导致产生事故，发包人需要承担相应的责任。《甘肃省住房和城乡建设厅关于进一步加强落实安全文明施工费计取等有关事项的通知》第 3 条："发包人未按时支付安全文明施工费的，承包人可催告发包人支付；发包人在付款期满后的 7 天内仍未支付的，若发生安全事故，发包人应承担相应责任。"发包人还需要承担一定的性质责任，《建筑工程安全防护、文明施工措施费用及使用管理规定》第 13 条规定，建设单位未按本规定支付安全防护、文明施工措施费用的，由县级以上建设主管部门依据《建设工程安全生产管理条例》予以处罚。除此之外，在发包人和承包人之间，根据《民法典》第577条的规定："当事人一方不履行合同义务或者履行合同义务不符合约定的，应当承担继续履行、采取补救措施或者赔偿损失等违约责任"，发包人还应向承包人承担相应的违约责任。

5. 案例：安全文明施工费与管理性规定及举证责任的关系

接下来通过一则具体案例来理解什么叫作《清单计价规范》的强制性规定，什么叫作不可竞争性，以及安全文明施工费作为措施项目费而对承包人所附加的举证责任。

本案合同约定："文明施工及安全措施费按批准的施工组织设计计算，如承包人在工程开工前未明确向发包人提出此项费用，视为承包人放弃此项费用，但不影响文明施工及安全措施的实施。"由这段约定可以看出，发包人对于承包人是天然带有警惕情绪的，他非常害怕承包人要求调价，尤其是借助措施项目费用调价。因为发包人支付工程款所购买的分部分项工程是具体的实在的物体，即使事后产生争议，也是可以重新计量的。而措施项目费，尤其是总价措施项目费，在完工后就被拆除掉，是事后不可还原的工程量，所以非常容易产生纠纷。因此，发包人就想到了非常聪明的办法，在本案的合同条款中要求承包人来报安全文明施工费，如果承包人没有报，那么发包人就可以不支付该笔费用。由此可以看出，本案合同约定和《清单计价规范》中的强制性条文"措施项目中的安全文明施工费必须按国家或省级、行业建设主管部门的规定计算，不得作为竞争性费用"是完全冲突的。本案中，发包人实际支付的安全文明施工费甚至可能是0元。

工程施工过程中，承包人确实也没有按照合同约定向发包人提出安全文明施工费，于是发包人依约不同意支付。在工程诉讼中，承包人主张按照工程所在地有关政府部门规定的最低标准计算安全文明施工费。

最高人民法院最后判决："国家及各地建设行政主管部门的相关规范性文件，是行业主管部门从行业规范及管理的角度对建设工程安全文明措施费作出的规定。但具体工程应如何计取、实际发生金额及如何支付，则应当根据当事人的约定以及施工过程中采用的具体安全文明施工措施等实际情况而定。"此判决有三层含义。第一,最高人民法院认为《清单计价规范》仅仅是行业规范,并且是管理性规范,不能直接引用《清单计价规范》中的强制性条文判定合同约定条款的法律效力。第二,最高人民法院认为要根据当事人约定确定安全文明施工费如何支付,体现了合同自愿、意思自治的民法根本原则。当事人约定的效力高于《清单计价规范》中的强制性规范。举例而言,发包人完全可以支付双倍、三倍的安全文明施工费给承包人,只要双方协商一致,不应禁止。反之亦然。笔者举一个极端的案例,假设某大型施工企业为某西部城镇捐赠一座希望小学,工程所有的人工、材料、机械等均由该大型施工企业提供。最后该希望小学的交易对价就是0元,对应的安全文明施工费也是0元。那么显然受捐赠的当地教育局是不可能在工程完工后,强制地把按照当地定额标准计算出来的安全文明施工费硬塞给该大型施工企业。所以,本身安全文明施工费的产生,是出于国家的强制性规定,但在发承包双方之间,如何计算安全文明施工费,应当考虑双方的具体约定。如果承包人不要安全文明施工费但承诺并且实际也实施了全部安全文明施工行为,这在当事人之间是具有法律效力的约定。只不过,没有按照国家的强制性规定计取安全文明施工费,有可能受到行政处罚而已。这与双方当事人之间的民事约定,不是一回事。第三,判决也体现了结算时的安全文明施工费虽然可能是按照定额费率计算出来的,或者按照固定价投标得来的,但具体应当如何结算是要去查看承包人的安全文明施工措施有没有全部到位,履行了多少对应的合同义务。《民法典》第6条规定:"民事主体从事民事活动,应当遵循公平原则,合理确定各方的权利和义务。"那么只有承包人实际采取了安全文明施工措施,发包人才会支付给承包人相应的对价。假如发包人经过现场检查,发现承包人并未采取什么安全文明施工措施,发包人是否可以请求法院减少安全文明施工费用呢?从根本上说,发包人支付给承包人100万元的安全文明施工措施费,同时就意味着承包人应当承担100万元的安全文明施工合同义务。当承包人未按照合同约定履行对应义务时,依据《民法典》第577条的规定"当事人一方不履行合同义务或者履行合同义务不符合约定的,应当承担继续履行、采取补救措施或者赔偿损失等违约责任",应当承担违约责任。所以,发包人请求减少价款或者请求减少支付安全文明施工措施费具有法律依据。

最高人民法院还判决:"对于该项费用的实际发生情况及金额,应由施工企业承担相应的举证证明责任，但在承包人提供给鉴定机构的证据材料中，并无施工过程中经过签证认可的安全文明施工收方资料，承包人亦未提供发包人对于该项费用予以认可的其他证据，故无法证明本案中安全文明措施费实际发生的情况及金额，承包人主张该项费用的事实依据不足，应由承包人自行承担举证不能的不利后果。”由此可以看出，最高人民法院的观点是，既然合同约定安全文明施工费要由承包人上报，然后经发包人批准，否则就视为承包人放弃此项费用，如果承包人无法证明上报过且得到过发包人的认可，那么承包人不能再主张要求发包人支付。同时安全文明施工费作为措施项目费，是一种事后发生就不太可能再去计量的总价措施项目，是工程完工后不可能加以复原的手段行为。它不像分部分项工程是看得见、摸得着工程实体，是可以计量并通过按实结算来计取相应费用的。所有的施工措施在工程完工后都消失不见了，因此承包人的举证责任就加重了很多。承包人在施工过程中应当提高对履约证据保管的要求。

最高人民法院判决另说明：“行业行政主管部门的规范性文件是为了‘加强安全生产、文明施工管理，保障从业人员的作业条件和生活环境，减少和防止生产安全事故发生’之目的，而对建筑行业计取及使用安全文明措施费作出的管理性规定，当事人违反相应规定将可能受到主管部门的行政处罚。但这与是否应当按照相关件规定的标准作为下限实际计取安全文明措施费，并作为工程款支付给施工单位之间不能等同。”判决再次明确建设行政主管部门关于安全文明施工费作出的种种规范性文件仅仅是一种管理性规定，不足以将这些管理规定等同于行政法规或者地方性法规来确定合同的效力。行政的归行政，民事的归民事。各个地方政府部门所规定的安全文明施工费的金额或费率，并不应当天然成为实际支付的标准，最终还是要以发承包双方的实际约定为准。

当然，在投标过程中，如果发生了约定安全文明施工费不计取的情况，律师在提供法律咨询服务时应当提出，安全文明施工费为0元的投标报价，违反了当地政府部门的规范性文件，违反了《清单计价规范》的强制性条文，应当作否决投标处理。只是读者要理解，招投标阶段的事情要在招投标阶段解决，如果招投标阶段没有发现安全文明施工费是零报价，那么合同履行过程就应当认定安全文明施工费的金额是0元，承包人主动承诺以零对价来实施安全文明施工义务，其安全文明施工合同义务并没有免除。

LESSON 8

第八讲

夜间施工增加费

1. 夜间施工增加费的概念与行政许可

这一讲要讲的一个具体措施项目费叫夜间施工增加费。按照《建筑安装工程费用项目组成》的定义,是指“因夜间施工所发生的夜班补助费、夜间施工降效、夜间施工照明设备摊销及照明用电等费用”。不过笔者讲夜间施工增加费的目的并不是介绍夜间施工增加费本身的构成,而是要通过此类措施项目费去要讲一个更重要的造价法律问题:证据与事实推定。

夜间施工增加费作为措施费用的一种,并不必然发生。某些项目因为某些特殊施工工艺要求,如要浇筑超高层建筑底板的大面积混凝土,因为混凝土有连续浇注的要求,所以夜间不可能停工,就需要超过 48 小时甚至更长时间的连续施工,就会产生夜间施工增加费。

政府部门对于夜间施工均有相应的管理规定。《北京市建设委员会关于在全市建设工程推行绿色施工的通知》(已废止)规定:“降低声、光排放。建设单位、施工单位在签订合同时,注意施工工期安排及已签合同施工延长工期的调整,应尽量避免夜间施工。因特殊原因确需夜间施工的,必须到工程所在地区县建委办理夜间施工许可证,施工时要采取封闭措施降低施工噪声并尽可能减少强光对居民生活的干扰。”因此,项目如果是在野外,夜间施工可能还没有相关管理规定的要求,但如果是在市区,如在一些精密仪器工厂旁、在医院旁边,夜间施工就要受到行政部门的管理,因此文件规定必须办理夜间施工许可证。读者可以自行查阅其他法律法规,还会了解到夜间施工还有可能要办理备案手续、提前公告手续等。

由上述规定也可以看出,夜间施工对于周边居民的影响主要是施工噪声和强光,那么反过来就可以理解夜间施工会有一定的施工降效,会发生现场的照明费用。这就是夜间施工增加费的概念,内容比较简单。

2. 定额科目与事实推定

接下来就定额科目与事实推定的关系稍作讲解。实际上这一问题本身非常简单,笔者一讲各位读者都能明白。但在工程造价司法鉴定实践中,有一些机构甚至法院对该问题的理解都是错误的。

以夜间施工增加费为例,有些人认为,因为定额科目中包括了夜间施工增加费,所以对于定额计价的项目都要计取夜间施工增加费。这种观点正确吗?显而易见是错误的。因为如本书前文所讲,定额文件除了本身具有的数据属性与计价程序属性之外,同时还具有另外一种功能,就是对工程造价的诸多科目作了合理的划分。但是,这种划分并不必然地意味着每个项目都会有夜间施工的实际发生。

例如,北京市《关于执行2012年〈北京市建设工程计价依据——预算定额〉的规定》规定:"措施项目费应根据工程具体情况,依据工程施工组织设计或施工方案合理确定相关费用,预算定额中的措施项目可作为计价的参考依据。预算定额中不包括二次搬运费、冬雨季施工增加费、夜间施工增加费、已完工程及设备保护费,发生时应另行计算。"即到底有没有发生这些措施项目,到底应不应当去计取夜间施工增加费,取决于施工组织设计或者施工方案是否有此内容。只有在施工组织设计或施工方案中有此种施工措施并且也实际发生了夜间施工的行为,那么发包人才应当支付相应对价。另外,定额科目本身也并不是完整全面的,如二次搬运费、冬雨季施工增加费、已完工程及设备保护费就不包括在预算定额中,实际发生时还应另行计取。对于一些更为特殊的情况,如深基坑、高大模板,需要进行专家论证,需要编制专项施工方案,这些措施项目如果在投标报价中没有体现,但实际又已发生,则应当在定额科目之外再单独增加新的计价科目,使之成为双方的价款约定。

因此,定额存在该科目并等于实际会发生这些科目。定额科目类似于会计科目,实际交易中具体用哪些科目还需要按照实际发生的交易确定。这个常识,稍微讲解一下各位读者都能明白,但实践中,碍于法律人对计价学科整体的认知不足,有些常识反倒被忽略了。

定额科目的存在更不可能属于可用于推定的事实。实务中有人援引最高人民法院《关于民事诉讼证据的若干规定》第 10 条规定:"下列事实,当事人无须举证证明:……(三)根据法律规定推定的事实;(四)根据已知的事实和日常生活经验法则推定出的另一事实……"试图论证夜间施工增加费属于无须举证即已发生的事实。但要注意在适用该条款时,无须举证的是根据已知的事实推定出的另一事实。定额科目本身并不是一种事实,它只是一种较为科学的科目划分方法而已。因此不能够认为定额科目中包含某些措施费用,那么实际施工中就必然会发生某些措施费用,这是一种很低级的错误。

3. 案例:对于夜间施工增加费应当及时签证

最后通过案例来看一看承包人应当采取怎样的方式向发包人主张夜间施工增加费。

本案承包人在法庭上提出,发包人主管基建的领导和工地代表都能够作证,项目中发生了为赶工期而进行夜间施工的事实。承包人将夜间施工工日统计文件报送给发包人,统计总工日数是 5190 个工日,发包人却不予签证。夜间施工增加费的发生是有一定原因的。本案中承包人是为了赶工期而发生夜间施工增加费。赶工行为本身并不会导致合同价款调整,本书后面还会介绍到。但本案并非因承包人延误工期而赶工,所以施工过程中承包人要求发包人对夜间施工增加的工日签证,发包人不予签证。实践中,经常会发生承包人要求签证而发包人不予签证或者承包人提出索赔而发包人拒绝确认的情形。那么应当如何认定夜间施工增加费?

法院判决认为承包人夜间施工损失的产生,是因为发包人的土建工程交付给装饰工程不及时,以及发包人要求承包人夜间施工所致,所以发包人应当承担赔偿责任。同时举证责任方面,法院认为承包人将签证单交给发包人工作人员签收后,发包人应当及时签署,如果没有及时签署也视为发包人认可该签证。所以发包人拒绝签字的伎俩没有得到法院的支持。最后法院判决:"对于夜间施工工日,夜间施工事实存在,但没有夜间施工的签证证实,属于双方管理上的失误。根据承包人统计数据和夜间施工的事实,双方各自负担一半的经济损失。根据双方约定的每工日 35 元计算,误工损失和夜间施工损失合计为 351,855元,由发包人予以赔偿。"

通过本案我们可以看出:第一,对于夜间施工增加费这一类措施项目费,承包人一定要及时签证;第二,关于承包人提供签证而发包人不予确认的行为,法院判定此种管理失误属于双方责任。笔者认为,这种判决结果似乎不妥。笔者相信这是法院站在第三方的角度去认定的事实。但是站在承包人的代理律师角度,此过错应当归属于发包人。如果承包人能够举证证明其在施工过程中多次提出签证申请,但发包人就是一概不签,那么显而易见是可以证明发包人具有更大的过错,本案就不必然地酌情使承包人也要承担一半的损失。

LESSON

9

第九讲

大型机械进出场及安拆费的概念与报价问题

1. 大型机械设备进出场及安拆费的定义

大型机械设备进出场及安拆费是措施项目费的一种。《建筑安装工程费用项目组成》明确规定大型机械进出场及安拆费列入措施项目费，指的是“机械整体或分体自停放场地运至施工现场或由一个施工地点运至另一个施工地点，所发生的机械进出场运输及转移费用及机械在施工现场进行安装、拆卸所需的人工费、材料费、机械费、试运转费和安装所需的辅助设施的费用”。

那么大型机械设备进出场及安拆费和本书前面讲过的人材机费用中的机械费有什么区别呢？显而易见，区别就在于大型机械设备进出场及安拆费针对的是体型较大的机械设备，包括塔式起重机、升降机、施工外用电梯、混凝土搅拌机、汽车式起重机、挖掘机、装载机等。一看名称就知道这些机械在现场的进出、运输、安装、拆卸需要调配更多工人去做。所以调用资源产生的费用单独计费，形成一种措施项目费。

2. 大型机械设备进出场及安拆费的计算与零报价问题

一般而言，大型机械设备进出场及安拆费按照实际设备使用数量，以台次为单位计算。即为了进入现场、安装、拆卸，发生了多少次运输，就产生多少费用。举例而言，某工程因发包人原因导致停工，并且停工期很长，此时发承包双方约定，为了避免大型机械设备长期搁置在现场产生更多损失，承包人需将大型机械设备搬出场地用于其他工程。那么复工时，大型机械设备再次进入施工现场，再一次安装，产生的安拆费用就应当按照实际进出场和安装的台次来计算，由发包人承担。

当然，如果仅仅讲大型机械设备进出场和安拆费怎么计算，这仅是一个造价问题，还不能算是一个造价结合法律的问题。本讲侧重的是以大型机械设备及进出场为例的措施项目费的报价问题。

《云南省房屋建筑和市政基础设施工程施工招标评标补充规定》第 7 条规

定:“对措施费报价存在下列情形之一的作废标处理:……2.对模板工程费、脚手架工程费、垂直运输费和大型机械设备进出场及安拆费进行投标报价时,报‘0’费用的;以周转性材料已摊销完毕、机械闲置或已折旧完毕为由,只报人工费的……”在招投标阶段,当投标人针对该类项目按零费用报价,怎么办?例如,有企业就模板这种周转性材料已经摊销完毕,后期这些模板再使用与否,都不影响企业的收益;或是企业有机械设备本身早已闲置,因此为了中标,完全可以零报价。但云南省规定不论投标人出于什么原因,发生这类情形的一律作为废标处理!规定的目的就是避免恶意低价竞争。当然,文件说的是“作废标处理”,实际上这是一种错误的说法。准确的说法应该是对这个投标人的投标,做否决投标来处理。废标是指整个招投标都废掉了,这两个概念还是需要进行区分的。

《清单计价规范》对零报价的情形有另外一种规定:“招标工程量清单与计价表中列明的所有需要填写单价和合价的项目,投标人均应填写且只允许有一个报价。未填写单价和合价的项目,可视为此项费用已包含在已标价工程量清单中其他项目的单价和合价之中。当竣工结算时,此项目不得重新组价予以调整。”例如,某项目总共有100个工程量清单项目,承包人对其中99个项目都报价了,剩余1个没填写,则视为没有报价的清单项目对价为零。施工过程中最终的工程量虽然可以根据图纸进行计量,但该清单项目的结算价还是0元,也就是视为承包人这一项费用已经包含在其他项目当中了。

对比上述两种规定,可以发现在不同的阶段对于零报价行为的处理是不同的。如果在招投标阶段发现了某些项目是零报价的,则直接否决投标;如果施工过程中才发现某些项目是零报价,则对于这一项的价格约定还是有效的,仍然按照0元结算。有读者会问,那么施工过程中才发现的零报价,不是应当否决投标吗?实际上,如果招投标阶段没解决该问题,进入合同履行阶段就不应当再去回头重新追求招投标的绝对准确和有效了。招投标结算的瑕疵应该在招投标结算解决,一旦进入合同履行结算,就要按照《民法典》等相关法律法规分析其法律后果,这是两码事。

3. 案例:大型机械进出场及安拆费有别于机械费

通过一则关于大型机械进出场及安拆费的造价争议案例讲一讲正确列项

的重要性。各位读者也应该注意到了,本书讲案例从来不是仅仅局限于具体费用本身而讲,讲案例的目的是希望将计价科目的知识点与工程实践相结合,讲透实践中的规则,使读者能够更加系统地去掌握本门交叉学科。

本案中,合同条款是十分常见且混乱的一种约定:"固定单价合同,单价中包括为实施和完成合同工程所需的劳务、材料、机械、质检(自检)、迎检、安装、缺陷修复、管理、保险(除工程一切险及第三方责任外)、税费、利润、安全费用和其必须配套项目的费用,以及合同明示或暗示的所有责任、义务和一般风险(含工料机价格上涨风险)。计价方式为按约定的计价单价与确认的计价工程量进行计价计算。"这是我们在处理工程纠纷时经常会遇到的条款。发包人通过定义单价的范围,把一切不想承担的,一切本来应当由他控制、掌控和规避的风险统统转嫁给承包人。比如,本案的单价中包括工料上涨的风险。本书前面讲过市场价格波动时材料风险应当如何分担的问题,合理的做法是应当双方共同分担。但本案的发包人穷尽一切办法,把一切能想到的风险都归入单价应当包含的范围。这种定价方法,几乎违背了《清单计价规范》设置的所有原则性规则,既不合理,也不科学。

合同约定该笔单价包含"机械"的费用。那么,读者们思考一下,这里的"机械"费和我们正在讲的大型机械进出场及安拆费费用是一笔费用吗?合同中的机械费,如果类比《清单计价规范》关于综合单价的规定,应当仅仅是指人材机管利风中的机械费,而不是作为措施项目费的大型机械进出场及安拆费。如果探究投标人在报价时的真实意思,也应该不包含大型机械进出场及安拆费。

但是法院却判决说:"大型机械进出场及施工措施费用5.6万元。因双方合同计价方式为清单计价,即固定单价包括为实施和完成合同工程所需的劳务、材料、机械、质检(自检)、迎检、安装、缺陷修复、管理、保险(除工程一切险及第三方责任外)、税费、利润、安全费用和其必须配套项目的费用,以及合同明示或暗示的所有责任、义务和一般风险(含工料机价格上涨风险),故大型机械进出场及施工措施费用均包含在清单价中,承包人要求发包人赔偿该部分损失,没有合同和法律依据,不予支持。"法院认为因为双方合同约定的是清单计价,承包人的固定单价当中包含了为实施合同所需的上面谈到的一切费用,所以大型机械进出场费用也被包含在单价中,那么就应当由承包人来承担。作为承包人,看到这样的判决结果服气吗?肯定不会服气!本书前面谈到的人材机中的机械费和本案所指的大型机械进出场及安拆费,是同一笔费用吗?当然不是。

本纠纷发生的根本原因是发包人不按照《清单计价规范》所规定的科学计价方法和国家标准的规范如《房屋建筑与装饰工程工程量清单计算规范》列项。相当于发包人把所有费用,所有那些他不愿意承担的科目都捏合在一块,放到了单价当中。这样做必然会产生纠纷。

读者们要正确认识到本案计价方法的不合理,在法庭上向法官充分展示说明此类计价方法的错误和荒谬,要从基本定义出发,解释清楚本案单价中的机械费不包括本书所讲的作为措施费一种的大型机械进出场及安拆费。

LESSON

10

第十讲

垂直运输费的概念与计算方法

1. 垂直运输费的概念

垂直运输费,是指“现场所用材料、机具从地面运至相应高度以及职工人员上下工作面等所发生的运输费用”。举例来说,读者自己家装修,买了一堆装修材料运到所在楼下了,运输工就会问几楼,如果住六楼还没有电梯,那么,运输工需要多收一笔上楼费。实际上垂直运输费和上楼费是一个道理。发包人不付上楼费,承包人凭什么帮你把材料全都运上去,其中花费的都是成本。所以垂直运输费就是这种等价交换性质的措施项目费。

垂直运输的工作内容包括:“1. 垂直运输机械的固定装置、基础制作、安装;2. 行走式垂直运输机械轨道的铺设、拆除、摊销。”其中,关于垂直运输机械的基础制作,就不得不提醒一下地基和基础的区别。很多初学者会混淆了基础和地基,有些人认为基础地基也是工程主体的一部分,这是完全错误的。地基是直接承受构造物荷载影响的一种地层,是土地、岩土的一部分,它不是工程主体的一部分;而基础则是与地基部分接触的工程的一部分。

本书前几讲已经对分部分项工程费(构成要素角度)当中的人工费、材料费、机械费、企业管理费、利润,还有措施项目费当中的安全文明施工费、夜间施工增加费、大型机械进出场及安拆费作了较为系统的介绍。需要强调的一点是,本书所讲的措施项目费仅仅针对房屋建筑项目,隧道工程、桥梁工程,还有水利工程、铁路工程所发生的措施费用与房屋建筑项目会略有不同。但介绍具体的措施项目费用本身不是本书的目的,更重要的是,通过这些知识点进一步解锁各类费用背后可能涉及的法律问题以及正确的解决途径。这里的垂直运输费也是一样,笔者的目的是通过对垂直运输费的计算方法的讲解,希望读者理解这些计算方法对工程造价的影响以及有可能引起的造价争议。

2. 垂直运输费的两种计算方法

垂直运输费有两种计算方法。第一种方法是以建筑面积进行计算。例如,某楼房共十层,可以确定每一层建筑面积是多少,那么把每一层建筑面积汇总得到一个总面积数,用总面积数乘以每一平方米对应的单价,就得到垂直运输费的总额。第二种方法是用施工天数计算,用总施工天数乘每一天对应的单价,得到垂直运输费的总额。两种方法都非常简单,仅要求发承包双方对每一天的单价或每一平方米的单价有所约定即可。读者们需要注意的是,在某些情况下,因为计价公式本身或者计价公式中某一最小单元的定义或范围不够精准,会产生特定类型的造价争议。

例如,某小区的所有住宅楼都排列在小区四周,中间部分是广场以及绿地,广场和绿地的下面则是地下车库。由于地下车库上部没有建筑物,施工过程中就不会发生向上的垂直运输。那么承包人向下的施工行为要不要计取垂直运输的措施项目费?甘肃省住建厅曾发布《2014 年度工程结算中有关问题的处理意见》(已废止)规定:“上部无建筑物的地下车库,垂直运输费用如何计算?层高超过 3.6m 或地下二层及超过两层时,应按建筑面积计取垂直运输费用。”根据甘肃省的规定,垂直运输的高度达到一定的告诉,无论是向上运输还是向下运输都应当计取垂直运输费。

另外,当我们看到垂直运输费用的计算公式是以建筑面积为依据时,就要考虑公式中的建筑面积是哪一部分的建筑面积?是全部的建筑面积,还是仅仅包括地上部分的建筑面积?这也是一种因为计算公式中某一概念本身含义模糊导致的纠纷。

垂直运输费的第二种计算方法是按照施工天数计算。对此,江苏省《关于贯彻执行〈建筑安装工程工期定额〉的通知》规定:“在计算建筑工程垂直运输费时,按单项工程定额工期计算工期天数,但桩基工程、基础施工前的降水、基坑支护工期不另行增加。”即垂直运输针对的是上上下下的材料和人员运输。对于承包人打桩时或基础施工前遇到需要降地下水的情况,那么实际降水的工期,还有为了防止基坑边坡倒塌而设置支护的工期,按照江苏省的规定,都不需要计算垂直运输费。因为此时,有可能承包人的垂直运输机械还没有运到施工现场。

此外,笔者需要额外地讲一下总包单位和分包单位之间关于垂直运输费结算的问题。例如,总包和分包之间签订电梯工程分包合同,分包人把电梯运到现场,不可能自己去搭设垂直运输机械,分包人需要借助总包的垂直运输机械进行运输,因此在总包和分包之间就会产生总包服务、配合义务的问题。此时因为分包人使用了总包人的垂直运输机械,总包可以收取相应的总包服务费。关于总承包服务费应当向谁收取的问题,本书后面会专门讲解。

以上就是垂直运输费计算方法引出的造价争议问题,可以得到的结论是:虽然某些计价科目本身有较为完备的计价公式,但由于公式中的某些概念、范围不清楚,也会产生造价争议。

3. 案例:垂直运输费的计算应以证据资料为准

最后通过案例来看一看,垂直运输费具体会产生怎样的造价争议。

某工程项目采取以施工天数为单位计算垂直运输费的方法。在工程造价司法鉴定阶段,鉴定机构根据工程竣工报告上载明的开工、完工日期,认定工程的实际工期为 299 天,因此对塔吊的费用也按照 299 天进行计算。但是这样的计法是有一定问题的,因为现场塔吊究竟会不会从开工到竣工一直都停放在施工现场,并不确定。因此,发包人提出,涉案工程两个区域工期不同,对塔吊应当分别计算:A 区实际总工期是 207 天,有 14 台塔吊,用 207 × 14 得到塔吊总使用天数是 2898 天;B 区总工期是 100 天,2 台塔吊,所以塔吊使用天数是 200 天。只要将两个区域塔吊使用的总天数乘以 316.16 元/天,再乘以约定好的下浮率 8%,得到总的垂直运输费应当是 90 多万元。

但最后法院的判决并没有支持发包人的主张,法院认为在发包人无法提供监理日志等证据去证明塔吊的实际使用时间的情况下,鉴定机构按照开工和竣工时间确定实际使用天数并无不当。通过这个判决我们可以看到,法院把举证责任分配给了发包人,要求发包人证明开竣工时间当中哪些天没有使用塔吊,并且法院要求发包人提供的证据类型是监理日志。监理日志有周报、月报、季报,在每一周开监理会议时,会对上一周已经完成了哪些部分进行总结和记录,甚至附有照片等资料。所以监理日志能够证明现场实际情况。笔者认为,法院将举证责任分配给发包人有一定的道理。

本讲的核心内容是对于有计算公式的计价科目,计算公式的最小计算单元的概念和范围是否清楚,往往容易产生造价争议,值得留意,也需要律师与造价人员充分交流。

LESSON 11

第十一讲

超高施工增加费的概念与计价依据

1. 超高施工增加费的概念和计算

这一讲介绍超高施工增加费。实际上超高施工增加费本身并不是多么重要的措施项目费，甚至有的省份还规定，超高施工增加费无须单独作为一种措施项目费用列项，而是将该费用归并到其他分部分项工程，或人材机的费用中。但是笔者希望通过超高施工增加费的知识点引出另外一个重要知识点——计价依据的重要性。实践中常常看到很多合同因为轻率引用某个计价依据导致计价结果完全不同。

超高施工增加费，指的是对于高层和多层（六层以上）建筑物以及檐高超过20米的单层工业厂房，应计取的超出一般高度的费用。因为高度增加，施工难度也随之增加。其具体包括：现场工人的效率降低产生的人工降效费；因为工人效率的降低导致机械使用效率也降低而产生的垂直运输机械增加费及降效费；还有因为楼层比较高，现场用水必须要用水泵压上去，那么水泵的安装、拆除、运行都需要支付对价；此外，因为楼层过高可能需要使用对讲机之类的设备，随之产生通信联络设备的使用和摊销费等。

超高施工增加费按照建筑物超高部分的建筑面积，以平方米为单位进行计算。檐高超过20米以上的建筑物，每一层的建筑面积都应汇总计价。

2. 计价依据

接下来以超高施工增加费为抓手，去看一看如何正确理解“计价依据”这四个字。

山东省工程建设标准定额站在《关于对济宁市造价管理站〈关于工程计价执行中有关问题的请示〉的答复》中针对济宁市造价管理站的问题“超高增加费是列入措施费还是计入分部分项工程清单报价内？国家计划规范和省定额计价办法明确计入分部分项工程清单报价内；省建设厅、财政厅鲁建标字[2004]3号文列入措施费”作出的回复：“执行《山东省建设工程工程量清单计价办法》，超高施工增加费含在分项工程报价款中。按我省消耗量定额计价，超高增加费执行鲁建标字[2004]3号文规定列入措施费。”

我们知道山东省工程建设标准定额站不是政府部门，所以其所发布的文件也不属于地方政府规章。因此“答复”并不是规范性法律文件，但是这类文件在实践中又往往具有很重要的地位。如文件中所说，如果执行《山东省建设工程工程量清单计价办法》，那么超高费就计入分部分项工程的报价中；如果执行山东省的消耗量定额计价，超高施工增加费就单独列入措施费。所以执行不同的计价文件决定了超高施工增加费到底是列入分部分项工程费中，还是列入措施项目费用中。由此我们意识到，计价依据具有很重要的作用，它甚至影响了计价项目的划分和构成。

山东省工程建设标准定额站的这一答复给我们两点启发。第一，要区分定额计价和清单计价两种计价方法。显而易见，清单计价依据和定额计价依据应当是两套完全独立的系统，是不能够混淆的。第二，要认识消耗量定额的概念。几乎每个省的定额站都会发布自己的定额，定额中体现的是一种消耗量标准。什么是消耗量标准？例如，施工现场浇注了一立方米的混凝土柱子，那么浇筑这一单位的柱子需要多少个工日的工人参加劳动？需要加入材料的种类和数量是多少？需要使用多少个台班的机械？每个省份公布的可以参考的消耗量标准就是定额。当然这个编制定额的过程是要经过一系列复杂的测算的。之后通过套定额，就能得到实际消耗的人工工日数、机械台班数，还有材料吨数（如混凝土柱）。定额的作用是将实体量转化成为可以计价的资源量。之后对应着人工的类别套取人工的单价，对应着材料的类别套取材料的单价，完成最终的组价。消耗量定额将本身不可以重复计价的混凝土柱子转化成了可以统一计价的人材机消耗量，再根据人材机单价最终计算出该项目的合价。

针对消耗量定额，很多省份还会颁布对应的计价表。以混凝土柱为例，所谓计价表，就是不同省份针对每一立方米混凝土柱子套取好同期的人材机的价格后，确定好每一单位的单价，在定额的表格中予以记载。具体应用时，用实物量乘计价表当中的对应单价就得到了每一根柱子的实际价格。但是，这种计价表中的价格本身并不准确，仅能体现编制定额当时的价格水平，较实际施工时的市场价格或信息价格相比是明显过时的。所以计价表的调整就非常频繁。对于计价表的适用，发承包双方应当在合同中明确约定。无论是按照哪一年份的计价表计价，以及是否上浮或者下浮，都要进行约定。当然也有合同可能约定，不考虑实际情况，无论过了多少年，都按照当时编制的过时的计价表来计价，显然这并不符合公平原则。目前，实践中的最常见计价依据还是采用工程量清单计价的方法，套取投标报价或信息价进行计算，信息价计价就是指材料价格、人工价格、机械台班价格都按照政府或者造价管理部门发布的当期单价为依据进行计算。笔者认为，这是一种比较科学的计价方法，计价表这种方式，在目前看来应用的已经并不是很广泛了。

以上是我们要理解的计价依据的重要性问题，关键在于区分定额计价依据和清单计价依据，以及区分消耗量的依据和单价的依据。

3. 案例：计价依据的变更应当谨慎

最后通过一则因建筑物超高增加费用引发的造价争议案例，再来具体讲一讲计价依据的问题，来理解为什么计价依据的约定非常重要，为什么对计价依据的变更应当非常谨慎。

本案例中发承包双方就一土建工程签订合同，但是合同中没有约定建筑物超高增加费的具体计算方法。发包人认为，因措施费没有单列入投标清单，就应适用招标文件的规定，即投标人的报价中已经包括完成该工程项目的成本、管理费、利润、措施费等。但是，评估公司在鉴定时，本着事实发生及不可或缺原则，对于建筑物超高增加费，按《全国统一建筑安装工程工期定额》(2000 年)调整。

本案的争议在于合同中对超高施工增加费是否计取以及如何计算都没有约定，到底应当不应当计取，计取了怎么计算？为此，法院认为："本案中双方在备案合同中并未就垂直运输机械费及建筑物超高增加费用的调整方法予以明确，合同附件虽未就该两项费用计算方法单独明确，但在工程决算依据中明确以《江苏省 2004 版建筑与装饰工程计价表》为依据，故鉴定机构本着事实发生及不可或缺原则按照定额进行调整也是公平合理的。"双方引用合同之外的其他计价依据《江苏省 2004 版建筑与装饰工程计价表》，属于引致条款，于是计价表当中的所有规定都转化成了当事人之间的特别约定。该计价表明确规定："超高费包干使用，不论实际发生多少，均按本定额执行，不调整"，"建筑物超高费以超过20m部分的建筑面积计算”。法院最后的判决,就是认定了双方的计价依据发生了变化,因此超高施工增加费就应按照计价表的规定进行调整。所以对待变更计价依据的条款要非常谨慎。

那么,应当如何识别计价依据呢?一般而言,在招标人制作招标控制价时会有关于本招标控制价是依据某某定额,依据某某信息价,某某营改增文件来确定这样的引致文件的表述,这些文件就是它的计价依据。

LESSON 12

第十二讲

检验试验费的概念与计算

1. 检验试验费的定义与内容

这一讲是检验试验费。在本书这个位置讲检验试验费,可能会给某些读者造成误解,认为检验试验费也应当列入措施项目费。这种理解是错误的。《建筑安装工程费用项目组成》规定:"原材料费中的检验试验费列入企业管理费。"也就是说,检验试验费本身属于企业管理费的一部分。之所以将其单独拿出来讲,一方面,是因为它比较重要。但笔者不希望在前面介绍人材机管利这五种造价构成要素时,干扰各位读者的认知,所以在本书措施项目费将要结束的位置,将检验试验费作为一项单独的科目进行讲解。另一方面,笔者确实看到有些省份曾经将检验试验费列入措施项目费,所以就这些条款也有必要进行说明。例如,黑龙江省《关于发布二○○九年建筑安装等工程结算办法的通知》规定:"检验试验费在合同中有约定的,按合同约定执行;合同中没有约定的,检验试验费按人工费的4%计取,列在一般措施费项下。"实践中,可以简单地依据检验试验费支付对象的不同,将之划分为两种类别:一种是列入工程造价企业管理费中的检验试验费;另一种是由建设单位单独支付的检验试验费。如果没能认清楚两种类别的差异,很容易就检验试验费究竟应当由谁来承担的问题产生造价争议。

《建筑安装工程费用项目组成》将检验试验费列入企业管理费,规定:"检验试验费:是指施工企业按照有关标准规定,对建筑以及材料、构件和建筑安装物进行一般鉴定、检查所发生的费用,包括自设试验室进行试验所耗用的材料等费用。不包括新结构、新材料的试验费,对构件做破坏性试验及其他特殊要求检验试验的费用和建设单位委托检测机构进行检测的费用,对此类检测发生的费用,由建设单位在工程建设其他费用中列支。但对施工企业提供的具有合格证明的材料进行检测不合格的,该检测费用由施工企业支付。"检验试验费本质上是因为施工企业内部实施质量控制措施而发生的费用。例如,材料从外部购入运输到现场,进场时要进行材料的进场检验;再如,隐蔽工程在隐蔽之前,首先需要由施工单位质检,检测结果合格后才会通知建设单位,由建设单位进行隐蔽工程的检验。施工单位检测行为所对应的费用就是检验试验费。这种检验试验费纳入企业管理费。因此,检验试验费既然是企业管理费的一部分,施工企业就应当在投标报价确定自身企业管理费费率的时候,将之纳入考虑范围内。

但是,有些特别的检验试验费不应当纳入企业管理费中,不应当由施工企业负责支付,而应当由建设单位负责并单独支付。比如,《建筑安装工程费用项目组成》定义中的检验试验费是"不包括新结构、新材料的试验费,对构件做破坏性试验及其他特殊要求检验试验的费用"。举例而言,对塔式起重机进行安全检测,属于对特种设备进行特别检测,这样的检测费用不应当包括在作为企业管理费的检验试验费中,而要按照实际发生金额直接由建设单位来承担。

检验试验费中还不包括建设单位委托检测机构进行的第三方检测。此种检测由建设单位和第三方检测机构另行签订专项委托检测合同,建设单位直接向第三方检测机构支付检测费用,检测机构对送来的试块试件进行检测,最终出具检测报告。检测报告交给建设单位后,建设单位还应当将检测报告交到施工单位,作为施工资料的一部分,在施工现场独立成册保管。在最终竣工结算阶段,由施工单位将检测资料作为竣工资料的一部分,再行交还给建设单位,并且报送给有关政府部门。这种检测是建设单位委托的第三方检测,检测费用不是工程价款的一部分,也不应当由施工单位承担,而要由建设单位自己支付给第三方。

以上是检验试验费的定义和内容。

2. 承包人检验试验的法定义务

我们知道,工程质量是工程的灵魂,是工程的生命线,是双方绝不可突破的底线。假设某建设单位和施工单位在合同中约定,去建设一幢低于国家质量强制性标准的建筑物,可以吗?显然不行,这种约定是无效的。因为工程建设行为不仅仅是发承包双方之间的事情,而且会涉及公共安全和公共利益。国家要考虑施工行为会不会对进行施工的工人造成伤害,会不会对周边的建筑物和第三方财物造成伤害,以及建筑建好后,会不会对公众安全造成伤害?所以施工行为不仅仅是私法意义上的合同行为,还是公法要调整的对象。在某些情况下,发生质量事故、安全事故是要入刑的。

从工程价款的角度可以这样理解,《民法典》第 799 条规定:“验收合格的,发包人应当按照约定支付价款,并接收该建设工程。”即建设工程价款支付的前提条件是工程质量合格,质量不合格就不支付工程价款。第 793 条还规定:“建设工程施工合同无效,但是建设工程经验收合格的,可以参照合同关于工程价款的约定折价补偿承包人。”即不管合同有效无效,即使合同无效,但是只要建设工程质量合格或者经过修复后合格,承包人就可以要求发包人参照合同约定支付工程价款。所以,工程质量合格是工程价款支付的前提条件。

笔者亲自办理的一个案子是一钢结构工程引起的纠纷。一般而言,钢结构工程需要涂刷防火涂料。我们知道钢的硬性非常好,不容易弯曲,但是如果燃烧的温度很高,钢结构很有可能发生变形,因此要刷防火涂料。防火涂料有耐火时间的要求,某些部位要刷特种的防火涂料,保证其耐火时间能够达到 1.5 个小时、2 个小时的要求。本案中,因为总包人向建设单位报的价格非常低,如果按照耐火时间的要求来施工,总包就收不回来成本了。于是总包就想着不需要按照国家标准来做,只要用最薄的材料在表面上喷一喷就可以了。最后的情况是什么?有些部分承包人只用最便宜的涂料很薄的涂了一层,根本没做到施工工艺要求的涂刷几遍,这种工程质量肯定是不合格的;还有些钢结构内部的钢檩条根本没刷防火涂料,直接就给封闭起来了。但最后工程还是莫名其妙经验收合格了。事后建设单位和总包之间发生了工程款的纠纷。总包抗辩说建设工程已经经过甲方验收合格了,所以建设单位应当按照合同约定支付工程价款。对于这个问题,实际上会引申到另外一个问题,即建设工程经过竣工验收合格后发现承包人未按图施工,承包人应当承担什么样的质量责任?这个问题本书后面会专门讨论。但是我们应该能够意识到,这种质量问题,带来的隐患是巨大的。这种情况下,承包人还要求参照合同约定结算工程价款,是不恰当的。

由这个案子也可以看出,国家法律有必要对工程质量作出非常严格的要求。《建设工程质量管理条例》第 30 条规定:“施工单位必须建立、健全施工质量的检验制度,严格工序管理,做好隐蔽工程的质量检查和记录。隐蔽工程在隐蔽前,施工单位应当通知建设单位和建设工程质量监督机构。”该条规定的由施工单位自己实施的质量保证措施,对应的就是这一讲谈到的工程价款中的检验试验费。《建设工程质量管理条例》第 31 条规定:“施工人员对涉及结构安全的试块、试件以及有关材料,应当在建设单位或者工程监理单位监督下现场取样,并送具有相应资质等级的质量检测单位进行检测。”因为企业管理费中的检验试验费不包括依据国家有关法律、法规和工程建设强制性标准对施工现场的材料进行见证取样检测所发生的费用。该条谈到第三方见证取样检测,对应的是前面所讲的由建设单位支付给第三方检测机构的检测费用。建设单位的义务,是和质量检测机构签订单独的合同,支付检测费用,然后将相应的材料试块、试件送到检测机构;质量检测机构的义务,则是对质量进行检测,然后出具检测报告。如果说遇到一些特殊情况,如实际上根本不合格的情况,还需报告给政府质量管理部门。施工人员的义务就是接受监督,然后现场取样去做试块和试件。施工人员辅助第三方进行检验的行为也包括在前面所讲到的检验试验费发生对象中,而建设单位支付给第三方的那笔费用则不属于检验试验费。见证取样的质量检验检测费和施工单位的检测费不能混同。

对于检验检测行为,它是有相应的法律责任的。《施工合同司法解释一》第13条规定,由于发包人的原因造成的质量事故,应当由发包人承担责任。如果承包人有过错的,也应当承担相应的过错责任。那么这里的承包人有过错,应当如何理解?福建省高级人民法院《关于审理建设工程施工合同纠纷案件疑难问题的解答》中就明确说明,如果承包人对发包人提供的建筑材料、建筑构配件、设备等没有按照规定进行检验,或者检验不合格仍然使用的,那么就认定为承包人也有过错。所以即使是甲供材的情况下,承包人也要进行检验检测。既然在企业管理费中收取了相应的费用,就应当履行这样的合同义务,应当承担同等的过错责任。

3. 案例:检验试验费应当按实结算

最后,通过案子来理解一下检验试验费可能引起的造价争议。本案发生在江苏省,而且比较特别的是,该工程项目在招标文件当中将检验试验费列在了措施项目费当中。正如前面所讲的,如果是列在措施项目费下,它很有可能是按照人工费的4%来计取的。所以说本案基于措施项目费是否存在重复计取的问题产生了争议。承包人在法庭之上提供了一份证据——《材料检测费用清单》,上面明确记载了混凝土的检测费是141,515元。而且发包人的工作人员在清单上也有批注写道:“经审核,检测内容属实,检测费合计为 140,065 元。”承包人主张,该费用本应当由建设单位来支付给第三方检测机构,实际上却是施工单位支付的,所以建设单位应当予以返还。发包人则认为,措施项目费中包含检验试验费,建设单位已经按照人工费的 4% 支付了措施项目费,那么期间无论再发生哪一种检测行为,都是和建设单位无关的,那是施工单位的施工成本,是施工单位必然要承担的费用,所以不应当支付。如果建设单位再返还,那就是重复支付了。

那么对于这样的争议,法院首先判定了检验试验费的概念和它的范围。法院在判决中写明:“虽然涉案招投标文件措施项目费中包含了企业检验试验费,但该费用为施工单位按规定进行建筑材料、构配件等试样的制作、封样、送检和其他保证工程质量进行的材料检验试验工作支出的费用,并不包含支付给检测机构的检测费用。”所以从范围上法院就将这样两种检验试验费分离了出来:施工企业需要承担的那一部分是一般的检验行为所对应的费用,该费用不包括实际需要支付给检测单位的费用,仅是施工单位的配合费用;对于建设单位与第三方检测机构发生的单方委托检测行为,其费用应当由建设单位自己承担。另外,按照江苏省建设厅的规定,混凝土检验费应当由建设方缴纳,所以单独委托第三方检测的费用,应当由建设单位承担。于是法院判决涉案价款应当按实结算,也就是建设单位应按照《材料检测费用清单》记录的检测费用返还给施工单位。

通过这个案例就了解到检验试验费用分为两种:一种由建设单位支付,另一种由施工单位自己消化。

LESSON 13

第十三讲

措施项目费的概念与调整方法

1. 措施项目费的定义和计算规则

在前面几讲的学习中,已经介绍了安全文明施工费、夜间施工增加费、大型机械进出场及安拆费等一系列措施项目费用。为了更好地理解措施项目费,今天就以第十三讲作为总结介绍一下措施项目费的定义还有它的计算规则。在《建筑安装工程费用项目组成》中,措施项目费指的是"为完成建设工程施工,发生于该工程施工前和施工过程中的技术、生活、安全、环境保护等方面的费用"。回顾一下,所谓大型机械进出场及安拆费就是一种技术措施,所谓安全文明施工费中的环境保护费、安全施工费以及临时设施费也都是为了满足生活、安全和环境保护等方面的需要所发生的费用。所以定义本身比较简单,读者要着重思考的问题是:措施项目费,它的计取依据是什么?

《建筑安装工程费用项目组成》规定:"措施项目及其包含的内容详见各类专业工程的现行国家或行业计量规范。"之前一直在讲《清单计价规范》,在计价规范后面所附的各个专业工程的计量规范中,会对每个专业工程可能会发生的项目费用进行列项,招标人在编制工程量清单时就应当按照计量规范所规定的具体科目进行列项。当然,这仅仅是从计价的角度去理解的,要理解的更深层次的问题就是:在计取措施项目费时,最终的依据是什么?实际上这一问题的答案就是:施工组织设计或施工方案。投标人在投标报价时需要附有相应的技术设施。在投标人编制的施工组织设计方案中就会写明,他将要采取某一种措施来进行工程的施工,比如,它的工程的模板是采取怎样的一种搭设方法来满足施工要求的,它的降水是采取怎样的方法来进行的,这些措施都规定或约定在施工组织设计或施工方案中。因此,可以认为,施工组织设计或施工方案就是措施项目费用计取的合同依据。当然,在投标报价阶段,有些项目可能没有办法去具体地说明。比如,当遇到法律规定的具有一定规模的危险性的较大的分部分项工程时,如深基坑,或是地下的暗挖以及高大的模板,需要单独地去编制专项施工方案。并且这类施工方案还需要经过专家的论证,论证成功之后才能按照特定的方案进行施工。但在施工过程中,实际采用的措施项目很有可能与编制的施工方案里列明的措施项目有所不同,或者说与投标人在投标时所设想的施工方案是有所区别的。为此,有些地方就规定,对于这些达到一定规模的危险性的较大的分部分项工程,它的施工措施费用应当以暂估价的形式列在招标工程量清单当中的其他项目费下。那么,在具体发生时,就以实际发生的措施项目种类和它的规模进行计量和计价。所以得到的结论就是:措施项目费来源于施工组织设计或施工方案。

第二个问题要讲一下措施项目费的计量。在《清单计价规范》的条文说明当中,对这一点是有明确规定的。它说措施项目费可以划分为两种:一种是单价项目,另一种是总价项目。所谓单价项目指的是可以计算工程量的项目,如脚手架、降水工程。降水发生了多少天,总共有多少台脚手架,这都是可以单独计量的,所以给每一单位、每一具体的天数赋予单价,用单价和总量进行乘积,就得到了这样一部分措施项目费用的总和。还有一部分措施项目是不可计量的,就被称为总价项目,如文明施工和安全防护、临时设施。承包人为了现场管理需要,给管理人员提供多少间办公室,是否安装空调或者安装风扇,这笔费用本身没有什么计量单位,无法计量,那么就以总价的形式存在。具体计算时,承包人需要用分部分项工程费或人工费乘以相应的费率得到具体金额。所以,这里得到第二个结论就是:措施项目费分为单价项目和总价项目,两者的计量方法是不同的。有的地方规定单价项目和总价项目不要搞混,能够进行单价计算的就不要以总价去进行,因为费用容易引发争议。例如,降水工程约定总价为10万元,但现场施工过程中,本来预期10天能够完成的工程,实际降了100天,这样的费用成本就一定会增加,就容易在发包人和承包人之间产生争议。

2. 措施项目费的投标报价

措施项目费分为单价项目和总价项目。这一点如何体现在投标报价环节?通过两个条文来解读一下,首先是《清单计价规范》第6.2.3条,它明确规定,“分部分项工程和措施项目中的单价项目,应根据招标文件和招标工程量清单项目中的特征描述确定综合单价计算”。这里有两层意思:第一,措施项目中的单价项目也应当以综合单价来进行计价,也就是说,它的单价包括人、材、机、管、利以及一定的风险费;第二,所有投标人在投标时,其投标的依据是统一的、唯一的、确定的那个特征描述。特征描述就是区分不同措施项目的本质区别。

对于总价项目,《清单计价规范》规定如下:“措施项目中的总价项目金额应根据招标文件及投标时拟定的施工组织设计或施工方案,按本规范第 3.1.4 条的规定自主确定。”自主确定就容易引发很大问题,评标时要去考虑投标人提交的施工方案中所列的各项目金额是否和招标工程量清单中的价格是一一对应的,要去评判施工方案的合理性、完整性和可行性。因为承包人很有可能在施工方案当中为自己留出一些余地,这些内容将来可能会给发包人带来不利。要知道现在的专家评审环节,不敢说全部,但是很多都存在一定走过场的现象。笔者了解到现实的例子:一个项目在上午评标时,经过五位专家的现场评审,发现项目经理的资质不符合,所以标最后就废了。这种情况下,业主单位和已经串通好的施工单位就不干了。招标代理机构就做了大胆的决定,把上午所有的评标过程全都否定掉了,把所有的记录也都销毁掉,重新找了几位专家。这几位专家是他所能控制的,到现场之后很快地把标评完,即确定了本已内定的施工单位作为中标人。对于业主单位,他去选择他自己喜欢的那个承包人,这一点心情是可以理解的,但是业主方要知道,招投标毕竟是一种商事行为,你怎么知道投标人在施工方案中没有给你设陷阱?这样事后很有可能发生的情况就是:施工方案中采取的是价格比较低的一种措施行为,到现场发现不合理、不可行,不得不变更,变更成了一种高价措施行为,业主就上当了。所以在这里,笔者也给大家提个醒,施工方案对总价的影响还是非常大的。另外,措施项目费在投标报价时是否可以增减?2008 年版《建设工程工程量清单计价规范》第 4.3.5 条规定:“投标人可根据工程实际情况结合施工组织设计,对招标人所列的措施项目进行增补。”那么实际这种情况会不会发生?应该说比较少。因为在公平的商业环境下,投标人如果对所投的那个标要求增补,显然总价要提高。如今市场上通常以最低价确定中标人,这种情形对于招标人来说是不利的,因此这条规定实际上不具有可行性。但是,需要强调的是以下内容。如果投标人在投标时,对施工组织设计或施工方案当中已经有的措施项目做了零报价,那么事后承包人还能否主张对施工方案中的措施行为按实结算?至少在《四川省建设工程安全文明施工费计价管理办法》中规定,如果投标人没有报价,那么结算时不得增加。对于这样的行为,笔者提醒大家,投标文件中的施工方案在审定时也是很重要的,要慎重一点,不建议由律师去审查招投标文件,因为这里面的陷阱确实比较多。

3. 合同变更后措施项目费的调整

前面讲到，承包人利用合同漏洞在施工方案中做了手脚，获取了在措施项目费上的超额利润，应当来说，这种变更是不合理的变更或者说“钻空子”的变更。但是要知道，整个施工过程当中，变更是不可避免的。当发生这些符合合同约定并且合法的一些变更，那么变更之后的项目应当如何进行计价？这里就要看措施项目费的调整办法。《清单计价规范》第9.3.2条规定：“工程变更引起施工方案改变并使措施项目发生变化时，承包人提出调整措施项目费的，应事先将拟实施的方案提交发包人确认，并应详细说明与原方案措施项目相比的变化情况。”发包人在看到新的施工方案之后，觉得合理就会批准，只有批准之后，双方才会去讨论新的项目怎么计价的问题，所以要求承包人在索取、调价之前预先提交方案。该条款的最后一部分还规定：“如果承包人未事先将拟实施的方案提交给发包人确认，则应视为工程变更不引起措施项目费的调整或承包人放弃调整措施项目费的权利。”由此可以看出，条款本身是非常严格的。如果双方约定适用计价规范的这一规定，那么就加重了承包人的举证责任并且对其资料的管理能力提出了非常严格的要求。要知道措施项目发生在工程施工前和施工过程中，预定采用的措施项目和实际实施的新的项目，在事后很难向法官去证明采用的到底是哪一种措施行为。所以，在此也给承包人提个建议，就是要注意这种逾期失权的条款，施工中保留好相关的证据。

以上是关于提交施工方案，那么方案批准之后如何计价，价格怎么进行确认？这就涉及比较重要的制度，叫作变更估价，还会在后面着重去讲。这里需要简单介绍的就是，一个新的项目，如果在你的投标清单中有相同的项目，按照该相同项目计价；如果没有相同但是有类似的，按照类似的项目计价；如果这两个都没有，按照信息价计算；再没有，则按照承包人实际采购的价格计取。当然，变更估价的具体规则在《清单计价规范》和《施工合同示范文本》中是有所区别的，各位需要加以注意。这就是措施项目费的调整问题，重点要记住的是逾期失权条款。

4. 案例:措施项目费不得调整的约定可能违反公平原则

实际上,措施项目费是非常容易在发承包间产生纠纷的,尤其是发包人,特别害怕承包人利用措施项目、施工方案的变更来进行加价,所以很多发包人就会在招标文件中加入这么一项条款,那就是:措施项目费一次性包死,不得调整。如果去看《民法典》合同编关于合同无效的规定,这一条款本身没有违反相关法律法规的强制性规定,所以很难说它是无效的。但是从价值判断角度来说,它违反了民法的基本原则。《民法典》第 6 条规定:“民事主体从事民事活动,应当遵循公平原则,合理确定各方的权利和义务。”举前面所讲的那个降水的例子来说,本来双方预期降 10 天,此时的措施项目费还能涵盖住成本,承包人也能赚取一定的利润;但实际上降了 100 天,多出的 90 天,如果不要求承包人承担这一部分对价,显然不能体现等价有偿这样的法律原则,而等价有偿又是公平原则在财产性质的民事活动中的体现。所以笔者在实际办案和在对相关判决的研究中,发现很多这种措施费一次性包死的约定是不具有适用条件的。那么这里也通过案例再讲讲,为什么笔者觉得措施项目费一次性包死是不可能的。某招标文件明确约定措施项目费一次性包死,然后合同价款的确定方式是中标价加上签证进行计算。从它的计价文件上就能看出:如果结算文件中包含签证,那么签证中就很有可能存在措施费调整的内容,所以仅从计价方式上看,就能够说明一次性包死是不可能的。再者,本案的法官找了几个重要的理由,比如,发包人变更了设计,发包人肢解发包,还有就是因为发包人的原因造成了工期的延长,都有可能引起措施项目费的增加。如之前所讲的塔吊的例子,因为发包人原因造成了工期的延长,那么滞留在现场的塔吊每一天所发生的租赁费也要发生变化,也要增加,所以这种情况下措施费再不调整也是不公平的。还有重要的原因就是,本案当中双方明确约定人工费、材料费可以据实调整,如果对合同做体系化的理解,那么这样的一种约定实际上与一次性包死是相互冲突的。正如前文所述,措施项目费是用综合单价来计价的,它里面包含了人工费、材料费和机械费,当人工费、材料费进行调整时,措施项目费也相应地发生了变化。所以从这个角度来讲,法官最后就判定,既然施工资源要依照市场价格波动进行调整,则措施项目费就包不死,就要进行调整。最后,法院判决:“在建筑市场行情发生了根本性变化的情况下,只有据实调整才能保证措施费不低于成本,结算报告对措施费进行调整,具有事实依据和合同依据。”从判决本身可以看出它是体现了民法的公平原则的。在发包人违约导致措施项目费增加的情况下,发包人仍然要求承包人承担全部的措施项目费,这种约定是不具有适用条件的,法官完全可以突破约定进行裁判。最后需要说明的是,措施项目费应当符合国家的计量规范,如《清单计价规范》就有明确说明,单价项目应当按照承包人实际完成的工程量进行计价。措施项目费本身也有一部分单价项目,那么实际完成多少就要给予多少的计量才符合公平原则。所以对于措施项目费一次性包死这种约定,基本不太可能适用。

LESSON 14

第十四讲

暂列金额的概念与所有权归属

1. 暂列金额的概念

暂列金额的定义在《施工合同示范文本》中有明确规定，是指“发包人在工程量清单或预算书中暂定并包括在合同价格中的一笔款项，用于工程合同签订时尚未确定或者不可预见的所需材料、工程设备、服务的采购，施工中可能发生的工程变更、合同约定调整因素出现时的合同价格调整以及发生的索赔、现场签证确认等的费用”。

看《施工合同示范文本》第一部分合同协议书时会注意到，协议书的第 4 条“签约合同价与合同价格形式”会具体写明本工程的签约合同价是多少，其中安全文明施工费是多少，材料和工程设备暂估价金额是多少，专业工程暂估价金额是多少，还有就是这里所讲的“暂列金额”是多少。那么，为什么要将暂列金额单独列在合同第一部分的合同协议书处？因为从本质上来说，暂列金额的所有权不在承包人，而是归属于发包人。暂列金额要用来支付的是不可预见的所需材料、工程设备、服务的采购等，并不确定是否发生。将来要不要将协议书中列明的暂列金额支付给承包人，要不要将其作为工程价款的一部分，都是不确定的。只有当触发某些条件时，才有可能从暂列金额科目中拿出一笔款项作为购买材料、补偿、索赔、签证的费用支付给承包人。

对于暂列金额的具体定义，应当更多地从发包人投资控制角度去理解。实际上暂列金额是发包人自己的一笔机动款，是一笔预备款。比如，发包人预计总的工程完工价格是 4900 万元，但发包人为了留有余地，准确估计造价，特意额外多预备了 100 万元。那么如果施工过程中发生了某些需要支付额外工程款的情形，发包人只要动用暂列金额科目上的这笔预备款，支付出去就可以了。所以这就是从发包人自己做投资控制的角度去理解的。

那么在施工过程中究竟哪些情况会发生暂列金的支付？它包括某些尚未确定或不可预见的材料的采购、施工过程中可能发生的变更、人材机价格的调整以及索赔、签证等费用。所以，当发生这些情形时，发包人也不需要在他所预期的总的金额之外再去拿一笔钱，他只需要从暂列金额中支取一部分就可以了，而且剩余的这笔钱他自己还可以再拿回去，这就是暂列金额的定义。所以暂列金额本身是不可以去计取规费的,因为它的所有权不在承包人。如果在计取规费时包含了暂列金额,显然计算结果是高于实际应得的规费的。以上就是暂列金额的概念。

2. 暂列金额的特殊要求

招投标阶段对暂列金额有特殊要求,那就是在《清单计价规范》中所明确规定的:"暂列金额应按招标工程量清单中列出的金额填写。"举例来说,发包人招标的工程量清单中,在暂列金额这一项下,明确记载的金额是 10 万元,那么所有的投标人就老老实实地抄下来 10 万元就可以了,大家不要对暂列金额进行竞争,要竞争的是管理费和利润,也就是分部分项工程费和措施项目费等其他部分,而不是暂列金额。暂列金额发生不发生都不确定,所以填写同样的数据就给所有的投标人公平竞争的平台。如果没有填写暂列金额,江苏省有明确规定,省住建厅在《关于明确〈建设工程工程量清单计价规范〉(GB 50500 - 2008)执行中的有关问题的通知》中规定:"当招标人要求投标人对暂列金额或计日工进行报价,但投标人未填报暂列金额或计日工费用时,不能视作该费用已隐含在其它项目费用之中,应视同没有响应招标文件要求。"所以投标人就不能中标了。至于暂列金额的归属,上文已经对它的原理进行了阐述,《清单计价规范》中也有明确规定:"已签约合同价中的暂列金额应由发包人掌握使用。"既然归发包人所有,那么当他按照规定支付了刚才所说的签证、索赔、调价等费用之后剩余的那笔暂列金额仍归发包人所有,这是非常明确的。后面所要讲的例子也是关于所有权的争议。

3. 案例:暂列金额所有权在发包人

接下来通过案例来看一看由暂列金额引发的纠纷。某工程约定采用固定总价的方式确定合同价款,招投标文件也明确载明了该项目分部分项工程费、措施项目费、其他项目费、安全文明施工费、规费和税金的金额,以及合同的总金额是 258 万元。在其他项目费一项中,文件用括号标注"(暂列金 20 万元)"。

在讲暂列金额时，要知道，暂列金额、计日工和总承包服务费三者的上一级科目叫作其他项目费，但本项目还单独列明暂列金 20 万元。问题就来了，对于发包人而言，他认为他需要支付出去的总价款是 258 万元减去那 20 万元，然后这 20 万元中发生了多少再加上多少就可以了；对于承包人，他的理解方式是到手的金额应为 258 万元。那么究竟如何去判断双方的权利义务，这就要正确地去理解暂列金额的所有权的问题。

最后的判决也是比较简单的。法院认为，双方虽然约定的是固定总价，但是对于固定总价当中的这样一笔暂列金额，还是要认定它在工程量有增加的情况下应当被优先地用于支付对应的工程款。既然承认暂列金额的性质，也就确定这笔费用的所有权还是属于发包人。所以法院最后就判决，因为双方对于实际发生的增加的工程款已经另行计算了，那么这笔暂列金额就没有发生，所以暂列金额的费用就应当归发包人所有。这就是应当重点理解的暂列金额的所有权归属问题。

LESSON 15

第十五讲

计日工的概念与计算依据

1. 计日工的概念

计日工和上一讲的暂列金额以及后面会讲的总承包服务费都是列入其他项目费用之下,计日工本身的定义在《清单计价规范》中也有规定,它是指“在施工过程中,承包人完成发包人提出的工程合同范围以外的零星项目或工作,按合同中约定的单价计价的一种方式”。所以,从定义上来看,最需要理解的就是,计日工是合同范围以外的工作,并不是施工图纸的要求。举例而言,材料是甲供材,发包人就要将材料从购买地运输到施工现场。但是,运输的车辆在实际运输到离施工现场还有 5 米的距离时发生事故了,此时发包人会要求承包人派几辆车或派几个人去把这些东西继续拉至现场,这种零星工作就叫计日工。它也是追加工程款的一种方法。对于计日工要了解两个方面的内容,就是它的计量和计价的问题。计日工的单价是按照投标单价来确定的,那么投标人在投标时就应当按照招标工程量清单中列出的计日工的项目和数量,自主地确定综合单价,然后计算计日工的总和。在具体的计量方面,《江西省建设工程计价管理办法》第 44 条明确规定:“计日工的费用应当按照发包人实际签证确认的数量和合同约定的相应项目综合单价计算。”这一条款反映了计日工计量的基本原则,那就是计日工一定要有签证,否则事后也无法确认计日工的发生。这些计日工最终不会体现在你的竣工图上,因此对于发生的计日工工作量要用签证的方式予以固定。

2. 计日工的程序要求

前文讲了计日工要用签证的方式进行计量,那么就需要去参考一下《清单计价规范》中对于计日工的程序要求。如果发包人通知承包人以计日工方式实施的零星工作,承包人应予执行。当然前文谈到,计日工本身并不是在合同范围之内或者图纸范围之内,而是合同当中所约定的一种配合义务,所以当发生了计日工之后,承包人就应当把计日工的报告、现场签证送交给发包人。现实中有些发包人比较不善于管理或者说恶意地管理，对承包人提交的签证不予回应，那么这时候律师就要注意一下合同中有没有类似《清单计价规范》第 9.7.3 条的条款。《清单计价规范》第 9.7.3 条是对承包人提交签证的要求，其中最后一句规定："发包人逾期未确认也未提出修改意见的，应视为承包人提交的现场签证报告已被发包人认可。"这一条款对于承包人来说就非常有利了。所以律师在审查施工合同时看到这一条款，可告诉承包人大胆发签证，因为发出去之后发包人逾期不认可也视为认可，这样对于承包人而言是比较有利的。至于计日工最终的结算，它是和进度款一起支付的。每个支付期末，承包人就把计日工的汇总按照总的数量乘以单价报给发包人，发包人按照进度款一并支付。这就是计日工的程序要求，比较简单。

3. 案例：计日工应当通过签证予以固定

那么最后，就通过案例来再一次强调计日工应当及时签证保留好证据。实际上，在做建设工程的律师随着接触到的施工企业越来越多，真的是感觉到这些施工企业它的内部的资料管理、证据收集的能力是非常差的。笔者接触过的一位客户，他接了项目之后随手就把项目内部承包给了自己的项目经理。那么后来产生纠纷了，到现场要求把资料提供过来，结果拿到手一看，整个工程连合同原件都没有，这是非常可怕的，更别提那些签证跟索赔报告了。所以，这也给律师的服务提供了一种空间吧。在国外有一种工程律师是专门做项目的，他服务于施工企业，然后在施工现场做索赔，律师和施工企业会约定：按照索赔的总额的 20% 收取律师费，费用是非常高的，这也是律师可以服务的机会。笔者相信以后也会有越来越多的企业选择律师去做相应的服务的。回到案子本身，本案合同通用条款当中明确的约定，计日工应当由承包人在每项工作进行中每天去报给监理工程师，由监理工程师进行签字确认，最后每个月底还应当按照总的天数进行汇总再行报费用给监理工程师。并且通用条款还比较严格地规定：若没有按照规定程序进行申报，由此引起的争议和损失由承包人承担。这里的规定和《清单计价规范》中发包人逾期失权的规定是完全相反的，按照本案合同的约定，承包人如果没有按照规定及时地做好计日工的签证，需要承担相应的损失。工程后期发生纠纷，发包人就提出承包人现场的签证资料不符合条件，没有按照合同约定进行申报等一系列比较为难的抗辩意见。最终法院是怎么判决的呢？法院认为所有的计日工都是由监理签字去确认过的，现场的合同审批单中也明确记载了计日工 11 万元，所以可以看出来承包人一直在申报，最后就支持了承包人计日工的主张。所以这个案子就给我们一些启示，虽然最后法院支持了承包人计日工的主张，但承包人如果现场资料做得不好还是很有可能被发包人拒绝支付工程款。我们要知道这种工程款的案子到了法庭之上，律师对于证据的把握要比承包人或发包人强很多，如果没有理由支付，律师是当然不会同意支付的。因此，就要给当事人去建议在发生计日工之后要及时以签证的方式来固定工程量。

LESSON 16

第十六讲

总承包服务费的概念与责任主体

1. 总承包服务费的概念

这一讲是讲总承包服务费，发包人、总包人和分包人之间经常因为总承包服务费产生纠纷，原因就在于三方主体对于总承包服务费的法律性质没有透彻理解。《清单计价规范》对总承包服务费有明确定义："总承包服务费是总承包人为配合协调发包人进行的专业工程发包，对发包人自行采购的材料、工程设备等进行保管以及施工现场管理、竣工资料汇总整理等服务所需的费用。"举个例子来说，我们都知道一般的电梯工程要签两个合同：一是电梯的采购合同（买卖合同），二是电梯的安装合同（专业工程合同）。设想一下，如果在总承包人的承包范围之内，同时包含了电梯的采购和安装，会不会发生总承包服务费？答案是不会发生。因为总承包服务费产生的原因在于发包人在总承包人的承包范围之外单独地采购和发包。对于发包人在总承包人的承包范围之外单独地采购和安装电梯的，电梯运输到现场是必须要保管的，此时发包人不可能派人到现场去保管，一旦派了人，保管的责任就分不清楚了。再等到电梯工程安装时，总承包人还需要对自身施工范围以外的电梯安装行为给予一定的配合和支持。所以，总承包服务费就是因发包人单独的采购和对专业工程的发包而支付给总包单位的一笔费用，内容包括保管、服务、协调、配合以及竣工资料的整理。

但是法律人仅仅知道它的定义是不够的，还要去理解一下总承包服务费的法律性质是什么。笔者希望各位读者通过这一讲能够记住两个法律知识：

其一，合同的相对性，说的是合同只对签约的当事人具有约束力。在一般情况下，总承包服务费来源于哪份合同？是业主和总包单位之间签订的总承包合同。所以，从合同相对性的角度来说，总承包人收取费用的依据是业主和总承包人之间的总承包合同，他就没有理由跳过总包单位去向分包单位收取分包商的服务费用。当然，现实还存在以上三方共同签订合同的情形，稍后再讲。

其二，大家再去考虑一下，尽管总承包人依据总承包合同向业主收取费用，但他提供服务的对象是谁？有可能是业主，也有可能是第三方，如前文说到的要对第三方安装电梯的行为履行配合义务。《民法典》中对此是有专门规定的，叫作向第三人履行。《民法典》第 522 条规定："当事人约定由债务人向第三人履行债务，债务人未向第三人履行债务或者履行债务不符合约定的，应当向债权人承担违约责任。”所以总承包合同明确约定由总承包单位向第三方，如电梯安装工程的施工单位提供配合服务，就是向第三人履行的合同义务。换个视角，业主和分包单位之间就电梯安装工程一定也会签订单独的专业工程发承包合同。电梯工程到现场进行安装时，需要水电的接驳、脚手架、垂直运输等，为此合同当中也会明确约定，业主单位应为分包单位提供相应的服务。那么考虑一下，业主单位他自己有能力提供这些服务吗？答案是没有，所以他就一定会要求由总包单位向第三方提供服务。因此，在业主单位和电梯工程专业分包单位之间的合同，就包含由第三人履行的合同条款。《民法典》第523条规定：“当事人约定由第三人向债权人履行债务，第三人不履行债务或者履行债务不符合约定的，债务人应当向债权人承担违约责任。”也就是说，对于业主单位要为电梯安装提供配合这一事项来说，他的债权人是电梯施工单位，所以双方就约定由第三人即总承包单位向电梯安装分包单位提供服务的债务履行。因此，可以将业主、总承包单位与分包单位这一三角关系一边列为向第三人履行，一边列为由第三人履行，以上就是要讲的第二点。

介绍到这里，对于总承包服务费的定义算是理解完毕了，那么还要谈到的一种特殊的情形。《关于合理确定镇江市建设工程总承包服务费内容及计取标准的意见》规定：“工程项目总承包单位经发包人同意将承包工程中的部分工程发包给具有相应资质的分包单位，所需的总包管理费由总包单位与分包单位自行协商确定，总包单位不应向发包人收取总承包服务费。”这一条款的内容比较好理解，举例来说，就是总承包人的施工范围之内，原来就包括电梯工程的采购和安装。此时总承包单位经过发包人同意，将该部分单位工程分包出去，分包合同的主体就是总包单位与电梯工程的分包单位。在这种情况下，分包单位仍然需要前文所述的包括水电接驳、脚手架等内容在内的配合服务。这种配合由谁提供？由总包单位提供。那么总包单位能不能向业主去收取费用？很显然不能。因为总承包人提供的水电、脚手架的行为都是基于分包合同产生的，对分包的管理行为，是分包合同内部的一种行为，所以依据合同的相对性，此时就不发生总承包服务费。以上就是有关总承包服务费的定义的全部内容。

2. 总承包服务费的费率

既然总包人收取总承包服务费的依据是总承包合同，那么在总承包合同当中，一定会有关于总承包服务费如何计算这样的合同约定，一般表现为费率。费率是怎么来的？实际上，费率在招投标环节就要确定下来，即在招标人提供的工程量清单中的总承包服务费这一栏，招标人要明确说明未来准备独立发包的电梯工程等单位工程是多大金额，准备独立采购的材料和设备是多大金额。然后投标人根据自身所提供的配合、协调服务的内容不同，报出不同的费率，一般而言，在专业工程的1%～3%去选择，具体还要看服务的内容是什么。《关于合理确定镇江市建设工程总承包服务费内容及计取标准的意见》将总承包服务费分为两方面的内容：一是总包单位对分包的专业工程进行总承包管理和协调。主要指总包单位对分包工程及施工现场进行协调管理，为分包单位安排合理的作业时间、对各专业交叉作业予以配合、协调分包工程的进度、分包工程的竣工验收资料的归档整理及竣工验收前的初验等内容。这些工作一般是由现场的管理人员实施，可能列个计划，做个时间安排就能达到管理协调的目的。二是总包单位对分包的专业工程提供配合服务。主要指分包施工现场的资源配合，如水电接驳、脚手架、垂直运输、临时设施等，以及根据分包工程的专业类别提供分包施工条件配合，如门窗洞口修补、墙面基底处理、屋面基底处理等，以及其他力所能及的配合服务。这些工作管理人员是不能单独完成的，他需要调配相应的工人、机械设备、材料等。所以，在理解总承包服务费时，要将管理和协调这一部分内容与提供具体的人员、资源配合这一部分内容分别理解。

回到问题本身，“1%～3%”究竟是怎么确定的？可以参考《关于合理确定镇江市建设工程总承包服务费内容及计取标准的意见》对总承包服务费的计取标准按内容的不同作了不同梯度的区分。如果仅要求管理和协调服务，则费率为1.5%，如果再加上配合服务，则费率为4%。在最终的工程结算时，就用投标时的费率和分包专业工程的最终造价作个乘积。比如，电梯安装工程合同的总金额是2000万元，那总包人就按自己在投标时报的费率，可能是2%，两者相乘就能得到总承包服务费的总金额为40万元。当然，这是由业主直接向总承包人支付总承包服务费的方式。现实中可能存在这样的情况，就是业主与总承包人单位之间的总承包合同中并没有约定总承包服务费,但是,作为总承包人,他看到现场进来了另外的第三方的电梯安装的施工队伍,他就和电梯安装的施工单位之间单独地签订合同,合同的内容就是针对总承包人提供服务收取相应的总承包服务费,这种情形下就是由总承包人向分包人去收取费用。实质上这两种收费方法从资金的最终来源上看是没有区别的,总承包服务费资金的最终来源都是业主。第二种方法无非是总包先向分包收,分包将这部分价款并入合同中再向业主收,反过来来看就是业主将这笔费用支付给分包,分包再支付给总包。

3. 案例:总承包服务费应当由业主承担

最后通过一则比较有趣的案子看一看总承包服务费到底向谁收取。该案已经进入司法鉴定环节,鉴定报告中载明,栏杆扶手配合费 22,547.14 元,大白施工配合费 241,736.44 元,冷库等钢结构配合费 580,000 元,消防安装工程配合费 736,879.58 元。双方对于这样的几种配合费应当由谁承担产生了争议。我们还注意到,本案施工合同文件中明确约定承包人承包范围包含上述工程。那么,读到这里好像明白了,这里面有故事。本身工程就是属于总承包人的承包范围之内,而业主把其中一部分拿了出来交给第三方去施工。业主为什么要这么做?很简单,因为一定有利益,由第三方施工可能会产生一定回扣,这也是实际工程中经常见到的一种情形。对于业主的行为,在法律上如何定性?后面在讲工程变更时会了解到,其中有一种变更叫取消工程当中的某一部分,但是这种取消不包括将工程取消后交由第三方来施工。实际上这种行为在法律上已经构成违约,因为本身属于承包人的工作内容却不让承包人做,转而交由第三人做,此时总承包人可以追究业主的违约责任。违约责任的承担包含赔偿损失,损失的范围包括合同履行完毕之后可以获得的利润,所以承包人可以向业主请求赔偿预期可得利益。回到本案,现在案子的争议焦点是什么?是本来属于总承包人施工范围之内的工作内容现在交给第三方来施工,第三方进场之后总承包人就需要给他提供一定的服务和配合,那么总承包人要不要收取这样的配合费用?对此,业主单位抗辩,配合费用应当由第三方即分包单位来支付。法院在判决中则认为,由于分包工程是建设单位将本来应当由承包人施工的部分交给了第三方来施工，而施工配合费又是承包人造价必要的组成部分并且在施工中实际发生的费用，所以根据合同相对性的原则应当由发包人去付给承包人。

对于这一判决，读者应从以下几方面进行理解。第一，根据合同的相对性，承包人只能向相对方主张权利。第二，施工配合的费用是实际发生的费用，这笔费用由承包人自己支出，本身又不属于管理费、利润的一部分，因此作为一项工程成本它应当是由发包人来承担。第三，总承包人和分包人之间显然没有签订关于总承包服务和配合的这样一份合同，那么也有理由相信，业主单位没有将这样一笔费用提前交给第三方的分包人，然后由分包人再交给总包人，三方之间从未有过这种安排。那么，在合同约定不明的情况下，一般按照习惯来确定。按照交易习惯，总承包服务费就是应当由业主来承担。最后一点，因为双方在合同当中明确约定了适用建设工程费用定额，而按照费用定额去取费时，一般会发生实际的总承包服务费，所以应当由业主单位来支付，这是权利义务对等的体现。

LESSON 17

第十七讲

规费的概念与不可竞争性

1. 规费的概念

规费,是一项非常简单的费用。从定义上来看,它指的是“按国家法律、法规规定,由省级政府和省级有关权力部门规定必须缴纳或计取的费用”,当然应该纳入工程造价,这是比较好理解的。施工企业要到某地进行施工建设,那么他就需要向当地不同的部门缴纳他们所规定的各种费用。如果施工单位没有这样的施工行为,也就不会产生这样的一笔规费。所以,从规费的支付主体上来说,它是由施工单位到各个部门去缴付的。从资金来源上来说,它一定是由建设单位支付给施工单位,再由施工单位支付出去的,那么双方就需要将这样的一笔规费纳入双方的发承包合同中。

规费的内容也比较简单,就是五险一金和工程排污费。当然,在各个地方,规费的具体组成内容会有所不同,稍加留意就可以了。不过需要多加注意的是,这里谈到的五险一金,与通常意义上理解的“五险一金”有所区别。以各位读者生活中缴纳的五险一金来说,一般是由各自的单位按照你工资的总额每个月给你去缴纳。规费中的社会保险费要保的对象就不仅仅是施工企业总部的员工,还包括施工现场的人员和农民工,因此,规费一般是根据相应的费率来进行计算的。规费的概念初步了解到这里就足够了,具体是哪些金额、如何计算,那些不是律师应该关注的问题。

2. 规费的性质

接着要去分析规费的两种性质,一个叫作不可竞争性,另一个叫作风险分担。所谓的不可竞争性体现在《清单计价规范》第 3.1.6 条,它规定:“规费和税金必须按国家或省级、行业建设主管部门的规定计算,不得作为竞争性费用。”这一条文的重点在于“不得作为竞争性费用”,有的人错误地将其理解成,发承包双方在招投标阶段约定的规费的总金额是不能变动的,是不可以打折的。这种理解是正确的吗？显然错误。之前在讲安全文明施工费时也对该问题作了一定的阐述,这里再从字面意思上去理解一下。什么叫作不可竞争,或者说什么叫作竞争?竞争是指的投标人和投标人之间的竞争,在发包人和承包人之间怎么会发生竞争关系?它是一种发承包,是一种合作,是一种要求与满足要求这样的一种关系,它不叫竞争。所以从文义解释角度来说,“不得作为竞争性费用”约束的是所有的投标人,不约束发包人和承包人这样的一种发承包的关系。换个角度来讲,规费一般是按照费率来进行计算的,也就是用前面所讲的人材机的金额乘以规费费率就能得到规费总额。当工程价款总体下浮了8%,人材机费用也相应进行了下浮,此时规费的费率没有改变,但是取费基数发生了变化,所以规费的总额也会相应地降低。那么从这个意义上来讲,规费它有竞争性的问题吗?没有,因为规费的费率没变,所以它也并不违反《清单计价规范》的规定。当然法律适用方面还有其他的一些解释,这里就不再作更多的叙述了。总之,“不得作为竞争性费用”绝不意味着规费的金额是不可改变的,合同中有关规费下浮的约定仍然是合法有效的。好,这是第一点需要纠正的问题。

第二点就是关于规费的风险分担问题。可以参考四川省建设厅在《规范建设工程造价风险分担行为的规定》中的规定:“招标工程以投标截止日前28天,非招标工程以合同签订前28天为基准日,其后法律、法规、规章和政策发生变化,并由省建设行政主管部门或其授权的工程造价管理机构根据上述变化发布了工程造价中税金、规费、安全文明施工费及人工费等政策性调整的,承包人不承担此类风险,应按照有关调整规定执行。”这一条文是什么意思?简单来说,投标截止日前28天为基准日,在这之前法律法规规定的所有应该缴纳的费用,投标人在投标时都应当按照法律去计足、计满然后报给发包人;在基准日之后如果再发生法律法规的变化,由此产生了一笔新的规费,此时这部分规费的风险就由发包人来承担,而不应当由承包人来承担。法律法规的变化,后面还会讲到,是引起合同调价的重要内容。从整体上来说,法律法规变化不会影响总价当中人材机的数额,因为它调整的一般都是规费和税金这两部分,从而引起总价的调整。

3. 劳动关系的认定

规费的其中一项叫作社会保险费,而社会保险费又容易让我们联想到劳动关系。我们要思考，施工现场的那些农民工，他们和施工单位之间是怎样的一种关系？如果是非常正规的企业，那么在现场进行施工的那些工人，他们应该都是施工企业内部与施工企业之间具有劳动合同法律关系的劳动者，但是实际情况却并非如此。很多项目，业主将工程发包给承包单位之后，承包单位又将工程转包给实际施工人，而该实际施工人又通过他的同乡关系、亲戚关系等找了很多民工到现场，这些民工与实际施工人之间并未建立劳动关系。那么这些民工和实际施工人以及承包人之间的关系又该怎么认定？最高人民法院在《对最高人民法院〈全国民事审判工作会议纪要〉第59条作出进一步释明的答复》中规定："实际施工人与其招用的劳动者之间应认定为雇佣关系，但实际施工人的前一手具有用工主体资格的承包人、分包人或转包人与劳动者之间既不存在雇佣关系，也不存在劳动关系。"也就是说，现场的实际施工人，即包工头，他带来的那些民工与他之间存在的是一种雇佣关系，如果产生了劳务报酬纠纷，在法律的案由上应当被认定为雇佣纠纷。对于这些民工，他能不能直接跳过实际施工人去告施工单位？显然是不能的。因为他们和那些施工单位即承包人之间既不存在这样的劳动关系，也不存在雇佣关系。最高人民法院在《对最高人民法院〈全国民事审判工作会议纪要〉第59条作出进一步释明的答复》中也是这样认为的："建筑施工企业与实际施工人之间只是分包、转包关系，劳动者是由实际施工人雇用的，其与建筑施工企业之间并无建立劳动关系或雇佣关系的合意。"如果民工与承包人互相都不知道对方是谁，很难认为双方具有合意。因此，最高人民法院就以劳动合同成立需要双方合意的原则判定，民工和包工头之间存在雇佣关系，和承包人之间既不存在劳动关系，也不存在雇佣关系，这些民工就不能跳过实际施工人向施工企业主张劳务费。

4. 案例：规费具有不可竞争性

最后通过案例来看看现实中造价咨询人员对不可竞争性这一法律性质的误解。有一施工合同明确约定税前造价优惠9%，意思是总的工程价款按照定额或一定标准算出来之后，再按91%这样的优惠进行结算。于是双方对于其中的规费要不要乘以91%产生了争议。在法院审理过程中，法院也向造价管理部门发出了询问，那么造价管理总站给出的结论是什么？他说：管理费和利润可以分开计算优惠,但是国家的税收、规费、安全文明施工费这些强制性收费就不得优惠。通过前面的介绍读者们应该也能意识到,造价管理部门的观点也是有偏差的,他们错误认为既然规费不可竞争就意味着不能优惠。那么我们看法院对于这一问题的判决。法院认为,既然合同约定税前造价优惠9%,该优惠应视为对全部工程价款的优惠,既然工程价款中包含规费,那么规费也应当优惠9%。另外,判决还补充到,合同中对工程价款的约定对双方当事人具有约束力,工程价款下浮也并不必然导致向国家缴纳相关费用的减少。这里面包含两层意思:第一,既然合同是有效的,虽然《清单计价规范》规定规费不得作为竞争性费用,但是这条规定并不能够否认合同的效力,所以这种下浮仍然是有效的;第二,虽然合同约定了优惠9%的下浮,但是这种优惠绝不会导致向国家缴纳的相关费用的减少。实际上这一点和笔者前面的理解是一样的,就是工程价款整体打了折,导致人材机的总额相应地减少,但是费率没变,施工单位仍然应当依据相应的费率去缴纳规费,并不会发生损害国家利益的情形。所以说法院的居中判决也是正确的。通过这个案例,我们可以再次认识到所谓的不可竞争性,指的是在投标阶段所有的投标人之间应当按照统一的计费标准来投标。

LESSON 18

第十八讲

风险费用的概念与价格调整

1. 风险费用的概念

接下来进入第十八讲，叫作风险费用。实际上风险费用并不是一项独立的计价科目，读者去看任何一份预算书或是结算书，其中并未就风险费用设立一个专门的栏目或者科目，也没有对风险费用具体的计算方法。实际上，它就是“隐含于已标价工程量清单综合单价中，用于化解发承包双方在工程合同中约定内容和范围内的市场价格波动风险的费用”。也就是说，风险费用就是综合单价中的一部分，是除人、材、机、管、利之外剩下的那一部分费用。那么，它用来对抗什么风险？根据定义本身，它用来对抗的风险只有一种，叫作市场价格波动的风险。当人工、材料、施工机械的市场价格出现波动，如果上涨或下跌的幅度在一定的范围之内，综合单价是不变的，此时风险费用就可以用来化解这一风险。那么既然有这样一笔风险费用，它的金额又该如何计算？绝不是按照消耗的人材机进行汇总，而是通过费率来确定。来看《福建省建设工程综合单价计价暂行办法》第 10 条：“风险费是指合同价款采用固定价格方式时，根据合同价款所包含的风险范围计取的费用，以人工费、材料费、机械费、综合费之和为基数乘以风险费率计算。风险费率由甲、乙双方协商确定。”风险费用就是通过人材机乘以固定的风险费率得到的（其中综合费可以不作考虑）。另外，值得注意的是，条款中风险费用的适用前提是双方约定的是固定价。请各位读者思考，综合单价是固定价吗？对于这个问题，应该这么回答，综合单价是固定价，而且是在一定范围之内的固定价。即当人材机的市场价格发生波动时，在一定范围之内合同价格是不变的。所以说在这一范围之内，综合单价是固定价。那么再要说的一点就是，风险费用，它和固定价是一对孪生兄弟，当谈到固定价时就一定要考虑是否有约定风险范围。如果只约定固定价，没有约定风险范围，这是完全不合理的一种约定，是需要对合同进行补充予以明确的。这是要讲的风险费用的概念部分。

2. 风险的种类及承担方式

前文谈到,综合单价中所包含的风险费用仅用来对抗市场价格波动的风险,那么《清单计价规范》中还规定了哪些风险?《清单计价规范》条文说明部分第3.4.2~3.4.4条规定:“根据我国工程建设特点,投标人应完全承担的风险是技术风险和管理风险,如管理费和利润;应有限度承担的是市场风险,如材料价格、施工机械使用费等的风险;应完全不承担的是法律、法规、规章和政策变化的风险。”由此可以看出,《清单计价规范》将风险划分为这几种类型,包括技术风险、管理风险、市场风险、法律、法规、规章和政策变化的风险。其中,技术风险和管理风险都是完全由承包人来承担的,法律、法规、规章和政策变化的风险完全由发包人来承担。对于市场风险,《清单计价规范》规定的是承包人应当有限度的承担。意思就是,发承包人的综合单价中约定了风险费用,当市场价格出现了有限度的调整,那么这一部分风险就是由承包人自己承担;当限度被突破,价格涨幅超过一定范围,那么超出部分的风险就应当由发包人承担。所以按照体系解释的方法理解《清单计价规范》所规定的四种风险,其中一种是包含在综合单价中的。但是,要知道这是一种理想的状态,很多情况下,风险范围已经被滥用了。来看一下江苏省规定,江苏省《关于明确建设工程工程量清单计价有关问题的通知》规定:“设计变更以及施工条件变更不应包括在承包人的风险范围内,价款调整方法应当在专用条款内约定。”笔者认为,这一规定设置得非常合理。举个例子,实际工程中会有发包人跟承包人约定,合同为固定价,无论是否发生地下施工条件的变更或是设计变更,都由承包人来承担由此造成的风险。由此可以看出,发包人希望把这种风险的范围无限扩大,试图将所有本应由发包人自己所应承担的风险都装在合同的风险范围之内,这非常不合理。以设计变更为例,当图纸发生变化时,混凝土的浇筑量从原来的10,000立方米变成了50,000立方米,这种风险怎么可能要求承包人承担?所以说《清单计价规范》对几类风险及其承担方式,以及当发生其他风险时,双方应当单独去计价的规定是一种理想状态。在实际施工过程中,许许多多其他种类的风险已经被发包人用风险范围这一概念给规避掉了,故意转移到承包人身上,这是一种不合理的约定。

当然,《清单计价规范》中所规定的几种风险种类,仅仅是一种类型化的规定,很难涵盖实践中所出现的全部风险。对于风险纠纷,最好的解决办法还是发承包双方在合同当中事先去约定风险的种类、风险的范围、风险费用的承担以及发生风险后如何调价,但是这也仅仅是笔者的一种良好愿景。实践中,发承包双方对于风险约定往往不够全面。在合同对于风险没有明确约定,出现此类风险时应当如何解决?笔者在这里提供一种思路,如果某种风险的出现不能归结于发承包双方中的任何一方,那么就应当按照合同漏洞填补的方法来确定最后的承担者。《施工合同示范文本》第12.1款第1项规定:“合同当事人应在专用合同条款中约定综合单价包含的风险范围和风险费用的计算方法,并约定风险范围以外的合同价格的调整方法,其中因市场价格波动引起的调整按第11.1款〔市场价格波动引起的调整〕约定执行。”试想一下,当合同通用条款明确约定发承包双方应当就具体风险进行约定,而双方对此没有约定,但是实际工程建设过程当中又出现了此类未约定的风险,那么就应当适用《民法典》第510条、第511条关于合同漏洞填补规则的规定,双方可以协议补充,或者按照交易习惯、市场价格等进行补充。所以,笔者的结论就是,双方应当约定风险范围,如果没有约定,就执行合同漏洞填补规则。

3. 材料市场价格波动的价款调整

上文讲到,发承包双方应当在合同当中就风险承担设置相应的条款,如果没有约定就按照合同漏洞填补规则进行处理,不过全国各地的各个法院对于这一观点是有不同意见的。首先来看广东省高级人民法院关于材料价格风险没有约定的情况如何处理的问题的规定,《全省民事审判工作会议纪要》规定:“当事人在合同中对建筑材料价格变动的风险有约定的,按约定处理。没有约定的,约定工期内的建筑材料价格变动的风险由承包人承担;逾期竣工的,延误工期期间的建筑材料价格变动的风险,由对工期延误有过错的一方承担;双方均有过错的,按过错大小分担损失。”由此可以看出,法院“一刀切”的规定只要是在工期之内的风险,材料价格的大幅上涨由承包人来承担。另外,法院考虑到了逾期竣工的问题,也就是工期内的材料价格变动由承包人承担,如果发生了迟延履行或者逾期竣工的情形,那么延误工期期间的价格变动风险就要由过错方来承担,双方有过错就由双方共同承担,这是广东省高级人民法院关于材料价格风险没有约定的情况下责任如何承担的规定。再看北京市高级人民法院,《北京市高级人民法院关于审理建设工程施工合同纠纷案件若干疑难问题的解答》规定:“建设工程施工合同约定工程价款实行固定价结算,在实际履行过程中,钢材、木材、水泥、混凝土等对工程造价影响较大的主要建筑材料价格发生重大变化,超出了正常市场风险的范围,合同对建材价格变动风险负担有约定的,原则上依照其约定处理;没有约定或约定不明,该当事人要求调整工程价款的,可在市场风险范围和幅度之外酌情予以支持;具体数额可以委托鉴定机构参照施工地建设行政主管部门关于处理建材差价问题的意见予以确定。”北京市高级人民法院并没有禁止调差,相反地,它是按照一种正常的市场风险以及建设行政主管部门的调差意见进行调差。笔者认为,北京市高级人民法院的这种规定是比较合理的,因为施工合同作为承揽合同的一种特殊类型,就是承包人按照发包人的要求完成工作,交付工作成果,发包人给付报酬。因此,从本质上来说,这种材料价格波动的风险不应当要求由承包人来承担。只是因为实际发承包存在承包人包工包料的情况,承包人实际购买材料的价格和与其投标报价之间存在价差,因此承包人自己也应当承担一部分的风险,尤其是这种价格波动的风险。因此,笔者认为,北京市高级人民法院规定总体上就体现了一种合同没有约定,按照合同漏洞填补规则处理的法律精神。合同没有约定,可以参照市场正常的风险范围,具体金额也可以参考建设行政主管部门关于材差的一些规定,这种做法也是合情合理的。

4. 有关材料价格调整的条款

最后不讲案例了,因为关于材料价格波动是否可以进行调价这一问题已经在材料费一讲当中解答过了,这里重点提示各位读者两个条文。一是《施工合同示范文本》的第 11.1 款:“除专用合同条款另有约定外,市场价格波动超过合同当事人约定的范围,合同价格应当调整。”即在施工合同通用条款部分,默认材料价格波动超过一定的范围时,可以进行调价。那么在有些案子当中,就可以把示范文本作为梳理的依据提交给法官,再结合笔者刚才所讲的合同漏洞填补规则,把合同价款应当按照交易习惯进行调整的观点展示给法官。当然,如果双方在专用条款中明确约定了合同价款一律不予调整,这样的约定是否有效很难直接作判断,具体就不展开了。二是《清单计价规范》的第 3.4.1 条:“建设工程发承包,必须在招标文件、合同中明确计价中的风险内容及其范围,不得采用无限风险、所有风险或类似语句规定计价中的风险内容及范围。”条文本身以黑体字标志,表明这是强制性条文。实际上,如果遇到这种纠纷,就可以把《清单计价规范》的这一条文作为代理词当中的意见反映给法官。另外,如果是一些国有投资项目约定采用工程量清单计价方式,或者说按照《清单计价规范》规定必须采用清单计价方式,也可以向行政部门去寻求救济,去指出某某投资的工程违反了国家的强制性标准,用说理的方式为承包人争取调价。最后,关于风险的分担一定要遵循基本的民事法律原则,那就是公平原则,发承包双方应当根据公平原则合理的确定双方的权利义务。并且,在《民法典》建设工程合同一章也有条文明确规定,《民法典》第 790 条:“建设工程的招标投标活动,应当依照有关法律的规定公开、公平、公正进行。”当事人可以把这两个有关公平原则的法律条文提交给审判人员,由他们作出具体的裁判。到此,关于风险费用的内容就讲完了。它就是一笔包含在综合单价中,用于对抗市场价格波动风险的费用。具体的种种其他类型的风险应当在双方的合同中予以明确约定,没有约定按照合同漏洞填补规则进行处理。

LESSON 19

第十九讲

奖励费的概念与双方配合义务

1. 奖励费的概念与性质

这一讲是奖励费。读者们在读到奖励的"奖"时,会想到建设工程领域的哪些奖?在全国层面有关于工程质量的"鲁班奖";后面谈到的案例中有"绿岛杯";还有笔者最近在浙江湖州办的案子,双方争议的是"飞鹰杯"。由此可以看出,全国各个地方对工程质量都采取了一系列激励措施,通过给予荣誉的方式来促使双方把工程质量提到比较高的标准。如果发承包双方在合同中明确约定,将取得某项奖杯作为给予相应奖励的依据,或是没有取得某项奖杯就要扣除一定工程费用,这种约定应该如何理解?

浙江省高级人民法院民事审判第一庭在《关于审理建设工程施工合同纠纷若干疑难问题的解答》中对这一问题作出了回应:"建设工程施工合同关于工期和质量等奖惩办法的约定,应当视为违约金条款。"试想一下,当发包人和承包人明确约定,如果没有获得某个奖杯就扣除一定的工程款,这样的一种约定视为违约金条款是没有任何问题的。但是,如果从相反的角度,不再是负面、消极的角度,而是从一种正面、积极的角度再去设想一下,双方如果明确约定获得某一奖杯就给予一定的奖励,那这种约定,他还是违约金条款吗?显然不是,因为它并不存在违反合同约定的情形,而是双方完成合同约定或者履行合同义务之后获得的一种奖励费。所以,笔者的理解是,双方明确约定的回报奖金的条款,应当视为附条件的履行义务,也即获得奖杯这一事件是发包人支付奖金的先决条件。读者可能会联想到《民法典》第 158 条有关附条件生效的民事法律行为的相关规定,但是两者还是有本质区别的。所谓附条件生效,是指满足一定的条件时合同才生效,所附的条件作为合同是否生效的前提;而这里附条件的履行,说的是承包人履行达到一定的条件后,发包人就应当履行某一义务,承包人的履行行为作为发包人履行义务的先决条件。《民法典》第 159 条还规定:"附条件的民事法律行为,当事人为自己的利益不正当地阻止条件成就的,视为条件已经成就;不正当地促成条件成就的,视为条件不成就。"笔者认为,该条款并未将"条件"限定于合同生效的条件,从文义本身的解释,可以理解为《民法典》第 159 条同样适用于附条件履行这种情况。也就是说,在发承包双方之间,如果发包人恶意不配合申报合同中约定的飞鹰杯、绿岛杯等奖项,应当被理解为发包人为自己的利益不正当地阻止条件的成就,可以视为条件已经成就,因此发包人仍应支付相应的奖金。另外,既然承包人的履行行为是发包人履行合同义务的先决条件,那么应该能够想到发承包双方之间是有先后履行顺序的,即发包人在特定情形下可以行使先履行抗辩权。以上就是对于奖励费在合同性质上的一些认识。

2. 发包人的配合义务

无论是鲁班奖、绿岛杯还是飞鹰杯,一个奖项从申请到参与评选再到最终获得评选,整个过程是非常复杂的。它不但需要发承包双方各自按照合同要求完成相应的合同义务,整个项目还要遵守当地政府的种种规定,以及各个奖项评优办法的详细要求,因此整个获奖的过程都需要双方紧密配合。但是读者们要知道,在配合过程当中双方的利益诉求是不同的,因此容易造成矛盾。工程中十分常见的情形就是,发包人有可能不太愿意去获得这样的奖项,那么对于发包人不作为的行为,应当怎么去定性?

安徽省宣城市中级人民法院在《关于审理建设工程施工合同纠纷案件若干问题的指导意见(试行)》中规定:“当事人在合同中约定工程质量评优标准,并约定了奖励措施条款,工程竣工后未参加评优,承包人举证证明未参加评优系发包人不提供必要材料或不尽其他配合义务所致,对承包人主张该奖励措施条款约定的权益,人民法院应予支持,但承包人未申请参加评优的除外。”这一条文体现了《民法典》第159条的规定,那就是当事人为了自己的利益阻止条件成就的,视为条件已成就。工程竣工后未参加评优,但未参加评优是因为发包人不配合导致的,此时尽管承包人能够获得奖励的条件没有成就,承包人仍能获得奖励措施条款约定的权益。当然,如果承包人是因为自己的原因未申请参加评优,那就不是发包人恶意阻止条件成就的情形,在这种情况下也就不能够视为条件已成就。发承包双方之间既有先后的履行顺序也有互相配合的义务,那么发包人的配合义务来源于哪里。要知道发承包双方的合同中往往仅约定工程获得某一奖项后,由发包人给予奖励,但不会具体约定奖项应当由谁去申请,对方又应当怎么去进行配合,因此要考虑发包人的配合义务到底来源于何处?

其实《民法典》对此作出了明确规定。《民法典》合同编第509条规定："当事人应当按照约定全面履行自己的义务。当事人应当遵循诚信原则，根据合同的性质、目的和交易习惯履行通知、协助、保密等义务。"这一全面履行条款就要求有配合义务的双方应当互相协助，去使合同当中所约定的条件可以成就。因此，发承包双方之间虽然没有约定但是应当相互配合，其法律依据就是《民法典》第509条全面履行的规定。

3. 发包人不予配合的法律后果

那么接下来就再从法理上继续延伸一下，去看一看发承包双方之间的协助义务究竟有哪几种表现形式以及未履行的后果。2004年最高人民法院《关于审理建设工程施工合同纠纷案件适用法律问题的解释》（已失效）对发包人的协助义务作了明确规定："发包人具有下列情形之一，致使承包人无法施工，且在催告的合理期限内仍未履行相应义务，承包人请求解除建设工程施工合同的，应予支持：……（三）不履行合同约定的协助义务的。"条款本身赋予承包人法定解除权，在发包人不履行协助义务的情况下，承包人经过催告之后能够享有法定解除权。

在最新的《施工合同司法解释一》中，该条款被删除，因为该条文本身已经被吸收进《民法典》第563条，也就是"有下列情形之一的，当事人可以解除合同：（一）因不可抗力致使不能实现合同目的；（二）在履行期限届满前，当事人一方明确表示或者以自己的行为表明不履行主要债务；（三）当事人一方迟延履行主要债务，经催告后在合理期限内仍未履行；（四）当事人一方迟延履行债务或者有其他违约行为致使不能实现合同目的；（五）法律规定的其他情形"。《民法典》第563条第3款规定的是在发包人不履行主要债务时，承包人才得以行使法定解除权，这与原司法解释的规定是有很大区别的。不过我们可以从另外的条文中去探究一下原司法解释第9条的出处。《民法典》第778条规定："承揽工作需要定作人协助的，定作人有协助的义务。定作人不履行协助义务致使承揽工作不能完成的，承揽人可以催告定作人在合理期限内履行义务，并可以顺延履行期限；定作人逾期不履行的，承揽人可以解除合同。"施工合同本身是一种特殊的承揽合同，所以承包人依然可以直接引用该条文来行使法定解除权。这就是法理的一种相通性。至于发包人协助义务的具体表现形式可以参考《民法典》第803条的规定:“发包人未按照约定的时间和要求提供原材料、设备、场地、资金、技术资料的,承包人可以顺延工程日期,并有权请求赔偿停工、窝工等损失。”条款本身是有关索赔的条款,但条款也介绍了发包人协助义务的表现形式包括提供原材料、设备、场地、资金、技术资料等情形。

4. 鉴定过程中双方的配合义务

前面谈到双方的配合义务,就不得不继续介绍司法鉴定环节当中双方的配合义务。直接来看两个规定。《北京市高级人民法院关于审理建设工程施工合同纠纷案件若干疑难问题的解答》规定:“鉴定过程中,一方当事人无正当理由在规定期限内拒绝提交鉴定材料或拒不配合,导致鉴定无法进行,经法院释明不利后果后其仍拒绝提交或拒不配合的,应承担举证不能的不利后果。”工程实践中的发包人往往不愿意启动司法鉴定,因为司法鉴定可能会给发包人带来不利,曾经主张扣除或者不愿意支付的那部分价款就可能会被司法鉴定扭转回来。所以发包人倾向于采取不配合的态度应对司法鉴定。北京市高级人民法院这一规定直接判定发包人要为此承担举证不能的不利后果。再看江苏省的有关规定,江苏省高级人民法院民事审判第一庭《建设工程施工合同纠纷案件司法鉴定操作规程》第16条规定:“鉴定机构提出需要进行现场勘验的,审判部门应当及时会同鉴定管理部门组织当事人和鉴定人进行现场勘验。当事人经人民法院通知拒不配合现场勘验导致争议项无法确定的,人民法院可以根据案件审理情况认定对方当事人对争议项的相关主张成立。”现场勘验过程中,如果有一方当事人拒不配合,那么法院就可以根据实际情况直接认定对方当事人对争议向的主张是成立的。比如,承包人主张工程主体已经完成,而在鉴定机构提出现场勘测时,发包人拒不配合,如拒不打开项目现场大门,或是饲养两条猎犬拒绝鉴定人员进入现场进行勘察,导致鉴定机构没有办法对承包人实际完成的工程量进行测量,那么发包人就应承担相应的不利后果,法院可能直接判决发包人主张的工程量成立。这也是不履行配合义务所要承担的一种不利后果。

5. 案例:未取得奖励的双方责任

最后,通过一则案例看一看因奖励费而产生的造价争议。施工合同明确约定:承包人应保证该工程获得省优质样板工程即“绿岛杯”,发包人给予工程结算总价的2%作为奖励,否则,扣除工程结算总价的3%作为违约金。这一条款的约定是非常有趣的,它既有往上调价的空间,也有往下扣除的空间。最后工程并未获得绿岛杯,对于发包人应付工程款的问题果然就产生了争议。

法院是从双方的过错角度去理解的,判定承包人对工程质量未达省优质工程质量标准负有过错。第一,尽管工程已经视为竣工验收合格,但没有证据证明其确实达到省优工程质量标准。这是从实质上作出的认定。第二,“绿岛杯”有其专门的评选办法,有关申报评选工作应按评选办法进行。《海南省建设工程绿岛杯奖评选办法》第9条第2项规定,申报绿岛杯奖的工程的先决条件之一是有关结构工程必须已评定为优质结构工程。第14条第1款规定,绿岛杯奖经工程所在地建设工程质量监督机构推荐,由施工企业申报。由此可以看出,只有工程质量先达到优质标准,才有申报绿岛杯的资格,且申报优质结构工程的义务在施工企业。法院认为,由于施工企业从未向有关部门申报过优质工程,而优质工程又作为获得绿岛杯的前提条件,所以因承包人原因该项目不可能获得绿岛杯,因此法院判决承包人对此负有过错。至于发包人,法院也认定其具有过错。原因很简单,《建设工程绿岛杯奖评选标准》第2.0.6条规定凡参评工程未能通过环境检测和建筑节能检测,或使用国家明令禁止的建筑产品和施工技术的,均不得评为绿岛杯奖;第4.1.7条第2项规定建筑节能工程墙体应采用预制保温墙板或保温砌块砌筑。但是,在实际施工过程中,即使承包人明确告知发包人不能使用红砖砌体,发包人仍要求采用国家明令禁止的红砖砌体;另外,承包人也提醒发包人应当使用保温砂浆,但是发包人依然要求按照原设计图纸施工。在这样的情况下,发包人的种种指令不符合获得绿岛杯的前提条件,对工程没有达到省优质工程质量标准同样负有过错责任。

鉴于双方各负过错,法院最后就依据《民法典》第592条“当事人都违反合同的,应当各自承担相应的责任”之规定,判决双方各自承担二分之一的责任。既然合同付款计划约定留3%作为工程质量没有达到省优工程标准的违约金,那么各自承担二分之一的责任就是发包人按照3%的一半即1.5%这样的标准来扣除，剩余的1.5%就作为发包人自己应当承担的责任。《民法典》第592条本意是说双方都违反合同的，应当各自承担相应的责任，体现的是严格责任的精神，但并未考虑双方的过错。为什么法院在判决时要着重强调双方的过错？实际上，笔者觉得法院可能在适用该条款时，还参考了最高人民法院《关于适用〈中华人民共和国合同法〉若干问题的解释（二）》（已失效）第29条的规定，即当事人主张违约金过高请求适当减少时，人民法院要根据实际损失，兼顾合同的履行情况、当事人的过错程度来综合考虑。所以，笔者认为，判决本身在法律适用上没有问题，只是在逻辑梳理上欠缺了司法解释有关双方过错的问题。

LESSON 20

第二十讲

固定总价

1. 固定总价的概念

接下来进入第二十讲，叫作固定总价。应该说，前文十九讲是针对建筑安装工程费用，按照费用构成要素以及造价形成逐一进行的拆解，而接下来要讲的是如何把这些要素组合在一起，涉及的就是计价方法和调价方法的问题。2004 年，财政部和建设部共同发布《建设工程价款结算暂行办法》即大家常说的 369 号文，将工程价款划分成了固定总价、固定单价以及可调价格三种价格形式。到了 2014 年，住房和城乡建设部发布《建筑工程施工发包与承包计价管理办法》，也就是常说的 16 号令，将《建设工程价款结算暂行办法》的三种计价方法调整为总价合同、单价合同以及成本加酬金合同。为什么会有这样的修正？本书后文会一一讲解。

首先看总价合同的概念，《清单计价规范》第 2.0.12 条规定："总价合同是发承包双方约定以施工图及其预算和有关条件进行合同价款计算、调整和确认的建设工程施工合同。"由此可以看出，投标人在对总价合同进行报价时，投标的依据应是施工图及其预算。读者们应当知道，对于采用经审定批准的施工图纸及其预算方式招标或直接发包形成的总价合同来说，招标人不需要另行编制工程量清单，这就区别于工程量清单计价的方法。工程量清单计价需要招标人根据施工图编制好工程量清单，然后把单价部分空出来由投标人自主进行投标报价。在施工图总价合同中，投标人是根据施工图，按照自己的企业定额或是市场上的国家定额进行计算，将得到的预算总价报给招标人。所以显而易见，两种计价模式在是否编制清单这一点上是有所区别的。其次要理解总价合同是有范围的。总价合同要求工程总价所对应的范围是具体明确的，对于施工图纸及其预算方式招标或直接发包形成的总价合同，其总价对应的范围就是施工图纸。试想一下，如果发包人在施工图固定总价所对应的施工图纸的范围之外，又额外增加了一部分设计图纸，那么该份合同是否还是总价合同？价格是否需要调整？可以肯定的是，合同仍是总价合同，但总价对应的范围应当是原先的施工图。关于价格调整的问题，应该按照双方的约定来重新计价。如果双方对于施工图的变更有约定，比如，约定额外增加的设计图仍然按照另一固定总价的方式进行结算,这是合法有效的约定,最终结算时就可以直接将两个固定总价加在一起。但是如果双方对于图纸变更没有约定,这也是在处理工程造价争议当中经常会遇到的问题,对于变更的图纸怎么去计价?《施工合同司法解释一》第19条第2款规定:“因设计变更导致建设工程的工程量或者质量标准发生变化,当事人对该部分工程价款不能协商一致的,可以参照签订建设工程施工合同时当地建设行政主管部门发布的计价方法或者计价标准结算工程价款。”所以双方就可以按照当地建设行政主管部门的定额来进行计价。通过以上内容读者应该就可以理解,固定总价合同一定有其对应的范围,所谓的固定是在合同描述范围之内的固定,而在范围之外,价款是不固定的。

那么固定总价,或者说总价合同这种计价方法究竟可以在哪些情况下适用?前文谈到的16号令——《建筑工程施工发包与承包计价管理办法》第13条规定:“发承包双方在确定合同价款时,应当考虑市场环境和生产要素价格变化对合同价款的影响……建设规模较小、技术难度较低、工期较短的建筑工程,发承包双方可以采用总价方式确定合同价款。”从这一规定就可以看出,总价合同的适用的一些前提条件。这里不应当以法律人的思维去判断总价合同在这种条件下有效,在那种条件下就无效,更多的是要从一种管理者的角度去考虑如何设计合同条款,使项目能够尽可能顺畅落地,达成发承包双方的合作目标。展开来说,16号令规定合同价款的确定需要考虑市场竞争环境。假设有一个非常简单的土建工程项目,考虑到建筑市场当中有大量的承包商,一定会有非常多的投标人来投标,基于竞标的激烈,此时如果招标人还采取最低价确定中标人的方法,难以保证最后的工程质量。因此,招标人需要确定一个最低的投标报价的限度,防止偷工减料的行为发生。除了考虑市场竞争环境,16号令还提到要考虑生产要素的价格变化,也就是常常谈到人材机的变化。当人材机的价格出现异动,如大幅上涨,此时发包人如果还要求按照原来的合同总价进行结算,对人材机的费用一律不调整,对承包人而言是不公平的,有违公平原则。同理,实际项目建设过程中也会出现人材机价格大幅下跌的情况。以笔者最近处理的一个案子为例,有一工程采用总价方式确定合同价款,合同标的达到4000多万元,施工过程中钢材的价格大幅下跌,较合同签订时少了400多万元。由此可以看出,发包人本想用固定总价去设置承包人结算价格的上限,结果搬起石头砸了自己的脚,最终也只能按照原先的总价进行付款。另外,还要考虑建筑工程规模的大小。比如三峡工程,工期长达十多年,这么大的体量如果还采用总价合同的形式显然是不切实际的。再者还要考虑工程技术难度。一项技术难度很大的工程,就意味着施工过程当中很可能会有新的技术变更,一旦变更,总价还固定的住吗?显而易见是固定不住的。最后还要考虑项目的工期,因为工期的长短就会影响施工过程当中各项施工要素价格的变化。在各地发布的招投标管理办法中,我们也能看到16号令的影响。以《江西省装配式建筑招标投标管理暂行办法》为例,该文件第8条规定:“采用总价包干计价模式的,地下工程可不纳入总价包干范围,采用模拟工程量的单价合同,按实计量。”虽然条文的措辞使用的是可不纳入,但笔者觉得地下工程本就不应纳入总价包干的范围。某一项目地下部分究竟是什么样的,只能通过一定的勘测方法才能确定。但是,限于目前的勘测水平难以保证勘测结果与实际完全准确,还有很多勘测单位在勘测时并未严格遵守国家有关勘测的技术规范和标准,导致勘测质量难以过关。在这种情况下,如果把地下工程纳入总价包干的范围之内,显然不可避免地会在未来发生设计变更,甚至承包人自身基于成本的考量也倾向于以地下工程设计变更为由主张变更合同价款。因此,地下工程无须纳入总价的范围。以上就是固定总价的概念。

2. 清单总价的价格调整

前文谈到,如果工程采用总价合同的形式,投标人可以直接按照施工图的内容自主报价,而如果是采用单价合同,招标人就要编制工程量清单,然后由投标人填写清单中的单价部分进行投标。但是,在实践中还存在一种非常奇特的计价方法叫作清单总价,它的形成过程首先要由招标人根据施工图编制招标工程量清单,然后所有投标人按照招标工程量清单进行投标报价,再由招标人确定中标价格,最后发承包双方根据中标价格签订总价合同。这种计价方法有其非常独特的适用条件。《清单计价规范》第7.1.3条规定:“实行工程量清单计价的工程,应采用单价合同;建设规模较小、技术难度较低、工期较短,且施工图设计已审查批准的建设工程可采用总价合同。”这里所说的“施工图设计已审查批准”意味着将来设计变更的可能性比较小,因此从条文上来看,总价合同的适用前提和刚才讲的都是一样的,包括难度较低、工期较短等条件。条文中并没有谈到以清单的形式形成总价，但是既然在《清单计价规范》中提到了总价合同，也就意味着可以通过工程量清单招标的方式形成总价合同。

读者们现在需要考虑的是，按照工程量清单形成的总价合同，它对应的范围是什么？这里的清单总价对应的范围不再是施工图，因为所有的投标人并没有按照施工图进行投标，而是按照招标工程量清单来进行投标的，所以清单总价合同对应的范围应当是工程量清单。对于施工图总价合同，如果施工过程中在原先的施工图纸之外增加了新的图纸，那么合同需要重新计价；在这种清单总价的方法之下，如果在招标工程量清单之外出现了一些新的清单，或者新的合同、新的施工图，同样也是需要重新计价的，只不过两种方法在合同对应范围上有着本质区别。那么进一步思考一下，总价合同如何计量？如果采用单价合同，承包人按图施工，结算时发包人应对实际完成的工程量按实计量。总价合同不同，从发包人的角度考虑，既然签订了总价合同，在图纸范围内无论实际工程量发生什么变化，工程价格都是固定的。此时还要考察总价合同对应的工程量是施工图纸对应的工程量还是清单对应对工程量。虽然承包人是完全按照图纸来进行施工的，也完成了图纸上呈现的所有工作，但是对于清单形成的总价合同来说，招标工程量清单中的工程量才是总价所对应的范围。举例来说，如果招标工程量清单中某一项对应的工程量是 100，结果承包人按图纸施工的工程量达到了 1000，对于经过招标工程量清单形成的总价合同来说，招标人应该对合同工程量（招标工程量）负责，增加的部分应重新计价。清单总价方法中的总价对应的范围是招标工程量清单，那么在招标工程量清单之外增加的这一部分的工程量自然就要重新计价。有了这种认识之后，再去看江苏省的规定，就更清楚为什么要把招标工程量清单作为清单合同对应的范围。江苏省建设厅《关于工程量清单计价施工合同价款确定与调整的指导意见》规定：“采用固定总价合同的工程，招标人应给投标人提供足够时间（从招标文件发出后，一般不少于 7 个工作日），在投标前复核确认清单工程量的准确性，修正招标文件中的缺陷或者错误，否则，不得采用固定总价合同形式。”条文说得很清楚，既然约定采用清单总价的计价方法，就要保证清单的准确性和完整性。读者们都知道，单价合同中招标工程量清单的准确性和完整性是由招标人负责的，那么在总价合同中，清单的准确性和完整性又由谁来负责？比如，工程量清单出现工程量的偏差，出现项目特征不符或缺项、漏项等问题，此时责任应当由谁来承担？实际上，这类责任还是由招标人来承担。只不过江苏省的这一规定是通过管理上的一些手段，使发承包双方在招投标阶段就要拿出足够的时间去重新确认一下招标工程量到底准不准确，以规避施工过程中可能产生的纠纷。

尽管清单总价合同对应的范围是招标工程量清单，也就是说，招标工程量清单所列的工程量才是合同总价限定的范围，但承包人实际不是按照清单进行施工，而是按照图纸进行施工的，那么如果承包人实际施工过程中完成的工程量比清单要多，出现所谓的工程量偏差的情形时，应该怎么去计价？此时就要考虑总价合同下工程量如何计算的问题。《清单计价规范》第 8.3.1 条规定："采用工程量清单方式招标形成的总价合同，其工程量应按照本规范第 8.2 节的规定计算。"《清单计价规范》第 8.2 节是有关单价合同如何计量的规定。第 8.2.1 条规定："工程量必须以承包人完成的合同工程应予计量的工程量进行确定。"第 8.2.2 条规定："施工中进行工程计量，当发现招标工程量清单中出现缺项、工程量偏差，或因工程变更引起工程量增减时，应按承包人在履行合同义务中完成的工程量计算。"也就是说，《清单计价规范》确定了按实计量的原则，不管清单所列工程量为多少，也不管清单可能存在的缺项的问题，承包人按照新增的图纸进行施工，最终就应当按承包人按图施工实际完成的工程量进行结算。所以，在《清单计价规范》的约束下，无论是单价合同还是清单总价合同，施工人实际完成的工程量要按照按实结算原则进行计量。

总结一下，清单总价合同有其对应的工程量清单，当承包人按照图纸完成工程施工后，需要将实际完成的工程量与清单中显示的工程量进行比较，如果实际工程量没有超过清单量，那么合同确定的固定总价保持不变；如果招标工程量清单中某一项的实际工程量超过了清单中所列的工程量，那么对于增加的这一部分仍应按照实际完成的工程量计取，与招投标时确定的综合单价进行乘积得到新增的合同价款。这种按实计量的原则也从侧面体现了招标工程量清单的准确性和完整性应当由招标人负责的精神。有了这种认识之后，我们可以看看杭州市对此的规定，《杭州市建设工程工程量清单计价实施细则》第 45 条规定："实行工程量清单计价的工程采用总价合同的，招标人应在招标文件或合同专用条款中明确清单工程量错误或漏算的风险范围及额度，在约定的风险范围内合同价款不再调整。风险范围以外的合同价款调整方法，应当在合同专用条款内约定。"实际上，该条文在一定程度上有违《清单计价规范》的相关要求。

按照《清单计价规范》的规定，在按图施工的前提下，清单中记载的工程量与实际工程量不一致时，双方都要按照最终完成的实际工程量结算。杭州市的这一规定就将工程量清单的错误和漏算视作一种风险，双方可以在合同中对其加以约定。比如，双方可以约定，无论施工图纸当中反映的工程量是否出现漏项，或者无论工程量清单是否存在漏项、缺项、工程量偏差的情况，合同价款在一定范围之内的调整都由承包人承担，这样的规定稍微有点不合理。如果发承包双方约定，无论工程量偏差达到多少或者不管清单有无缺项，风险都要由承包人承担，这显然对承包人极其不公平，此时承包人应当向发包人主张一定的风险费用。综上所述，笔者认为，《清单计价规范》确定的按实计量的原则是清单总价合同应当遵循的计量原则。

3. 施工图总价合同的基本原则

在讲完清单总价这一特殊的计价方法之后，我们继续回到施工图预算总价，去看一看它的基本原则。《施工合同司法解释一》第 28 条规定："当事人约定按照固定价结算工程价款，一方当事人请求对建设工程造价进行鉴定的，人民法院不予支持。"也就是说，对于固定价合同的法律适用结果不予鉴定。但是在理解该条款时，一定要与《施工合同司法解释一》当中的其他条款联系在一起去理解。比如，第 19 条就规定："因设计变更导致建设工程的工程量或者质量标准发生变化，当事人对该部分工程价款不能协商一致的，可以参照签订建设工程施工合同时当地建设行政主管部门发布的计价方法或者计价标准结算工程价款。"所以即使是固定价的合同，如果发生设计变更，对于变更部分也应当重新进行计价。另外，需要明确的是，第 28 条规定的"固定价"指的应当是固定总价。对于固定单价以及上一节介绍的清单总价是可以进行司法鉴定的，就固定单价合同而言，综合单价虽然是固定的，但是对于工程量依然是按实结算的，所以最后结算的总价仍是不固定的。如果双方对工程量产生争议，如发包人说是 1000，承包人说是 2000，这种数量上的差别不通过鉴定是没有办法确定的，所以固定单价合同可以鉴定。就清单总价合同而言，施工人需要将实际完成的量和清单量进行对比，在无法确定实际工程量究竟是小于清单所记载的工程量，还是大于清单所记载的工程量的时候，也需要进行鉴定，否则双方只能按照清单记载的量进行结算,这样对于其中一方就有可能不公平。在理解《施工合同司法解释一》第 28 条时,要注意到该条款是比较粗线条的规定,双方只要约定固定总价,那就绝对不可以调整,甚至涵盖了一切风险,这显然只是一种原则性的规定。举个例子,如果在固定总价的范围之内出现了人材机价格的波动,合同价款是否可以调整?在遇到这类问题时,就需要结合案情展开专题论证,但是笔者需要强调的就是,《施工合同司法解释一》第 28 条所谓的固定价不予鉴定,在很多情况下是不具有实用性的。条文只是确定了这样一项原则,对于按照施工图形成的施工图总价合同,在施工图对应的范围之内不进行鉴定。但是对于清单形成的清单总价合同,则需要进行鉴定。

那么,在施工图总价计价模式中,施工图所对应的范围应当如何确定?江苏省盐城市中级人民法院《关于审理建设工程施工合同纠纷案件若干问题的指导意见》第 21 条规定:“当事人对固定价结算的建设工程施工合同的施工范围有争议且不能协商一致的,按下列规则处理:(1)根据合同约定和签约时依据的设计图纸等原始资料确定工程施工范围;(2)对合同中施工范围条款理解有争议的,按照《合同法》第一百二十五条的规定处理;(3)根据前两项规定仍不能确定施工范围的,如发包人不能证明争议事项已包括在固定总价包干范围内的,则应当另计工程价款。”理解一下,在当事人对施工范围发生争议时,应当协商。协商不成的,第一,根据原始资料确定。如果发承包双方之间不存在“三边工程(边设计、边采购、边生产)”的情形,最初一定会有经过审查批准的施工图,那么按照设计文件确定工程范围是没有任何问题的。第二,如果合同约定了施工范围条款,但当事人对条款理解有争议的,按照《合同法》第 125 条的规定处理。《合同法》(已失效)第 125 条,也就是现行《民法典》第 466 条,规定的是合同条款如何解释的问题。《民法典》第 466 条又引用第 142 条第 1 款的规定处理,也就是“有相对人的意思表示的解释,应当按照所使用的词句,结合相关条款、行为的性质和目的、习惯以及诚信原则,确定意思表示的含义”。该条款的内容与法学方法论中的法律解释方法具有相似之处。所谓“按照所使用的词句”,就是法律解释中的文义解释;所谓“结合相关条款”,就是体系解释;所谓“结合行为性质的目的”,就是目的解释。另外,还有按照交易习惯以及遵循诚实信用原则来确定条款的真实含义。第三,如果根据前两项的规定还是不能确定施工范围,应当由发包人举证证明某争议项属于总价的对应范围之内。如果发包人证明不了,就应当对争议项另行支付工程价款。对于最后一点中确定的工程量有争议的情况下的举证责任分配规则,笔者认为,将固定总价包干范围的举证责任交给发包人还是比较合理的。以上就是总价合同的基本原则,那就是总价范围之内,原则上是不调价的。

4. 基本原则的例外

上文介绍了对于固定总价合同,总价范围之内不进行调价这一基本原则,那么接下来就要看看原则之外有哪些例外情况?第一种例外情况,前文提到过,施工过程中出现设计变更引起工程量增加是可以调价的。《施工合同司法解释一》第19条规定:"因设计变更导致建设工程的工程量或者质量标准发生变化,当事人对该部分工程价款不能协商一致的,可以参照签订建设工程施工合同时当地建设行政主管部门发布的计价方法或者计价标准结算工程价款。"即工程中的设计变更会使原来的固定总价对应的范围发生变化,那么对于增加的这部分工程量就应当进行计价。至于计价的方法,一般来说,如果双方约定了固定总价,就很有可能不会再约定总价范围之外如何结算的条款,此时就要参照合同漏洞的填补规则,按照签订施工合同时当地建设行政主管部门颁布的消耗量定额以及信息价来进行结算。这是《施工合同司法解释一》所确定的固定总价范围之外因设计变更导致工程量增加而进行调价的规则。再看广东省高级人民法院《关于审理建设工程施工合同纠纷案件若干问题的意见》,第1条规定:"当事人约定工程款实行固定价,而实际施工的工程量比约定的工程范围有所增减的,可在确认固定价的基础上,参照合同约定对增减部分进行结算,再根据结算结果相应增减总价款。不应撇开合同约定,对整个工程造价进行重新结算。"即固定总价所对应的施工范围并没有理解中的那么脆弱,不是说一旦发生设计变更或者工程量稍有变化,就使原先的工程范围彻底不能适用。实际上原来的总价对应的范围没有变化,仍应当遵照合同约定的总价结算执行,只不过在原来的基础上,工程量有增加的,合同结算价格应进行相应的调增,工程量有减少的则进行相应的扣除,这样的做法也是比较公平合理的。当然,采用固定总价计价方法的,很多承包人就会认为,既然约定了固定总价,设计变更减少的那一部分工程量就不应当扣除,这是一种错误的理解。按照公平原则,总价所对应的工程范围发生了变化，那么就应当相应地调整增减部分的价款。当然，在调整增减部分的价款时，也要考虑到在确定固定总价时，双方对投标价格折扣率的约定，比如招投标时，招标人的招标控制价是 100 元，而投标人以 90 元的投标价格中标，那么就应当按照 90% 的折扣率，或者说同期的优惠标准去计算相应的增加或减少部分工程量的价款。其实当律师代表施工单位去打这种固定总价合同的官司时，是非常希望找到各种各样的理由去突破固定总价的，而其中比较有利的依据，就是设计变更。设计变更不但会导致工程量的变化，而且也会导致质量标准发生变化，这样就完全有理由要求发包人对变更的部分重新计价。举例来说，发包人本来设计安装国产电梯，但施工过程中发生变更，要求安装安全系数更高、施工工艺更加复杂的进口电梯。对于这种因设计变更而导致的工程质量的变化，就应当重新计价，这是没有任何问题的。广东省深圳市中级人民法院对于固定总价合同也有相应规定，《关于建设工程合同若干问题的指导意见》第 21 条规定："建设工程合同约定为固定总价的，承包人以工程量增加为由要求调整合同价款的，应按照以下方式处理：……（4）签订固定总价合同后，工程发生重大变化或固定总价所依据的设计图纸发生重大变更的，按照双方确定的工程量清单单价据实计价。"深圳市中级人民法院的这一规定，要求的是工程发生重大变化或者设计图纸发生重大变更，而不只是微小的变更，因此对于这种彻底改变原总价范围的重大设计变更，不用再去考虑固定总价范围，应全部重新按实结算。比如某办公楼工程，原来的建造计划只有 10 层楼，后来追加投资变成 100 层，从 10 层到 100 层就不仅仅是工程量的变化了，过程中设计图纸一定发生了彻底的变化，此时已经签订合同的双方如果始终无法达成一致意见，则工程只能按实结算。通过以上讲解想必读者们已经能够理解，当施工图所对应的施工范围中的一部分或者全部发生设计变更，那么对于变更部分就应当重新计价。

第二种例外情况就是人材机的调整。前文也谈到《施工合同司法解释一》第 28 条规定固定价的范围之内不允许进行鉴定。现在的问题是，当固定价的范围之内，人材机价格出现大幅波动，是否允许调价？笔者始终认为《施工合同司法解释一》这样"一刀切"式的规定是不公平的，并且笔者的理解就是，之所以产生固定总价这样不合理的计价方法，是因为最初的立法价值导向有误。《建设工程价款结算暂行办法》列明了固定总价、固定单价和可调价格三种价格形式,联系上下文去理解这三种价格时,就容易认为固定总价代表了一成不变的意思,而可调价格中才包括法律法规的变化、设计变更、造价管理部门的价格调整等能够对合同价格进行调整的情形。所以,2004 年的这份文件对于固定总价的表述对人们的理解产生了错误的价值引导,使很多发包人更倾向于只要采取固定总价的方式,而不需要再考虑可能影响合同公平的其他各种要素。但承包人毕竟只是承揽人,只是负责来料加工,不可能要求承揽人承担全部的价格风险。应该说,《清单计价规范》对于这一点的规定是比较明确的,那就是承包人是在一定的风险范围之内自己承担风险。当然,这种规定也是基于承包人包工包料的情形,因为承包人自己采购材料会有一定的利差,当材料价格在风险范围内波动时,可以直接应利差来抵销。有了这样的认识之后,来看一下四川省高级人民法院的相关规定。《四川省高级人民法院关于审理建设工程施工合同纠纷案件若干疑难问题的解答》第 24 条规定:"约定工程价款实行固定总价结算的施工合同履行过程中,主要建筑材料价格发生重大变化,超出了正常市场风险范围,合同对建材价格变动风险负担有约定的,依照其约定处理;没有约定或约定不明的,当事人要求调整工程价款,如不调整显失公平的,可在市场风险范围和幅度之外酌情予以支持,具体数额可以委托鉴定机构参照工程所在地建设行政主管部门关于处理建材差价问题的意见予以确定。"按照四川省的这一规定,在固定总价的情形下,当材差确实超过了一定风险范围,合同价格可以按照公平原则进行调整。笔者再次强调公平原则在合同订立及履行过程中的重要性。《民法典》第 6 条规定:"民事主体从事民事活动,应当遵循公平原则,合理确定各方的权利和义务。"第 790 条规定:"建设工程的招标投标活动,应当依照有关法律的规定公开、公平、公正进行。"

所以在拟定合同时必须要考虑的是采取固定总价的价格形式真的合适吗?一旦采取固定总价,就不需要考虑市场价格波动了吗?笔者认为,按照公平原则的要求,除了《建筑工程施工发包与承包计价管理办法》中规定的规模较小、工期较短、技术较简单的短平快的工程宜采取固定总价之外,一旦涉及规模较大、工期较长、技术难度较大的工程真的就不适合采取固定总价。遗憾的是,《民法典》第 790 条也仅仅是倡导性、宣示性的条文,并未规定相应的法律后果。因此,在实际处理这类纠纷时,律师只能从公平原则的角度向法官主张调价。

5. 案例:固定总价范围内的工程一般不予调整

最后通过案例看一看固定总价的固定范围,还有固定总价之外的一些调价方法。本案施工合同明确约定采用固定总价合同,并且施工招标文件当中所列的全部内容以及施工图纸的内容是包干的,由此我们就认识到了本案固定总价对应的范围应当是施工图纸。有趣的是,双方还约定合同价款已经考虑了各类建材的涨跌价以及国家的政策性调整等风险,且所有这些风险的系数都已计入综合单价。当招标人提出将人材机价格波动的风险包含在固定总价范围之内时,理想状态下,所有投标人都应当按照招标文件进行投标报价,也就是把这些未来价格波动的风险都考虑在自己的综合单价中。实际情况会是这样吗?肯定不是。投标人只会按照企业定额或是当地定额进行计算,根本不会考虑风险费用,这样的报价就会在结算时产生非常大的争议。同时,双方还约定工程结算时除签证、变更、设计变更、图纸审查回复外均不作调整。现在的问题是,材料的价格在施工期间发生了巨大的变化,那么对于材料价格的波动是否需要调价?对此,法院认为,依照双方施工合同的约定,标内工程的价款为固定总价,该固定总价已经包含施工期间各类建材的涨跌价和国家政策性调整等所有风险系数,因此承包人所主张的影响工程价款的因素已经包含在该固定总价中。所以法院并未支持承包人的调价主张。至于施工过程中的签证、变更等,双方虽然也约定了结算的单价,但是对于这部分单价并没有约定是否属于固定价的内容,因此法院认为应当调整。所以最终法院判决,对于固定总价范围内的工程不予调整,而对于固定总价范围之外的那一部分签证、变更就按照合同以及执行相关文件进行调整。

这个案子比较有趣,首先,它的计价模式既包括固定总价部分又包括签证变更部分,因此固定总价范围之内价格是基本不变的,但发承包双方可以通过签证、变更对固定总价进行修正,增加相应的工程量。其次,固定总价范围之内的人材机的价格波动是不发生作用的,而在固定总价范围之外的签证清单,则可以按照当地建设行政主管部门的调差文件进行调整。这是比较典型的涉及固定总价的案例。

以上就是固定总价的相关理解。笔者希望,通过这一讲,各位读者能够牢牢把握住施工图预算总价和清单总价两种价格形式的区别，在分析固定总价合同时要考虑固定总价对应的范围究竟是什么，是施工图还是工程量清单，还要考虑固定总价范围之内可能引起价格调整的各类风险因素。

LESSON

21

第二十一讲

综合单价的概念与确定

1. 综合单价的概念

上一讲介绍了固定总价的概念，了解到固定总价可以分为施工图总价和清单总价，两者对应的范围是不同的，施工图总价对应于施工图，而清单总价对应于招标工程量清单。那么这一讲要讲的是综合单价。讲之前，笔者需要读者们思考，你理解的综合单价，它是不是固定单价？《建设工程价款结算暂行办法》将工程价款分为固定总价、固定单价以及可调价格，而2014年《建筑工程施工发包与承包计价管理办法》又将价格形式调整为总价、单价还有成本加酬金。那么综合单价它属于哪一种价格形式？首先，它当然是单价。综合单价是指"完成一个规定清单项目所需的人工费、材料和工程设备费、施工机具使用费和企业管理费、利润以及一定范围内的风险费用"，因此，从定义上来看，综合单价是由人、材、机、管、利、风组成的。在国外某些地方，完整的单价除了人材机管利风之外，还包括一定的规费和税金。对此，我国也有向这一方向改革的计划，但目前还没落实。其次，清单当中的科目可以分为单价项目和总价项目，而综合单价对应的则是清单中的单价项目。单价项目包括分部分项工程的单价项目，以及措施项目费的单价项目。所以综合单价既可以应用于分部分项工程，也可以应用在措施项目工程。在前文介绍过一种叫作单方造价的单价形式，就是直接按照施工人实际完成的面积数乘以每平方米对应的单价得到总的工程造价。而综合单价，它实际上也是一种单价形式，不过是按照承包人对于清单中的各个项目实际完成的工程量和相应的单价进行乘积，再将各项成绩进行汇总就能得到总的工程造价。

有关综合单价的性质，需要读者了解两个条文。第一，《清单计价规范》第2.0.11条规定："单价合同指的是发承包双方约定以工程量清单及其综合单价进行合同价款计算、调整和确认的建设工程的施工合同。"也就是说，虽然工程量清单中包含总价项目，但是不影响清单计价合同本身作为一种单价合同。第二，《清单计价规范》第2.0.11条规定："实行工程量清单计价的工程，一般应采用单价合同方式，即合同中的工程量清单项目综合单价在合同约定的条件内固定不变，超过合同约定条件时，依据合同约定进行调整。"由此可以看出，综合单价包含风险费用，能够用来对抗一定范围之内的市场价格波动的风险。因此，当价格波动幅度在风险范围之内，合同价格是不变的。综上所述，综合单价是固定单价，并且是在一定范围内的固定单价。

2. 综合单价的确定

综合单价的具体金额是如何确定的？或者说投标人在对已标价工程量清单中具体科目进行报价时，如何去确定自己要填写的各项金额大小呢？这里就要引入特征描述的概念，《清单计价规范》第6.2.3条规定："分部分项工程和措施项目中的单价项目，应根据招标文件和招标工程量清单项目中的特征描述确定综合单价计算。"综合单价的计价依据就是特征描述。特征描述由招标人提供，《清单计价规范》第4.1.2条对此也规定："招标工程量清单必须作为招标文件的组成部分，其准确性和完整性由招标人负责。"因此，如果招标人根据图纸编写清单时清单项目特征描述部分出现了错误，就需要承担相应的责任，这是一种特殊的纠纷类型叫作特征描述与图纸不符，后面还会讲到。特征描述一般包含以下几个方面的内容：一是关于如何计量的内容，如门窗洞口的大小；二是有关结构要求的内容，如项目使用的混凝土构件中的混凝土强度等级应是多少；三是材质的要求，如油漆的品种、管材的材质等；四是安装方式的要求，如管道的连接方式应当采取焊接还是螺母连接等。不同的特征描述对应的价格都是不同的。所以投标人一定要看清楚每个项目的特征描述是什么，然后再去套定额进行组价。

那么投标人在投标时，是否可以就某些项目不投标，或者说对于某一综合单价进行零报价？《清单计价规范》对此有专门规定："招标工程量清单与计价表中列明的所有需要填写单价和合价的项目，投标人均应填写且只允许有一个报价。未填写单价和合价的项目，可视为此项费用已包含在已标价工程量清单中其他项目的单价和合价之中。当竣工结算时，此项目不得重新组价予以调整。"简单来说，承包人必须填写单价，否则就视为已经包含在其他项目的合价里，这样后面无论再发生多少的工程量，这项目的单价都是0。因此，有时候投标人为了达到中标的目的而采取了零报价，但是这种报价方式可能会让其在后面吃很大的亏，因此，笔者建议，投标人对每一综合单价都要进行报价。

以上是招投标环节综合单价如何确定的问题，但在合同实际履行的过程中，往往会因为设计变更、工程量偏差、项目特征不符还有清单漏项等原因，导致一部分单价不能适用，此时双方就需要重新确定单价，也称综合单价的二次确定。在处理这种造价争议时，一定要有意识地将纠纷分为量的纠纷和价的纠纷。对于设计变更、工程量偏差、项目特征不符以及清单漏项造成的量的纠纷，原则就是按实结算，根据承包人实际完成的工程量进行计算。对于价的纠纷，就会涉及变更估价的问题。变更估价是一个很大的概念，无论是工程量偏差，还是清单漏项，都要适用到变更估价，《清单计价规范》和《施工合同示范文本》也为此规定了变更估价原则。其中，《施工合同示范文本》第 10.4.1 项规定："除专用合同条款另有约定外，变更估价按照本款约定处理：(1)已标价工程量清单或预算书有相同项目的，按照相同项目单价认定；(2)已标价工程量清单或预算书中无相同项目，但有类似项目的，参照类似项目的单价认定；(3)变更导致实际完成的变更工程量与已标价工程量清单或预算书中列明的该项目工程量的变化幅度超过 15% 的，或已标价工程量清单或预算书中无相同项目及类似项目单价的，按照合理的成本与利润构成的原则，由合同当事人按照第 4.4 款〔商定或确定〕确定变更工作的单价。"如果发承包双方无法通过协商确定，就需要借助诉讼手段。诉讼时可以依据《施工合同司法解释一》第 19 条漏洞填补的规定："因设计变更导致建设工程的工程量或者质量标准发生变化，当事人对该部分工程价款不能协商一致的，可以参照签订建设工程施工合同时当地建设行政主管部门发布的计价方法或者计价标准结算工程价款。"当变更估价三原则仍无法解决单价的问题时，就要按照当地的定额或者信息价进行结算。总的来说，综合单价的二次确定需要遵循上述变更估价三原则，也可以加上最后一点作为第四原则，即有相同按相同，没相同按相似，无相同或类似的双方商定，商定不了按照定额进行计价。

工程量偏差会引起综合单价的二次确定。《清单计价规范》第 2.0.17 条对工程量偏差的定义为："承包人按照合同工程的图纸（含经发包人批准由承包人提供的图纸）实施，按照现行国家计量规范规定的工程量计算规则计算得到的完成合同工程项目应予计量的工程量与相应的招标工程量清单项目列出的工程量之间出现的量差。"所谓工程量偏差，举例来说，如招标工程量清单中列明的工程量是 100，在承包人按图纸施工的过程中，发现工程量不是 100，而是

101,或是 116,甚至也可能达到 200。不论实际工程量为多少,只要与招标工程量清单中列明的那个数值不符就叫工程量偏差。只不过在一定范围内的工程量偏差,如 101 的这种情形,就不需要重新确定综合单价,可以直接按照原来投标时的综合单价进行计算。当出现 116 或者 200 的情况,按照《清单计价规范》的规则,工程量偏差已经超过 15%,此时就需要对单价作出调整。背后的原理很简单,就算是去菜市场购买白菜、土豆,也讲究量大从优。所以,这种调整是基于利益分摊的考虑,以平衡发承包双方的利益分配,不至于产生过大的利益失衡。调整的具体规则就是:当工程量增加 15% 以上时,增加部分的工程量的综合单价应予调低;当工程量减少 15% 以上时,减少后剩余部分的工程量的综合单价应予调高。它体现了量大价格就低,量少价格就高这样一种基本认识。

综合单价的二次确定还包括清单漏项的情形。所谓"漏项",后面也会讲到,指的是招标人在根据图纸编制工程量清单的过程中,遗漏了图纸中的某些项目,使本应该在清单中列明的内容没有体现。承包人按照图纸进行施工,对于漏项,发包人不能以清单中没有该项目拒绝承包人的付款要求。因此,双方就需要重新商定新的价格,对漏项的单价进行确认的过程也属于综合单价的二次确定。综上所述,无论是工程量偏差,还是清单漏项,遵从的基本原则都是前面所讲的变更估价三原则。笔者希望读者能有这样的认识,后面还会逐一讲解。

LESSON 22

第二十二讲

可调价的概念与按实结算原则

1. 可调价的概念

接下来介绍第三种价格形式，叫作可调价。前文也提到，“可调价”这一概念，来源于2004年的369号文件《建设工程价款结算暂行办法》。2014年建设部出台的16号令《建筑工程施工发包与承包计价管理办法》也规定了工程价款如何计价的问题，但是删去了可调价的表述。16号令作为建设部自己发布的部门规章，本身并没有对369号文件的效力作出表态，也就是说，《建设工程价款结算暂行办法》并没有因此而无效或是废止。相反地，在16号令发布之后，建设部意图对369号文件实施中存在的问题进行修改，向社会征集过修订意见，只是到现在还没有看到具体落地的新的369号文件。因此，目前建设工程价款结算活动中应用更多的还是16号令，笔者只是借369号文件给大家介绍当时的三种价格形式，看一看其中存在怎样的漏洞。

369号文件将价格形式分为固定总价、固定单价和可调价格三种，且可调价格的调价因素包括：“1. 法律、行政法规和国家有关政策变化影响合同价款；2. 工程造价管理机构的价格调整；3. 经批准的设计变更；4. 发包人更改经审定批准的施工组织设计（修正错误除外）造成费用增加；5. 双方约定的其他因素。”从本书目前已展开的内容来看，施工过程中出现法律法规变化、设计变更等情形时，需要对合同价款加以调整，且无论是哪一种价格形式，都需要进行调价。但是369号文件将调整因素单独规定在可调价格之下，就容易造成一种错误的认识，使发承包主体误以为只有可调价格才会发生合同价款的变化，固定总价就是绝对的不可调整。因此，在工程实践中，很多发包人倾向于采用固定总价，尤其强调“固定”。但是读者们要知道，如果施工过程中发生了设计变更，总价是“固定”不住的。固定单价也是同样的道理。所以《建设工程价款结算暂行办法》中对合同价格形式的分类并不符合逻辑，需要进行调整。

因此，到了2014年，住房和城乡建设部出台《建筑工程施工发包与承包计价管理办法》对合同价格形式作出新的划分。从16号令的名称上就可以看出，该文件仅仅适用于建筑工程，即房屋建筑和市政基础工程，这与369号文件在适用范围上就有很大区别。369号文件针对建设工程，而建设工程的范围要比建筑工程宽泛很多。16 号令作出了一种非常先进的价格安排,给出了三种全新的确定合同价款的方式,包括单价方式、总价方式以及成本加酬金的方式。和 369 号文件进行比较,读者们会发现 16 号文件取消了“固定”这两个字,也就是有意纠正大家的错误认识,即单价和总价是不固定的,某些条件的发生会使单价和总价发生变化。《建筑工程施工发包与承包计价管理办法》第 13 条第 1 款对此也专门规定:“发承包双方在确定合同价款时,应当考虑市场环境和生产要素价格变化对合同价款的影响。”即人材机价格的变动对单价、总价和成本加酬金这三种价格形式都会产生相应的影响。第 14 条还规定:“发承包双方应当在合同中约定,发生下列情形时合同价款的调整方法:(一)法律、法规、规章或者国家有关政策变化影响合同价款的;(二)工程造价管理机构发布价格调整信息的;(三)经批准变更设计的;(四)发包方更改经审定批准的施工组织设计造成费用增加的;(五)双方约定的其他因素。”对比一下,369 号文件中规定的法律法规变化、设计变更等仅仅指向可调价格这一价格形式,而 16 号令却将这些调价因素单独提取出来作为独立的条款,同时指向单价合同、总价合同和成本加酬金这三种价格方式。因此,可以认为,尽管 16 号令删除了“可调价”这样的一种特定的价格形式,但是它却将所有的价格形式都转化成了一种可调的价格形式。另外,需要注意的是,16 号令还规定了各种价格形式的适用情形:“实行工程量清单计价的建筑工程,鼓励发承包双方采用单价方式确定合同价款。建设规模较小、技术难度较低、工期较短的建筑工程,发承包双方可以采用总价方式确定合同价款。紧急抢险、救灾以及施工技术特别复杂的建筑工程,发承包双方可以采用成本加酬金方式确定合同价款。”

2. 实践中的可调价格

实践中有很多合同约定采纳可调价格的价格形式,但当事人对于可调价的理解已经不局限于 369 号文件所规定的情形。《青海省建设工程造价动态信息发布使用办法》第 18 条规定:“建设工程施工合同采用可调价格合同的,发承包双方应按合同约定,根据工程实际进度和双方确认的市场价格或参照当期发布的造价信息,对合同约定的全部或部分人工、材料、机械台班价格进行计量补差,产生的人工、材料、施工机械台班价差,仅计取税金后列入工程造价,调整合同造价。”由此可以看出，实践中发承包人通常将可调价理解成一种采用价格信息结算的约定。这也就意味着，可调价合同中不再约定人材机的风险范围，只要信息价发生变化就应当对合同价款做出相应的调整。条文特别强调“实际进度”及“当期”，也就是对于施工过程中每个时间段的价格变化都要进行同期的统计，包括每一项目发生了多少工程量、量所对应的单价等。如果某一单价与上一测算阶段统计的单价发生了变化，就要进行补差。所以，在实践中，对于可调价的价格约定就变成了按实结算的约定，即完全按照价格信息来进行结算。再看重庆市高级人民法院《关于建设工程造价鉴定若干问题的解答》对可调价合同的规定：“可调价格合同中，合同对计价原则以及价格的调整方式有约定的，从其约定；合同虽约定采用可调价格方式，但未对计价原则以及价格调整方式作出约定的，参照工程所在地的建设工程定额及相关配套文件计价。”由此可以看出，重庆市对于可调价的认识，相对比较清晰。如果当事人在可调价合同中约定了合同价款的调整因素、调整方式等，那么在发生约定的调价情形时就按照约定进行调整；但是，很多情况下，合同虽然约定采用可调价，但是没有对计价原则、价格调整的方式作出具体明确的约定，此时就要参照当地的定额及配套文件进行计价。通过以上两个文件就能看出，实践中当事人对于可调价的理解已经和2004年369号文件中规定的价格形式完全不同了。现在所谓的可调价，就是一种按照实际发布的造价信息进行补差的约定。法律并不禁止双方当事人就价格形式达成约定，只要合同中有具体的计算公式及调整方法，法院就倾向于认可合同对价格形式的约定，将其也视为一种可调价。总之，369号文件规定的可调价格和实践中当事人理解的可调价格是两回事。

Lesson 22

3. 案例：可调价合同等于按实结算

最后，通过案例看一看采用可调价这一价格形式产生的造价争议。本案合同约定合同价款采用可调价格合同方式确定，合同价款调整方法为：按2001年《江苏省建筑与装饰工程计价表》及相配套文件，材料价格按《苏州工程造价信息》施工阶段平均价。由此可以看出，该合同约定就是一种典型的按实结算，以价格信息作为合同价款的调整因素。这就完全区别于369号文件所规定的几种包括设计变更、法律法规变化等在内的调整因素，而是完全按照信息价进行结算。最后结算时,双方就真石漆的价格产生了争议。承包人认为,双方约定材料价格执行《苏州工程造价信息》,既然施工同期苏州市没有公布真石漆的价格,就可以按照江苏省或者其他行政区域公布的工程建设材料价格信息来确定真石漆的价格。发包人则提交了《购销合同》,主张按照实际采购价进行计算。实际上,本案涉及的就是在造价信息缺失情况下如何进行计价的问题。法院认为,《购销合同》是经过双方认可,具有真实性的证据,其中反映的价格相对公平公正,因此应当按照《购销合同》的价格确定真石漆的价格。也就是说,在价格信息缺失的情况下,通常还是应当按实结算,可以按照实际发生的成本结算。本案也从侧面反映了,通常理解的可调价已经和 369 号文件中规定的可调价存在本质区别。

LESSON 23

第二十三讲

工程量清单计价的特征与适用范围

1. 清单计价模式的特征

通过前面的学习，读者们已经知道综合单价是工程量清单计价模式下的一种价格确定方法。这一讲就要专门介绍一下工程量清单计价模式的特征。江苏省《关于〈建设工程工程量清单计价规范〉（GB 50500－2008）的贯彻意见》规定："实行工程量清单招标的工程建设项目应当采用固定单价合同，量的风险由发包人承担，价的风险在约定风险范围内的，由承包人承担，风险范围以外的按合同约定。"从该条文就可以看出，工程量清单计价模式最重要的特征就在于量、价的分离，以及量、价、风险的分离。这是什么意思？以下一一进行解释。

招标人在编制工程量清单时，需要将施工图纸中显示的工程量如实记载到工程量清单上。工程量清单本身是一个对所有投标人开放的公平竞争平台，因此投标人没有必要再去计算图纸量，可以直接按照发包人提供的清单进行报价。如果投标人在招投标环节发现清单中的工程量存在不准确等问题，可以按照一定程序提出质疑，要求招标人予以澄清，否则只需按照清单中载明的工程量投标报价即可。鉴于所有投标人的总价都是按照统一的工程量和各自报的单价的乘积计算出来的，发包人就可以据此依照一定的评选标准确定最终的中标人选。但是，实际施工过程中，承包人仍是按照图纸进行施工，就有可能出现施工人实际完成的工程量，与工程量清单所记载的量存在偏差的情况。此时对于这类工程量偏差应当按实结算，也就是将偏差量与该项目的单价进行乘积，计入合同价款之中，所以量的风险就应当由编制招标工程量清单的发包人承担。价，即综合单价，是由所有的投标人根据自己的生产成本、竞争策略等因素综合确定的。综合单价本身包含了一定范围之内的风险费用，也就是说，在一定的范围内，价的风险是由承包人承担的，一旦超过约定的范围，对于超出部分的风险，就需要发承包双方进行单独的约定。以人工费为例，如果施工过程中政府部门公布了一系列人工费调价文件，对人工费作了数轮的调整，此时如果人工费变动的幅度超过了合同约定的范围，那么这一变动的风险就有可能由发包人承担。总结来说，发包人对于工程量承担绝对的责任，只要实际工程量发生变化，即使只有很微小的变化也要对工程量进行调整，将变动的部分计入总价;承包人对于合同价款承担的是相对的责任,承包人需要对自己填报的综合单价负责,在综合单价约定的风险范围内承担责任,超过一定范围就要视双方约定判断是否需要承担相应责任。

2. 清单计价的适用范围

读者还需要了解工程量清单计价模式的适用范围。《建筑工程施工发包与承包计价管理办法》第 6 条规定:"全部使用国有资金投资或者以国有资金投资为主的建筑工程,应当采用工程量清单计价;非国有资金投资的建筑工程,鼓励采用工程量清单计价。"由此可以看出,16 号令要求以国有资金投资为主的建筑工程采用工程量清单计价的模式进行计价。但是要知道 16 号令本身仅是部门规章,至于能否将这一规定上升到法律、行政法规的层面,以及对于没有采用工程量清单计价模式的国有资金投资项目,能否根据这一规定直接判断它的合同效力,那就是后面要考虑的问题了。

读到这里,读者们也可以再去思考一下《清单计价规范》的法律效力问题。《清单计价规范》本身属于国家标准,其中以黑体字标志的条款为强制性标准,其余条款为推荐性标准。这些标准是否适用于所有的工程项目?如果违反了这些标准,又会造成怎样的法律后果呢?江苏省《关于明确建设工程工程量清单计价有关问题的通知》规定:"凡是采用工程量清单计价方式的,不论资金来源是国有资金、国外资金、贷款、援助资金或私人资金都必须遵守计价规范的规定。"因此,只要采用清单计价模式,就应当适用《清单计价规范》。《清单计价规范》第 3.1.3 条规定:"不采用工程量清单计价的建设工程,应执行本规范除工程量清单等专门性规定外的其他规定。"按照这一规定,即使建设工程本身没有采用清单计价模式,而是施工图计价或是预算书计价,对于施工过程中发生的签证、设计变更、索赔等内容,还是应当适用《清单计价规范》的规定。由此可以看到,政府部门发布的规范性文件以及《清单计价规范》本身都赋予《清单计价规范》很高的法律地位及广泛的适用环境。但读者们必须要明确的是,《清单计价规范》始终只是国家标准,没有达到规范性文件的地位。对于规范中规定的强制性标准,可以根据《标准化法》的规定评判其法律效力。《标准化法》第 2 条规定:"强制性标准必须执行。国家鼓励采用推荐性标准。"所谓必须执行,很多人的理解是，违反强制性标准的行为即为无效。比如，《清单计价规范》第3.1.5条以黑体字规定：“**措施项目中的安全文明施工费必须按国家或省级、行业建设主管部门的规定计算，不得作为竞争性费用。**”按照这种理解，如果承包人对安全文明施工费进行打折，那么当事人对安全文明施工费的约定应为无效。但以上结论是错误的。造成这种误解的原因应当是混淆了《民法典》第135条“违反法律、行政法规的强制性规定的民事法律行为无效”这一规定。《标准化法》第2条只是一条宣示性的规定，且条款只规定了构成要件，并未规定相应的法律后果，所以不能直接依据该条款判断合同有效与否。读者们可以看一下《标准化法》第36条：“生产、销售、进口产品或者提供服务不符合强制性标准，或者企业生产的产品、提供的服务不符合其公开标准的技术要求的，依法承担民事责任。”以及第38条：“企业未依照本法规定公开其执行的标准的，由标准化行政主管部门责令限期改正；逾期不改正的，在标准信息公共服务平台上公示。”这两个条文对违反《标准化法》的行为都规定了相应的法律后果，包括承担民事责任、行政责任等。换句话说，《标准化法》对法律后果的规定，依据的是其他法律而不是《标准化法》本身，这也就意味着《标准化法》属于行政管理部门的法律，而不是民事法律。因此，违反《标准化法》中有关“强制性标准必须执行”的规定，并不会产生民事上的后果，民事上的效力问题仍然是按照《民法典》的相关规定来判断的。因此，笔者认为，《清单计价规范》只是一个标准，除非双方当事人明确约定全部适用、全部引用，否则它对于当事人是不产生效力的，不能够直接用来作为裁判依据。

3. 案例：《清单计价规范》不能作为裁判依据

最后，通过一则案例看一看《清单计价规范》的法律效力。本案双方约定的施工对象为安置房。安置房一定是由国有资金投资建设的，因此按照《清单计价规范》的强制性标准，本工程应当采用清单计价模式。但是，双方在合同中还约定：“承包范围：图纸内容，包工包料……合同价款：3,566,472元、650元/m^2。”由此可以看出，当事人对该项目采用的是单方计价的模式，这与工程量清单计价完全不同，因此应当认为本工程违反了《清单计价规范》的相关强制性标准。最终结算过程中，承包人由此提出，涉案施工合同中关于工程价款的约定应系无效约定,工程价款应全部按定额计算。但是,法院在判决中认为,涉案施工合同是发承包双方经过招投标后签订的,其中关于工程价款的约定应系双方真实意思表示。虽然没有采用工程量清单计价,与《清单计价规范》的规定不符,但违反该规范之规定的行为应由有关建设行政主管部门处理,并不能因此确认合同约定价款无效。因此,对于承包人的该项主张,法院不予支持。这一判决结果与笔者前文所讲的内容是一致的,《清单计价规范》作为一种管理性标准,没有法律、法规等规范性文件相当的法律效力,如果违反,并不会导致合同无效的法律后果,最多需要接受行政部门的处罚。《民法典》第10条规定:"处理民事纠纷,应当依照法律;法律没有规定的,可以适用习惯,但是不得违背公序良俗。"对于该条款中所谓的"法律",应当被限制性的解释为法律、行政法规以及地方性法规,即使是部门规章和地方政府规章也仅能作为裁判的参考,不能作为裁判的依据。因此,《清单计价规范》也绝对不能被援引作为裁判的依据。

LESSON

24

第二十四讲

财政审计

1. 财政审计的效力

财政审计是工程造价实务中,发承包双方产生造价争议的主要原因之一。这一点也比较容易理解,因为审计人员的立场、观点和发承包双方都有所不同。审计人员一方面要保护财政拨款,监督财政拨款的流向,使财政拨款得到合理的使用;另一方面因财政审计人员本身如未起到应有的监督作用就需要承担一定责任,所以对于发承包双方有争议的部分,或者说对于模棱两可的部分,审计人员更倾向于采取审减的手段。因此,一旦有了财政审计的介入,对于这一部分的工程价款,就容易引起造价争议。前几年,包括北京、上海等在内的多个地区曾以文件形式规定,要求以财政审计的结论作为发承包双方之间竣工结算的依据。但是读者们始终要弄清审计结论的法律性质。最高人民法院在《关于建设工程承包合同案件中双方当事人已确认的工程决算价款与审计部门审计的工程决算价款不一致时如何适用法律问题的电话答复意见》中规定:“审计是国家对建设单位的一种行政监督,不影响建设单位与承建单位的合同效力。”由此可以认识到,行政审计是从行政管理角度对财政资金进行监督的一种措施。如果出现财政审计结论与发承包双方自愿达成的结算金额不一致的情形,还是应当遵循当事人的意思自治,以当事人约定或者最终签订的结算协议作为工程价款的确定依据。因此,人民法院在审理该类涉及审计的合同纠纷时,还是要以当事人的约定作为最终的裁判依据。当然,最高人民法院在答复意见的最后还规定了例外情况:“只有在合同明确约定以审计结论作为结算依据或者合同约定不明确、合同约定无效的情况下,才能将审计结论作为判决的依据。”根据该条但书,如果发承包双方已经共同委托第三方的造价咨询单位出具造价咨询意见,那么这一咨询意见和审计意见具有同样的法律效力,法院就可以依据双方的约定将咨询意见作为结算工程款的最终依据。另外,四川省高级人民法院在《关于审理建设工程施工合同纠纷案件若干疑难问题的解答》中还规定了一种例外情况:“当事人在合同中明确约定工程价款以政府审计部门审付结果作为结算依据,并约定了审计时间,在合同约定的审计时间内非因承包人原因未作出审计结论,或虽未约定审计时间,经承包人催告,发包人未在合理期限内送达政府审计部门审计的,承包人主张按照双方签章确认的送审结算价结算工程价款的,可予支持。”也就是说,如果审计机关未能在约定时间内作出审计结论,承包人也可以据此突破审计的束缚。

需要读者们思考的是,如果审计结论出现了非常明显的错误,那么还能够以财政审计作为最终的结算依据吗?此时承包人应当如何保证自己的权利在审计过程中不会受到侵害呢?《全国民事审判工作会议纪要》第49条规定:“合同约定以审计机关出具的审计意见作为工程价款结算依据的,应当遵循当事人缔约本意,将合同约定的工程价款结算依据确定为真实有效的审计结论。承包人提供证据证明审计机关的审计意见具有不真实、不客观情形,人民法院可以准许当事人补充鉴定、重新质证或者补充质证等方法纠正审计意见存在的缺陷。上述方法不能解决的,应当准许当事人申请对工程造价进行鉴定。”第一,如果双方已经约定了以审计机关的审计意见作为结算依据,那么就要遵循当事人的缔约本意,除非有例外情形,否则不能轻易判定约定无效。第二,审计结论应被推定为真实、准确。只有承包人提供的证据能够证明审计意见存在不真实不客观的情况,才允许双方当事人对审计意见进行补充鉴定、重新质证、补充质证等,以纠正审计意见中存在的上述缺陷。所以能够看出,人民法院是将审计意见作为一种证据来使用的。既然是证据,就应当允许双方当事人对它的合法性、真实性、关联性进行充分的质证,发表充分的质证意见。在质证环节中,懂造价的律师和不懂造价的律师之间,对于证据三性所做的质证是完全不同的,这一点也是懂工程的律师所具有的优势。当然,这里谈到的补充鉴定、重新质证、补充质证仅仅是针对审计意见有缺陷的情况下所采取的补救措施。如果通过补充鉴定、重新质证、补充质证还不能得到有效救济,那么也是允许双方当事人重新申请对工程造价进行鉴定的。在审计意见存在一些根本性错误的情况下,如对计价原则的认定有问题,可以重新进行造价鉴定。

由此再联想一下,在诉讼过程中委托鉴定机构作出的鉴定报告法律效力如何?最高人民法院《关于民事诉讼证据的若干规定》第40条规定:“当事人申请重新鉴定,存在下列情形之一的,人民法院应当准许:(一)鉴定人不具备相应资格的;(二)鉴定程序严重违法的;(三)鉴定意见明显依据不足的;(四)鉴定意见不能作为证据使用的其他情形。”第一,所谓“鉴定人不具备相应资格”,指的是造价咨询机构超越自身的资质等级承揽鉴定业务。《工程造价咨询企业管理办法》规定:“工程造价咨询企业应当依法取得工程造价咨询企业资质,并在其资质等级许可的范围内从事工程造价咨询活动。”有些地区可能允许仅取得司法鉴定资格证书的机构进行造价鉴定,但笔者认为,这是不规范的。工程造价鉴定必然涉及造价咨询方面的问题,是需要一定的专业度的。造价咨询机构的资质是考核其专业度的根本性标准,如果没有建设行政主管部门颁发的造价咨询资质,只有司法部门给予的司法鉴定资格,还不足以进行造价鉴定。因此,如果鉴定人没有相应资格却从事鉴定工作,法院应当准许重新鉴定。第二,鉴定程序严重违法,也可以申请重新鉴定。比如,在鉴定过程中,鉴定机构超越权限,对证据的三性发表了意见,并且作为自己鉴定的依据,那就属于程序违法的情形。要知道签证作为一项证据,其效力应当由人民法院来认定。只有人民法院认定某份签证可以作为工程结算的依据之后,才交由鉴定机构按照相应的标准来计算该份签证对应的工程款。还有一种情况是法院对某份签证的效力暂时不表态,由鉴定机构按照有效和无效两种情形,分别给出造价意见。第三,鉴定意见明显依据不足的,如双方约定按照固定总价结算,可鉴定机构执意按照当地的定额进行结算,法院也应当准许当事人的重新鉴定申请。第四,还有其他应当允许重新鉴定的情形。总结一下,对于不真实的鉴定结论,人民法院应当按照其缺陷程度进行纠正,如果仅有轻微瑕疵,可以通过补充鉴定、重新质证、补充质证来解决;但是如果存在以上所说的四种较为严重的情形,是可以允许当事人进行重新鉴定的。

2. 案例:审计结论能否作为裁判依据视具体情况而定

通过案例看一看审计结论对工程造价的影响。本案由市审计局对工程进行了就地审计,并且形成了最终的审计结论。审计结论载明工程总造价 265 万元,但是核减金额高达到 228 万元。也就是说,案涉工程原先的造价应该是将近 500 万元,但是审计局核减了半数,核减的原因主要是取消了农民工投工投劳费用和施工企业的计划利润。审计局的理由是当地有文件表明该工程采取的是农民义务投工投劳,因此,施工过程中不会产生人工费;再加上本工程是国家的重点工程,所以不应当计取施工企业利润。读者们乍一听一定会感觉不可思议,怎么会有这种理由?但是现实中,不管审计机关出于什么目的,确实作出了这种非常荒谬的审计结论。另外,法院还查明,本项目审计人员陈某在审计过程中存在受贿行为,并受到刑事处罚。为此,法院在审理过程中,针对陈某受贿行为是否影响审计结论真实性等问题,与审计机关进行交换意见,要求其重新审计或对审计结论进行复核。但是审计机关没有给出实质性答复,仅以书面说明解释审计结论合法,并持肯定态度。由此可以看出,本案的审计机关在案件审理过程中起到了非常不好的阻碍作用,充当了麻烦制造者的角色。法院在判决中认为,案涉工程是以国家投资为主的民生工程,在当地具有一定的特殊性,按照相关政策,原则上应当适用审计结论作为发承包双方结算工程价款的依据。尽管审计人员陈某在审计工作中承担着较为重要的作用,但却实施了受贿行为,且检察机关也以陈某的受贿行为提起了抗诉,在审计机关未作出实质性结论的情况下,不能消除因审计人员受贿而影响审计结论真实性的合理性怀疑,因此不能采取审计结论。

但是要知道,并不是所有的承包人都有这样的好运气。现实中更多的情况是,审计结论形成之后,法院直接据以作为裁判依据。因此建议承包人最好能够在发承包合同当中明确约定,承包人有权参与整个审计过程,如果审计结论存在不真实、不准确的问题,承包人有权保留异议。笔者相信在工程价款结算过程中,这样的约定对于承包人而言是非常有利的。

LESSON

25

第二十五讲

工程垫资与垫资利息

1. 垫资的概念

这一讲是有关工程垫资。如果项目由承包人垫资，则建设单位的资金压力会比较小。《施工合同司法解释一》第25条第1款规定："当事人对垫资和垫资利息有约定，承包人请求按照约定返还垫资及其利息的，人民法院应予支持，但是约定的利息计算标准高于垫资时的同类贷款利率或者同期贷款市场报价利率的部分除外。"该条款确定了工程垫资有效原则，也就是说，如果当事人对垫资有约定，那么法院也承认垫资条款的效力。进一步说，在双方约定了垫资的情况下，如果承包人不垫资，就应当认为构成违约行为。一般理解垫资本质上其实是迟延支付进度款的意思，说的是发包人可以暂时不安排预付款，进度款也可以等到某一施工节点，如结构封顶之后或是竣工验收合格之后再行支付。《民法典》第799条规定："建设工程竣工后，发包人应当根据施工图纸及说明书、国家颁发的施工验收规范和质量检验标准及时进行验收。验收合格的，发包人应当按照约定支付价款，并接收该建设工程。"对于该条文，有两点需要注意。第一，发包人支付工程款的前提条件是工程经过竣工验收合格。第二，发承包人的履行行为具有先后顺序，承包人完成工程在先，其后发包人才支付工程款。所以，从民法的角度来看，发包人不安排进度款的支付，有其一定的法律基础。

在实践中，地方人民政府、建设行政主管部门等对于工程中的垫资，或者说建设单位资金不到位的情形是深恶痛绝的。因为这样容易发生拖欠农民工工资的情况，引起非常不好的社会效果。因此，很多地方就禁止垫资，如《湖南省建设工程合同备案管理实施细则》明确规定："合同备案机关在合同备案过程中，发现合同存在下列情形时，应一次性提出书面修改意见，责令申请单位改正：……合同中含有带资、垫资及建设单位暂时资金不能到位，由承包人负责筹措资金的条款。"所以尽管《施工合同司法解释一》第25条确定了垫资有效的原则，但是地方政府对于垫资行为还是有所防范。

2. 垫资利息

接下来对垫资利息要有更进一步的理解。《施工合同司法解释一》第 25 条对垫资利息分别从正、反两个方面作出了明确的规定。在正的这一方面,如果双方当事人对垫资利息有约定,正如第 1 款所规定,承包人是可以请求按照约定来返还垫资利息的,也就意味着垫资利息的约定合法有效。反方面,《施工合同司法解释一》第 25 条第 2 款、第 3 款还规定:"当事人对垫资没有约定的,按照工程欠款处理。当事人对垫资利息没有约定,承包人请求支付利息的,人民法院不予支持。"正常的工程欠款会产生相应的利息,且条文规定对于垫资按照欠款处理,但在没有约定垫资利息的情况下,承包人依然不能请求支付垫资利息。简单来说,垫资利息必须有明确约定,没有约定就是没有。律师在起草诉状时,就不能想当然认为,既然有一笔资金的占用,且占用已经经过一段时间,那么就应当产生相应的占用费用,这是完全错误的。对于垫资利息一定要有其合同依据,如果没有合同依据,就没有相应的利息,这是绝对的。另外,需要注意的是,即使双方当事人对垫资利息有约定,司法解释还规定约定的利息计算标准高于垫资时的同类贷款利率或者同期贷款市场报价利率的部分除外。这也就意味着承包人只能主张贷款利率以下部分的利息。所以能够看出,人民法院对垫资行为采取的是一种包容的态度,但是绝对不鼓励。

还需要区分一下垫资和工程借款。先来看一下工程借款的法律效力。当承包人将一笔款项借给了发包人,同时签订了借款协议,那么借款协议具有何种法律效力?实际上这一点在最高人民法院《关于审理民间借贷案件适用法律若干问题的规定》中已经给出了非常明确和具体的规定。其中第 10 条规定:"法人之间、非法人组织之间以及它们相互之间为生产、经营需要订立的民间借贷合同,除存在民法典第一百四十六条、第一百五十三条、第一百五十四条以及本规定第十三条规定的情形外,当事人主张民间借贷合同有效的,人民法院应予支持。"所以承包人借款给发包人的借款协议,原则上是有效的。条款中提到的《民法典》第 146 条、第 153 条以及第 154 条,规定的是一般情形下合同无效的几种类型。而本规定第 13 条,规定的是民间借贷合同无效的几种情形,包括套取金融机构贷款转贷;以向其他营利法人借贷、向本单位职工集资,或者以向公众非法吸收存款等方式取得的资金转贷;未依法取得放贷资格的出借人,以营利为目的向社会不特定对象提供借款等。所以承包人与发包人之间签订的借款合同,如果不存在相应的违法行为,就应当认定为合法有效的合同。

3. 案例:垫资与工程计价

最后,通过案例看一看实践中当事人对垫资的理解。本案合同约定本项目的工程建设全部由承包人垫资施工,工程结算按照08定额计价,在总的工程造价基础上上浮6%,作为发包人对承包人垫资施工的补偿。6%的上浮理解为一种工程计价方式就可以,它是一种合法有效的约定。结算时双方就垫资补偿款的支付发生争议。

法院在审理过程中查明,本案的承包人在合同履行过程中,既没有按期完成封顶义务和竣工义务,也没有进行全部的垫资施工。从案涉补充协议载明的内容看出,承包人在施工过程中使用了发包人融资款等款项进行施工,也就是承包人并未全面履行了垫资施工的义务。最后法院就判决,应当以承包人实际垫资的款项为基础,以6%为系数计算其应当获得的垫资施工补偿款,才符合当事人的真实意思,才公平合理。因此,法院在确定最终的结算依据时,要考虑承包人实际垫资的金额,要把发包人支付的进度款、预付款等款项全部扣除后再行计算,这样才公平。

LESSON 26

第二十六讲

法律法规的变化

1. 法律法规变化的含义

在前几讲中,读者们了解了固定总价、综合单价和清单计价的概念以及各自的要点,这几类计价方法实际上都是合同订立阶段所确定的一种计价安排。在接下来几讲的内容中,笔者将要介绍的是合同履行过程中可能出现的需要调整价格的因素以及相应价格调整的方法。其中第一个要讲解的就是法律法规的变化。实践中,对于法律法规的变化,当事人容易对法律法规的范围产生争议。以下就从三个条文的角度来逐一解读一下。

第一,《建筑工程施工发包与承包计价管理办法》第 14 条规定:"发承包双方应当在合同中约定,发生下列情形时合同价款的调整方法:(一)法律、法规、规章或者国家有关政策变化影响合同价款的。"在前面的学习中,我们知道 16 号令第 13 条规定了总价合同、单价合同以及成本加酬金三种计价方法,而第 14 条规定的调价因素对以上三种价格形式都能适用。该条款鼓励双方在合同当中明确约定,在出现法律、法规、规章变化时合同价款需要作何调整的具体方法。如果双方没有约定,是否还要调整呢? 笔者认为,也应当进行调价。因为法律法规的变化,无论对于承包人还是发包人,都属于不可预见的一种情形,有些地区甚至将法律法规列为一种不可抗力,所以当出现法律法规变化时,是一定要进行价格调整的。那么再进一步解读一下,条文中所谓法律指的是全国人大及其常委会制定的法律;所谓法规既包括国务院制定的行政法规,也包括地方人大制定的地方性法规;所谓规章既包括部门规章,也包括地方政府规章。以上三项内容的范围非常明确,至于什么叫国家有关政策,实践中就有非常大的争议。有些人会认为,各个省份建设行政主管部门或者下属的造价管理机构所颁布的调价文件属于国家有关政策,这一点显然是错误的,具体原因后文还会详细探究。

第二,看一下《清单计价规范》中的相关规定:"由于下列因素出现,影响合同价款调整的,应当由发包人承担:1　国家法律、法规、规章和政策发生变化。"按照《清单计价规范》的要求,一旦法律、法规等变化影响合同价款时,就应当由发包人承担,不需要双方另行约定。因此,如果双方在合同当中明确约定采用

《清单计价规范》中的所有条文作为调整合同的依据，那么就可以直接引用《清单计价规范》来调整合同价格。

第三，看《施工合同示范文本》对于“法律”这两个字的定义。《施工合同示范文本》中也有法律变化时应当调整合同价格的规定，通用条款第 1.3 款规定：“合同所称法律是指中华人民共和国法律、行政法规、部门规章，以及工程所在地的地方性法规、自治条例、单行条例和地方政府规章等。”由此可以看出，《施工合同示范文本》中最小级别的法律就是部门规章以及地方政府规章，并不包含国家有关政策，当然也并未排除合同当事人在专用条款中约定适用其他的规范性文件。笔者认为，《施工合同示范文本》将国家有关政策从法律的范围中剔除的做法是非常必要的，起草小组的理念可以说走在了 16 号令的前面。为什么政策变化不适宜作为引起合同价款调整的因素之一呢？实际上，16 号令以及《清单计价规范》对国家政策的理解与《民法通则》（已废止）中的国家政策含义最为接近，《民法通则》（已失效）第 6 条规定：“民事活动必须遵守法律，法律没有规定的，应当遵守国家政策。”但是，在《民法典》的制定过程中，已经删除了这一条款，其中第 10 条规定：“处理民事纠纷，应当依照法律；法律没有规定的，可以适用习惯，但是不得违背公序良俗。”即我国现行民法的法律渊源仅仅包括法律和习惯两种，国家政策不再是处理民事纠纷的依据。至于实践中很多当事人对国家政策的理解，更是超出了法律渊源的范畴。有人认为各省份建设行政主管部门颁布的文件属于国家政策，甚至也有人认为造价管理机构颁布的调价文件也属于国家政策，那么依据这些文件就要对合同价款进行调整。对于这种误解，要从“国家政策”这四个字本身来理解。所谓国家政策，一定指的是由国家所制定的政策，国务院可以代表国家颁布相关政策，但是造价管理机构和建设行政主管部门所颁布的一系列调价文件，绝对不可以解读成为一种国家政策。当然，既然谈到《民法典》第 10 条，就要清楚该条文中的“法律”是否也仅指全国人大及其常委会制定的法律吗？当然不是。这里的“法律”，应当参考最高人民法院《关于裁判文书引用法律、法规等规范性法律文件的规定》第 4 条的规定：“民事裁判文书应当引用法律、法律解释或者司法解释，对于应当适用的行政法规、地方性法规或者自治条例和单行条例，可以直接引用。”也就是说，法律还应当包括全国人大常委会所作的法律解释以及最高人民法院和最高人民检察院对某些特定问题所作的司法解释。至于地方建设行政主管部门发布的文件，当然不足以成为裁判的依据,法院不能以文件中规定的构成要件和法律后果直接进行司法裁判,否则会导致法律适用的严重错误。所以,在处理造价争议时,要对国家政策的含义保持清醒的认识,国家政策仅仅是指由国家制定、颁布的政策。地方造价管理机构和建设行政主管部门所发布的“政策”一般不会导致合同价款的调整。

法律、法规的变化如何影响合同价款,直接来看《施工合同示范文本》第11.2款:“基准日期后,法律变化导致承包人在合同履行过程中所需要的费用发生除第11.1款〔市场价格波动引起的调整〕约定以外的增加时,由发包人承担由此增加的费用;减少时,应从合同价格中予以扣减。”实践中有关法律、法规变化最典型的例子,就是《劳动法》的修改。当时的中国仍是实行每周六天的工作制,直到《劳动法》的修改,才将每周六个工作日减为每周五个工作日。由此产生的问题是,按照法律修改前的制度,周六当天是正常工作日,公司仅需支付基本工资;可法律修改后,周六调整为法定休息日,如果当天工人照常上班,公司需要另外支付一笔加班费用。因此,对于额外增加的人工费,合同价格就需要调整。实际上,因法律法规的变化导致合同价格调整的情形并不多,主要是引起规费或者税金的变化。读者们只要记住在法律法规发生变化时,可以对合同价款进行调整就足够了。《施工合同示范文本》第11.2款还规定了一种例外情形,就是市场价格波动引起的调整,如果法律法规变化导致市场价格波动,当事人不能依据法律法规变化直接主张价款调整,而是需要依据合同中对市场价格波动调整合同价款对约定进行调整。第11.2款将所有的市场价格波动排除在法律、法规变化引起的调整之外,由此就认识到法律法规的变化和市场价格波动的变化,是两条腿是两条路,各走各的。在考虑具体问题时,就不能将两者混淆在一起。一般情况下,市场价格波动超过当事人约定的范围时,合同价格应当调整,主要有两种调整方法:一种是按照价格指数进行调整,另一种是按照造价信息进行调整。

另外,谈到法律法规的变化,就不得不介绍基准日的概念。基准日是什么意思?在基准日这一天之前,如果法律法规已经变化,那么承包人就应当对法律法规的变化有所认识与了解,据此调整自己的投标策略。但是,如果法律法规的变化发生在基准日之后,由于这种变化是承包人在投标报价时无法预料到的,因此基准日后法律法规变化产生的调价风险,应当由发包人承担。有关基准日的规定,在《清单计价规范》和《施工合同示范文本》中基本相同。《清单计价规范》第9.2.1条规定:“招标工程以投标截止日前28天、非招标工程以合同签订前28天为基准日。”具体还是要以合同约定为准。

最后,《施工合同示范文本》第11.2款还规定:“因承包人原因造成工期延误,在工期延误期间出现法律变化的,由此增加的费用和(或)延误的工期由承包人承担。”这是显而易见的规则,称为违约者不受益。联想一下,《民法典》第590条第2款规定:“当事人迟延履行后发生不可抗力的,不免除其违约责任。”两者是相同的法律效果。《民法典》第513条规定:“执行政府定价或者政府指导价的,在合同约定的交付期限内政府价格调整时,按照交付时的价格计价。逾期交付标的物的,遇价格上涨时,按照原价格执行;价格下降时,按照新价格执行。逾期提取标的物或者逾期付款的,遇价格上涨时,按照新价格执行;价格下降时,按照原价格执行。”这都体现了违约者不受益的原则。

2. 案例:建设主管部门的调价文件不属于国家政策

最后,通过一则案例看一看各方主体对于国家政策的理解。本案施工过程中,陕西省建设主管部门发布了调价文件,将人工费由36元/工日调整为42元/工日。同时调价文件规定:如果合同约定执行国家的调价政策,那么就应当按照文件执行新的计价依据;合同未约定或约定不明的,是否调整及调整幅度由合同双方自由协商。由此可以看出,建设主管部门认为,自己发布的该份文件属于国家政策,在合同约定执行国家政策的条件下,当事人必须适用。实际上这是一种自我论证,属于对国家政策含义的错误理解。通过前面的解读,读者们已经知道,建设主管部门发布的文件不是国家政策。该份调价文件对国家政策作了一种扩大解释,应当认为是无效的解释。当然,本案有趣的点在于,案涉施工合同确实约定了合同价款的调整因素包含国家的有关政策变化。法院在审理过程中还查明,双方当事人在合同履行过程中形成过一份专题会议纪要。会议纪要的内容比较复杂,总而言之,就是双方约定人工费由20.31元调整为36元。因此,发承包双方在最终结算阶段,就人工费调整的问题发生了争议。承包人认为应当按照建设主管部门的文件进行调整合同价款,而发包人主张执行专题会议纪要记载的内容。

对于这一问题，笔者认为，如果从国家政策角度去考虑是否调价，那么双方当事人都是走入了误区。实际上，《施工合同示范文本》第11.1款“市场价格波动引起的调整”部分明确说明，建设主管部门发布的人工费价格信息当然可以适用于合同价格调整。因此，无须按照国家政策来理解。法院在判决中表示，虽然人工费根据合同通用条款的约定，应当执行国家的调价政策，但当事人在国家调价政策发布后，又以会议纪要的形式对人工费进行了明确约定，因此应当根据当事人意思自治的原则，按照双方的约定计价，而不应再执行陕西省的调价文件。

所以能够看出，尽管判决结果是正确的，但人民法院对于国家调价政策的理解也是有误区的。国家调价政策在本案当中根本不适用。陕西省建设主管部门所发布的调价文件，不是国家调价政策，它只是各省份对于本地区造价信息的定期公布。本案双方形成的会议纪要，其效力高于各省份所发布的调价规定，体现了民法中的自愿原则。也就是说，当事人双方依照应当依法自愿的订立合同，任何单位和个人不得非法干预。

笔者希望各位读者通过这个案子，能够熟悉《施工合同示范文本》对于价格调整的约定。在专用条款没有对通用条款进行修改的情况下，可以直接按照各个省份建设行政主管部门所发布的调价文件进行调差。

LESSON 27

第二十七讲

工程变更

1. 工程变更的概念

从上一讲开始,本书将会围绕16号令第14条规定的调价因素逐一进行讲解。也就是考察合同履行过程中,有哪些因素的出现会对合同价款产生影响?前面已经介绍了法律法规的变化,这一讲继续解读工程中经常出现的另一情形,叫作工程变更。实际上工程变更的范围非常宽泛,在《清单计价规范》中,甚至包含工程量清单的错项、漏项。本书将错项、漏项作为另外两种单独的调价情形,还会在后面作深入讲解。对于工程变更,读者们要对其具体的内涵有非常准确的认识。因为一旦发生某种属于工程变更的情形,就可以进行变更索赔了。

首先需要了解工程变更的定义。《清单计价规范》第2.0.16条规定:"工程变更是指合同工程实施过程中由发包人提出或由承包人提出经发包人批准的合同工程任何一项工作的增、减、取消或施工工艺、顺序、时间的改变;设计图纸的修改;施工条件的改变;招标工程量清单的错、漏从而引起合同条件的改变或工程量的增减变化。"定义中有两点值得注意。第一,工程变更产生的原因一定在发包人。项目建设过程中,既可能是发包人基于某些功能上的考虑或者投资策略上的考虑直接进行的变更;也可能是承包人在按图施工的过程中,发现图纸上的某一部分可以进行更为优化的设计,因此提出一些合理化的建议,但承包人没有直接修改图纸的权利,需要向发包人提出,经发包人确认后才能委托设计单位重新作出设计。所以工程变更的产生一定是发包人的原因。第二,工程变更的具体内容,包括工作项目的增加、减少、取消,施工工艺、顺序时间内容的改变,以及设计图纸的修改,施工条件的改变等。这是《清单计价规范》对于工程变更的定义,而《施工合同示范文本》的规定更为明确:"除专用合同条款另有约定外,合同履行过程中发生以下情形的,应按照本条约定进行变更:(1)增加或减少合同中任何工作,或追加额外的工作;(2)取消合同中任何工作,但转由他人实施的工作除外;(3)改变合同中任何工作的质量标准或其他特性;(4)改变工程的基线、标高、位置和尺寸;(5)改变工程的时间安排或实施顺序。"其中,需要注意的是,取消合同任一工作内容也属于变更,但转由他人实施的除外。也就是说,如果发包人将本来属于承包人的某一项工作拿了出来,属于正常的变更;但是发包人把工作拿出来之后,转交给了第三人进行施工,这种情形就不再称为变更了,应当认为构成一种违约行为。如果是变更,承包人按变更索赔的程序走,但如构成违约行为,承包人就要按照追究违约责任的方法走,两者之间有着严格区分。所以各位读者在看到取消某一项工作时,首先要判断究竟是变更还是违约。只有精准地理解了变更的定义,才能在具体的变更情形发生时迅速定位,把握自己调价的权利。

对法律人来说,需要对工程变更有更高层次的认识。读者们可以试着想想,当发包人提出某一项工程变更的指令时,承包人有没有拒绝的权利?对于这一问题,首先会联想到《民法典》第 543 条"当事人协商一致,可以变更合同"。这是否就意味着,在施工过程中,如果承包人拒绝发包人的变更指令,双方就应当按照原来的约定继续履行呢?答案是否定的。工程变更实际上是发包人的单方变更权。《施工合同示范文本》第 10.2 款明确约定:"发包人和监理人均可以提出变更。变更指示均通过监理人发出,监理人发出变更指示前应征得发包人同意。承包人收到经发包人签认的变更指示后,方可实施变更。未经许可,承包人不得擅自对工程的任何部分进行变更。"由此可以看出,工程变更都是由发包人单方决定并作出的。发包人一旦发出变更指令,承包人必须执行。但《民法典》第 136 条第 2 款还规定:"行为人非依法律规定或者未经对方同意,不得擅自变更或者解除民事法律行为。"此时就要考虑发包人的变更权来源于哪里?首先,就是刚刚谈到的《施工合同示范文本》第 10.2 款,赋予了发包人单方变更的权利。其次,还要认识到《民法典》对承揽合同的定义,本身就蕴含了一种单方变更权的意思。《民法典》第 770 条规定:"承揽合同是承揽人按照定作人的要求完成工作,交付工作成果,定作人支付报酬的合同。"其中,定作人的要求既包含了定作人在合同签订之前的要求,反映在施工合同当中就是设计图纸;也包含了定作人在履行过程中的要求,在定作时可以向承揽人提出单方变更。因此,既然承揽人是按照定作人的要求完成工作,就应当接受定作人即发包人的单方变更指令,按照具体的要求完成新的工作。承包人不得以发包人的变更要求并未经过自己同意而拒绝执行变更的指令。

当然,承包人在完成新的工作之后,就要及时进行变更索赔,按照法律规定或合同约定的程序提出价款增加的要求和主张。但是,实践中承包人就这一点做得并不好。这其中有法律制度方面的原因,制度本身对承包人的变更索赔提出了相对较高的要求。承包人在进行变更索赔时应按照合同约定及时主张权利,并提供相应的证据资料证明变更事实的存在。《民法典》第 544 条规定:“当事人对合同变更的内容约定不明确的,推定为未变更。”也就是说,如果承包人没有及时地主张权利,没有及时地签订补充协议或是签证,最后到了法庭,在承包人没有证据证明变更发生的情况下,法院就会推定为合同未变更,承包人就没有要求加价的权利了。另外,《清单计价规范》第 9.1.2 条关于合同价款调整的第一部分,也开宗明义地规定:“出现合同价款调增事项(不含工程量偏差、计日工、现场签证、索赔)后的 14 天内,承包人应向发包人提交合同价款调增报告并附上相关资料;承包人在 14 天内未提交合同价款调增报告的,应视为承包人对该事项不存在调整价款请求。”其中有关逾期失权的内容,规定的后果是比较严重的。承包人本身什么也不做,没有主动地发出任何意思表示,在法律上应被定义为沉默。《民法典》第 140 条规定:“沉默只有在有法律规定、当事人约定或者符合当事人之间的交易习惯时,才可以视为意思表示。”《清单计价规范》就将承包人的沉默作为一种逾期失权的意思表示。因此,如果双方当事人在合同中约定适用《清单计价规范》中的所有条款,那么承包人在合同价款调整事项出现后的 14 天内没有主张权利,后续基本上就失去了调整价款的请求权。即使到了法庭之上,笔者相信,法官也不会跳出合同约定来支持承包人加价的请求。

2. 变更估价三原则

在工程变更发生之后,如增加了某些工程,或者是设计图纸的变更产生了工作内容的变化,那么发承包双方就需要对变化的这一部分工程进行重新的价格确认。很多读者可能会认为,这不是承包人狠狠地“敲竹杠”的好机会吗?实际上这种想法是错误的,因为施工合同对于工程变更之后单价如何进行确定的问题,是有一套明确且非常成熟的规矩的,称为变更估价三原则。所有的发承包人都应当按照合同当中所列明的价格确定方法来确定新的单价。本书之前简单介绍过什么叫作变更估价,这里需要就变更估价三原则作更深入的讲解。首先需要了解变更估价程序的问题。《施工合同示范文本》第 10.4.2 项规定:“承包人应在收到变更指示后 14 天内,向监理人提交变更估价申请。监理人应在收到承包人提交的变更估价申请后7天内审查完毕并报送发包人，监理人对变更估价申请有异议，通知承包人修改后重新提交。发包人应在承包人提交变更估价申请后14天内审批完毕。发包人逾期未完成审批或未提出异议的，视为认可承包人提交的变更估价申请。”由此可以看到，合同对于发包人也规定了逾期失权的条款，在逾期没有完成审批或没有提出异议的，就应当视为同意承包人提交的变更估价申请。律师在具体的施工合同全过程法律服务过程中一定要对变更估价条款具有清醒的认识。对于采用示范文本签订合同的项目，既然合同通用条款部分包含了这样的约定，如果专用条款部分没有作特别的额外约定，那么在发生工程变更的情况时，承包人只需立刻提出变更申请，无须担心发包人拒不答复或者逾期答复。即使发包人没有答复，法院也会以承包人提交的变更估价申请作为最终的结算依据。

以上是有关程序的问题。接着再来看变更估价三原则的具体内容，这一点在《清单计价规范》和《施工合同示范文本》中略有不同。本书以《施工合同示范文本》为例，其中第10.4.1项规定：“除专用合同条款另有约定外，变更估价按照本款约定处理：(1)已标价工程量清单或预算书有相同项目的，按照相同项目单价认定；(2)已标价工程量清单或预算书中无相同项目，但有类似项目的，参照类似项目的单价认定；(3)变更导致实际完成的变更工程量与已标价工程量清单或预算书中列明的该项目工程量的变化幅度超过15%的，或已标价工程量清单或预算书中无相同项目及类似项目单价的，按照合理的成本与利润构成的原则，由合同当事人按照第4.4款〔商定或确定〕确定变更工作的单价。”首先，如果变更的内容和清单中某一项工作的性质相同，包括图纸的尺寸、施工工艺、方法、材质甚至施工条件完全相同，就应当直接以相同的清单单价来确定。其次，退一步说，如果在清单中没有找到完全相同的项目，但是在已标价工程量清单或预算书当中有类似项目的，可以按照类似项目进行新的单价认定。所谓类似项目，可能是两个项目之间只有材质不同，但是施工方法、施工环境以及人工、材料消耗量仍是一样的。比较典型的例子就是，两个项目只有使用的钢筋混凝土型号不同，实际使用的是C25，但清单中原有的项目使用的是C20，这样的情形就属于类似项目，可以参照着进行单价的确定。最后，既没有相同也没有相似怎么办？《施工合同示范文本》确定应按第4.4款的约定处理：“合同当事人进行商定或确定时，总监理工程师应当会同合同当事人尽量通过协商达成一致,不能达成一致的,由总监理工程师按照合同约定审慎做出公正的确定。总监理工程师应将确定以书面形式通知发包人和承包人,并附详细依据。合同当事人对总监理工程师的确定没有异议的,按照总监理工程师的确定执行。任何一方合同当事人有异议,按照第20条〔争议解决〕约定处理。争议解决前,合同当事人暂按总监理工程师的确定执行;争议解决后,争议解决的结果与总监理工程师的确定不一致的,按照争议解决的结果执行,由此造成的损失由责任人承担。”双方尽量协商,在协商不成时,由监理工程师进行暂时的指定,不要耽误工作的进行。如果双方当事人仍有异议,如对监理工程师所确定的价格不满意,最终就按照争议解决条款来解决。所以变更估价三原则就可以简单地理解为:有相同按相同,无相同按相似,既无相同也无相似,按照双方的商定或确定来进行。

在讲工程变更时,可能很多读者潜意识里会认为,只有在工程实体随着设计图纸的变化而发生变化时,才需要进行变更估价。但是,工程价款不仅仅由分部分项工程这些实体项目的费用组成,还包括措施项目费用,在措施项目变更时同样需要变更估价。本书前面在讲措施项目费时,谈到了措施项目费的计取依据也可以是施工组织设计或施工方案,因此工程变更就有可能导致施工方案发生变化,从而引起措施项目费的变化。所以,读者们要认识到,变更估价不仅仅适用于分部分项工程,还适用于措施项目工程。只不过在对措施项目的变更进行索赔时,需要多考虑一点,那就是在工程完工之后,诸如脚手架、降水工程等措施项目都已经拆除,因此事后的举证是非常困难的。所以从管理角度来说,为了避免双方额外产生有关措施项目费变更的纠纷,需要作特殊的安排。《清单计价规范》第9.3.2条规定:“工程变更引起施工方案改变并使措施项目发生变化时,承包人提出调整措施项目费的,应事先将拟实施的方案提交发包人确认,并应详细说明与原方案措施项目相比的变化情况。拟实施的方案经发承包双方确认后执行……如果承包人未事先将拟实施的方案提交给发包人确认,则应视为工程变更不引起措施项目费的调整或承包人放弃调整措施项目费的权利。”正是基于措施项目费事后难以举证这一特点,《清单计价规范》就要求双方对于引起措施项目费变化的施工方案进行提前的确认,只有确认之后才能够进行变更估价。另外,还需要读者们注意的一点是,措施项目可以分单价的项目和总价的项目,对于单价这一部分,变更估价三原则正常适用,就是有相同按相同，无相同按相似，既无相同也无相似，按照双方的商定或确定来进行；而对于总价的措施项目费，《清单计价规范》要求承包人在报新的措施项目费时，还要考虑投标时的下浮率。比如，招投标时的招标控制价是 100 万元，承包人的中标价是 90 万元，相当于对招标控制价下浮了 10%，或者说折扣率是九折。所以承包人在变更估价时，对于调整金额的计算也要作同样的下浮处理。以上就是对措施项目费变更估价的一些基本方法。

3. 工程量的变更

读者们应该能感受到，变更估价三原则仅能够用来解决价如何确定的问题，那么在工程发生变更之后，工程量又要怎么计算？实际上，价和量是两个完全不同的体系。《清单计价规范》第 8.2.2 条规定："施工中进行工程计量，当发现招标工程量清单中出现缺项、工程量偏差，或因工程变更引起工程量增减时，应按承包人在履行合同义务中完成的工程量计算。"对于采用清单计价模式的合同来说，不管工程怎么变，只要按照最终完成的工作进行计量就可以了，这是非常重要的原则。本书后面还会讲到项目特征不符、工程量清单缺项、工程量偏差等，都要遵循按实计量的原则。当然，按实计量适用于清单计价模式。在总价合同中，《清单计价规范》第 8.3.2 条规定："采用经审定批准的施工图纸及其预算方式发包形成的总价合同，除按照工程变更规定的工程量增减外，总价合同各项目的工程量应为承包人用于结算的最终工程量。"也就是说，作为施工图总价合同，施工图所对应的全部工程量就是总价的对应范围，原则上只要图纸不变，总价也就不变，合同工程量也不会发生变化。条款中规定的例外情形也很好理解，如果总价项目之外发生了工程变更，等于图纸发生了变化，那么总价对应的范围也会发生相应的变化，此时就需要对总价范围之外发生的工程变更进行重新计量。《施工合同司法解释一》对于施工图总价计价模式也作了同样的规定，其中第 19 条第 2 款规定："因设计变更导致建设工程的工程量或者质量标准发生变化，当事人对该部分工程价款不能协商一致的，可以参照签订建设工程施工合同时当地建设行政主管部门发布的计价方法或者计价标准结算工程价款。"因此，对于施工图总价合同，在发生设计变更时，对于变更部分的工程量也要进行计量。由此，我们就对清单计价模式与总价模式下的工程量变更作了区分:清单计价模式之下,无论是什么原因导致工程量发生变化,都要按照按实计量的原则重新确定工程量;对于总价合同,发生工程变更时,项目施工图纸范围内不再做工程量的计量,而在图纸范围之外,因为变更引起的工程量变化就要重新计算。

4. 工程变更与违约行为

讲到这里,希望读者们对于工程变更有两个清醒的认识。第一,要充分理解变更估价三原则。在发生工程变更之后需要确定新的单价,而这种确定单价的方法叫作变更估价三原则。变更估价三原则的应用范围是非常广泛的。本书后面还会讲到其他调整合同价款的情形或原因,在计价时都要回过头来应用变更估价三原则。第二,要严格地区分工程变更和违约行为。工程的体量通常都非常巨大,背后牵涉的利益也十分复杂。以笔者接触过的案子为例,有发包人将已经发包出去的工程,又重新转交给自己的熟人来做。此时作为承包人的律师,一定要及时明确提出发包人的行为已经构成违约。既然施工合同没有将取消工作转由他人来做的行为定义为变更,发包人对此就不享有单方变更权,所以承包人当然可以拒绝这项"变更"。《施工合同示范文本》第 10.1 款约定:"除专用合同条款另有约定外,合同履行过程中发生以下情形的,应按照本条约定进行变更:……(2)取消合同中任何工作,但转由他人实施的工作除外。"第 16.1.1 项还约定:"在合同履行过程中发生的下列情形,属于发包人违约:……(3)发包人违反第 10.1 款〔变更的范围〕第(2)项约定,自行实施被取消的工作或转由他人实施的。"因此,承包人对于发包人擅自变更的违约行为,应当追究其违约责任。承包人可以主张的范围包括实际造成的损失和预期可得利益损失。实践中,作为律师可以通过向发包人发送函件或者律师函的方式,明确告诉发包人,不同意其在取消承包人某项工作后又转交给他人施工的做法。如果发包人仍拒绝改正其违约行为,承包人一方就可以以函件形式提出要求承担违约责任的主张。笔者相信,在日后的诉讼过程当中,这样的一份主张对承包人是十分有利的,不会让法官产生双方已经就合同变更协商一致的错误认识。律师的价值就体现在这里。

最后还要区分违约行为和索赔的区别。《清单计价规范》第 9.3.3 条明确规定:“当发包人提出的工程变更因非承包人原因删减了合同中的某项原定工作或工程,致使承包人发生的费用或(和)得到的收益不能被包括在其他已支付或应支付的项目中,也未被包含在任何替代的工作或工程中时,承包人有权提出并应得到合理的费用及利润补偿。”《清单计价规范》本身不是合同,因此该条款规定的应是索赔而非违约责任。对于索赔,承包人必须按照约定的程序行使索赔权利,否则很有可能丧失索赔的权利。在索赔事件发生之后 28 天内,如果承包人没有提出索赔意向书就会失去索赔的权利。另外,承包人如果接受了所谓的支付证书,也会丧失之前的全部索赔权利。因此,索赔本身的规则非常严格,而违约责任则不会受到索赔期限的束缚。

5. 案例:对发包人违约行为的正确处理方式

最后,通过案子看一看当发包人实施了某一违约行为之后,承包人如果没有处理得非常得当,是如何丧失预期可得利益损失的。本案合同当中明确约定,承包人的承包范围包含 5、6、7、8、15、16、17、18、19、20 号楼的土建工程和安装工程。但是,在施工过程中,发包人单独地将 16 号楼与 20 号楼的土建和水电工程发包给了案外的第三人。本案的承包人在发现这一情况后,向发包人发送了一份非常莫名其妙的函件,内容是同意发包人将工程发包给案外人,但是要求发包人将相关的费用退还。这样的说法实际上并不妥当。作为承包人的律师,首先要在回函中明确表示不同意发包人的单独发包行为,其次确认发包人的行为构成违约行为,最后再声明不会放弃追究发包人违约责任的相关权利。如果函件中能有这样的表述,至少就不会在日后的诉讼环节处于非常不利的地位。本案法院在审理中查明,承包人以函件的形式要求发包人赔偿 16 号楼与 20 号楼 8% 的预期收益损失。但法院认为根据《民法典》第 543 条“当事人协商一致,可以变更合同”的规定,本案应当视为双方对施工合同内容的变更,也即双方对于发包人将 16 号楼与 20 号楼发包给案外人重建达成了一致意见。既然双方达成了补充协议,就意味着发包人的行为不再是违约,承包人也无权获得 8% 的预期收益损失。由此可以明显看出,本案承包人一方的律师没有理解工程变更与违约责任的区别,不知道发包人取消承包人的某项工作后,转交给第三人施工已经构成了违约行为,应当承担违约责任。

因为这一点确实比较重要,所以再来看一个案例。本案施工合同约定承包人的承包范围包括一个中央空调项目,但是发包人在合同签订之后擅自支解合同,将案涉中央空调工程发包给了另外一家单位施工。因此,在诉讼过程中,承包人就提出发包人的行为构成违约,应当赔偿相应的管理费、利润、规费和税金。笔者在这里先不谈承包人主张的费用组成正确与否,我们这里关注但重点是承包人在施工过程中,有没有聘请律师提出过构成违约等相应主张。法院在判决中写明,虽然通用条款部分约定非因承包人的原因删减了原定工作,致使承包人产生损失时,承包人是可以求偿的。但是,双方在合同当中还设置了索赔条款,约定承包人应当在索赔事件发生后的 14 天向造价或监理单位提出索赔意向书,并抄送给发包人。如果承包人没有按照合同约定的方式提出主张,则无权获得索赔。因此,法院判决承包人的主张于法无据,无权获得补偿。由此可以看出,本案法院将请求承担违约责任定义为索赔,实际上并不准确。但是,诉讼环节对于这样的判决大多情况下也是没有办法,因为甚至是很多法官对于是违约还是索赔都始终没有清晰的认识。但如果按照前文所说的方法,在施工全过程法律服务过程中,能够及时地提出主张,向发包人适时地发送两份律师函,那真是一两页纸就值几百万了。所以说关于索赔和违约责任这一点,笔者希望各位能够明确认识到,可以按照违约责任追究发包人的违约责任,然后获得预期可得利益损失的补偿。

LESSON 28

第二十八讲

项目特征不符

1. 项目特征的概念

这一讲要介绍的调价情形叫作项目特征不符。什么是项目特征?《清单计价规范》第2.0.7条规定:“项目特征是指构成分部分项工程项目、措施项目自身价值的本质特征。”招标人在拿到图纸之后进行招标,首先要做的就是编制工程量清单。招标工程量清单中可能有成百上千个项目,其中两两之间一定存在细微的差别。对于此项目和彼项目之间的区分,就要用文字详细描述出来。那么招标人在编制招标工程量清单时,项目特征是如何确定的?《乌鲁木齐市工程量清单计价实施细则》对此规定得较为清楚,其中第16条规定:“招标工程量清单的项目特征应根据规范、施工图纸、标准图集,结合工程的实际情况,按照工程结构、使用材质及规格或安装位置构成分部分项工程项目、措施项目自身价值的本质特征等,予以详细表述和说明,并且与设计要求、施工规范相吻合。”编制工程量清单,实际上就是将施工图纸翻译成文字描述的过程。图纸中所记载的包括具体的施工方法、施工材料等内容,都要如实反映在招标工程量清单文件的项目特征中。到了投标阶段,《清单计价规范》第6.2.3条还规定:“分部分项工程和措施项目中的单价项目,应根据招标文件和招标工程量清单项目中的特征描述确定综合单价计算。”因此,特征描述不但是区分招标工程量清单中各项目的标准,而且更重要的意义在于特征描述还是投标人报价的依据。投标人在按照清单进行报价时,即使存在某些图纸与清单内容不符的情况,除非提出异议,否则就要严格按照清单中项目特征的描述进行报价。但在实际施工过程中,承包人就不可能还按照清单中的特征描述进行施工,而是要牢牢把握《建筑法》第58条所规定的按图纸施工这一根本原则,根据图纸确定的位置、标高、挖土方量、混凝土浇筑量等内容进行施工。因此,承包人在施工过程中就有可能发现图纸与清单中的项目特征描述存在不相符合的情况,由此就能理解什么叫作项目特征不符。

2. 项目特征不符的责任承担

笔者想要问的是，这样一种特征描述与图纸不符的责任，应当由谁来承担？《清单计价规范》第4.1.2条规定："招标工程量清单必须作为招标文件的组成部分，其准确性和完整性应由招标人负责。"这是一条以黑体字标志的强制性条文，意思是一旦出现因特征描述不符导致损失的情况，都是由招标人来负责。所以，招标人对于清单编制的正确与否，有其必要的审查义务，实践中招标人可以聘请比较高质量的造价咨询单位来协助进行清单的编制。那么承包人有无义务去审查招标人提供的图纸呢？当然没有，因为承包人在投标报价时，投标的对象并不是施工图，而是工程量清单。在合同无特别约定的前提下，投标人根据工程量清单的特征描述所定义的每个项目，报出自己的综合单价，因此无须对施工图纸进行审查。浙江省《关于规范建设工程施工招标文件计价条款的指导意见》规定："在编制工程量清单时，招标人应对项目特征进行准确和全面的描述，不应出现'清单中虽未描述但在设计图纸中已明确的工程内容视作已包含在投标人相应的综合单价内'等类似表述。"举例来说，图纸要求使用某种高价材料，但是在招标人编制的清单中显示的是另一种价格较低的材料，就构成项目特征不符。投标人显然还是按照清单中描述的低价材料进行投标报价。此时承包人以低价中标，发包人却在施工过程中以图纸中已明确该工程内容为由，要求承包人按照图纸使用高价材料，明显不公平。浙江省这一规定就要求招标人要对清单的项目特征描述的准确性和完整性负责，不得要求承包人来承担责任。当然，如果招标人执意进行审查，也很难从法律效力层面对其行为进行评判。但是，笔者仍然建议，即使有的投标人对施工图的理解可能比发包人或者造价咨询单位更加准确，但是也无须自己承担下审查的责任，双方可以在合同中约定给投标人充足的时间，要求投标人对图纸进行审查，如果有异议，可以在投标阶段提出异议，这样的安排才是比较合理的，事后不至于产生太大的纠纷。笔者想要提醒大家的是，管理者的思维和法律人的思维是不一样的，管理者要考虑的是如何才能推进工程目标的实现，使目标实现的过程更为顺畅、更加切合实际。如果双方能够作出这样的约定，笔者相信日后就不会产生太大的纠纷。

再看《江西省建设工程计价管理办法》中的一项规定："当出现招标文件分部分项工程量清单项目的特征描述与设计图纸不符时，应以工程量清单项目的特征描述为准。"这就意味着，投标人在投标时发现了图纸中有错误，但是没有一个投标人提出澄清答疑举措，那么所有投标人就仍要按照错误的清单进行投标报价。因为最终确定中标人的平台还是统一、公平的，只要在实际履行过程中进行变更就可以了。所以说即使是错误的清单，也要"错误"地投标。这也体现了项目特征描述不符，应当由发包人承担责任这一层面的意思。

至于实际履行过程中发现项目特征不符的情况，应该怎么处理呢？举例来说，有承包人按照施工图纸施工完毕，在找监理确认施工内容时发现清单描述与自己的施工内容不一致。此时也就意味着承包人实际施工过程当中产生了新的计价项目，双方就需要对承包人实际完成的新的项目进行计价。虽然这些施工内容没有体现在清单中，但是它体现在图纸当中，而承包人又恰恰是按图施工，所以对于承包人实际完成的工程量，发包人总归要支付对价。由于项目特征不符，清单中的单价没有适用的余地，双方就需要进行二次的单价确定。《清单计价规范》第 9.4.2 条规定："承包人应按照发包人提供的设计图纸实施合同工程，若在合同履行期间出现设计图纸（含设计变更）与招标工程量清单任一项目的特征描述不符，且该变化引起该项目工程造价增减变化的，应按照实际施工的项目特征，按本规范第 9.3 节相关条款的规定重新确定相应工程量清单项目的综合单价，并调整合同价款。"这就又回到上一讲所说的变更估价原则，就是有相同按相同，无相同按相似，既无相同也无相似，那就通过双方协商确定新的单价。简单来说，出现项目特征不符时，应当进行综合单价的二次确定，发包人需要对承包人实际的工程量进行计量，得到新的增加的或变化的工程价款。

Lesson 28

3. 案例：项目特征描述不符的责任应当由招标人承担

最后，通过案例看一看承包人是否也要对项目特征的准确性负责。尽管本书一再强调，招标人应当对清单的准确性和完整性负责，但是，实践中，有非常多的发包人会利用自身优势地位，要求承包人承诺由承包人对清单的准确性和完整性负责。实际上，从法律的角度几乎没有办法根据任何强制性的规定来否决此种承诺的效力。再加上很多法官本身工作繁忙,没有时间专门学习建设工程或者说工程造价,不具备造价的相关知识,因此实践中对此有各种各样的判法。本案法院已经查明发生纠纷的主要原因是清单的项目特征描述不符。法院在判决中认为,由于承包人在施工期间不够深入、仔细地研究项目特征,并且在施工完成之后,没有按照《清单计价规范》的规定,与发包人重新确定单价,也未提出追加工程价款的请求,因此导致审计部门对增加的造价未纳入审计。最后法院为了避免利益失衡,遵循公平原则,由发包人就增加的工程造价给予承包人 70% 的补偿。由此可以看到,这是把公平原则作为裁判依据的一种法律适用方法。但是公平原则真的就能够直接作为最终的裁判依据吗?有句俗语说得好,公平原则是个筐,什么都往里面装。实践中就有这样的情况。从工程量清单项目特征描述不符的角度看,本案承包人已经施工完毕,现在的争议应当是单价如何确定的问题。但是,承包人已施工的工程量是客观存在的,凭什么只给 70% 的补偿?所以,笔者认为,本案判决本身是有一定问题的。不过读者们无须对本案判决耿耿于怀,只要通过这一讲能够对项目特征描述不符的定义及其产生的原因有清晰的认识,以及记住项目特征不符的责任应当由招标人也就是发包人来承担也就足够了,今后从事律师工作时足以说服法官。

LESSON

29

第二十九讲

工程量清单缺项

1. 清单缺项的定义

前两讲已经讲解了工程变更以及项目特征描述不符这两种调价情形,其中重点介绍的项目特征描述不符,分析了项目特征不符产生的原因及后果,因为招标人在将图纸翻译成清单的过程中出现了错误,所以要对新的项目按照变更估价原则进行重新计价。理解以上内容对于本讲学习工程量清单缺项是非常有帮助的,因为二者在产生原因及具体的单价确定规则上并无本质区别。

工程量清单缺项,在有些文件或是场合中也会被叫作清单漏项,两者实际上指的都是一回事,只是表述不同而已。什么叫工程量清单缺、漏项?北京市《关于执行〈建设工程工程量清单计价规范〉(GB 50500－2008)若干意见的通知》第2条规定:“漏项是指在合同承包范围内的工作内容,且计价规范中有单独列项的要求,或按计价规范要求应当单独列项,但工程量清单中没有单独列项的项目。”简单来说,就是清单中漏掉了某些应有的项目。在实践中,招标人从设计单位处拿到图纸之后,可能会选择交给专业造价咨询单位,请他们去编制招标工程量清单。但现在很多造价咨询单位的情况是,由造价员来具体操作实际的编制工作,至于那些经验更为丰富的造价工程师,不再插手此类繁杂的工作。所以,在翻译的过程中,就有可能将图纸里应当单独列项的某些项目给漏掉了。招标人在拿到这样一份清单之后,直接用于公开招标。所有的投标人在投标时,并不会去看招标人提供的清单与图纸相比有无遗漏或是描述不符。投标人只会按照招标人在清单中列明的项目及其特征描述进行投标报价。在确定中标人之后,承包人也就是中标人即开始施工。施工过程中,如承包人在完成桩基工程之后,需要找监理工程师将打桩的数量确定下来,要求业主代表对实际完成的工作进行计价。此时承包人在核对工程量清单时才发现,清单中并没有工程桩这一项目,因此在结算时容易产生纠纷。承包人完成某项工作,发包人显然应当支付相应的对价。《清单计价规范》第8.2.2条规定:“施工中进行工程计量,当发现招标工程量清单中出现缺项、工程量偏差,或因工程变更引起工程量增减时,应按承包人在履行合同义务中完成的工程量计算。”这一条款在上一讲介绍项目特征不符时也反复强调过,就是施工过程中发现项目特征不符或是清单缺项的情形时,应当按实计量。因此,承包人实际打了多少根桩,发包人就要给承包人多少根桩的钱。但是,双方现在对每一根桩子的单价还没有统一的约定,因为清单中没有这一项,所以需要单独对漏项的单价进行确定。由此,工程量清单缺项也被分为量如何计算的问题和价如何确定的问题,这就是工程量清单缺项的具体概念。

2. 清单缺项的责任

首先需要明确,清单缺项是发包人的责任。从招标工程量清单的编制过程也可以看出,缺项本来就是发包人在编制招标工程量清单时犯的错误,没有理由要求承包人承担这一缺项的责任。回想一下,《清单计价规范》中有一项强制性条文,规定的是招标人应当对招标工程量清单的准确性和完整性负责。这也就意味着,在发现清单缺项之后,发包人应当将工程量按实计算给承包人。但是,在实践中,很多发包人通过合同的特别约定,或者是专门设置免责条款,把漏项的责任转嫁给承包人。这样的做法尽管在民法层面可能缺乏相关规定的管制,但是要知道《清单计价规范》已经经过了多年的实践,各地方政府的建设行政主管部门对于这一问题早已形成了非常准确的认识,也出台了不少针对发包人规避漏项责任的相关条款。以下就通过三个条文来解读一下。第一,《辽宁省建设工程结算有关问题的解释》在"工程量清单的编制"部分谈道:"投标人没有对招标人提供的工程量清单核对的义务,也无权更改工程量清单的内容。由于工程量清单漏项所发生的费用由招标人负责。"该条款的意思非常明确,说的是投标人在投标时,只需按照招标人所提供的招标工程量清单进行投标报价,根本不用考虑施工图纸当中所描述的内容与清单中的内容是否一一对应。所以在这种条件下,当出现工程量清单漏项的问题时,如果承包人已经按照图纸实际完成了相关工作,发包人就应当把相应价款结算给承包人。第二,《四川省建设工程合同备案管理办法》第 16 条也规定:"施工类合同中不得有以下内容:……(六)实行工程量清单招标的工程,设置承包人承担工程量清单错项、漏项及工程量计算错误等非承包人原因风险的条款。"有的发包人认为,漏项应当作为一种风险,已经包含在投标人的投标的综合单价中。但是,本书在讲风险费用时也介绍过,综合单价中的风险仅指的是市场价格波动的风险。因此发包人如果想把清单漏项的风险转移给承包人，实践中还有一种做法是在专用条款部分单独约定将清单漏项的风险纳入风险范围之内，同时支付风险对价。如果合同中有这样的约定，投标人就有动力去审查施工图和清单是否一一对应。实际上，发包人通过上述风险范围的约定转嫁漏项责任的做法，也是为各个地方建设行政主管部门所明确禁止的。第三，《湖南省建设工程合同备案管理实施细则》还规定了发包人转嫁漏项责任时，承包人得以维权的途径："合同备案机关在合同备案过程中，发现合同存在下列情形时，应一次性提出书面修改意见，责令申请单位改正：……12. 合同含有工程量清单错项、漏项、计算错误责任要承包人承担的条款。"如果读者们恰好有在湖南省执业，在具体工作中碰到合同需要承包人承担清单漏项责任的情形，就可以向合同备案机关投诉，在合同备案环节就把这一不公平的合同条款纠正过来。因为一旦进入诉讼环节，很难再通过民法中的某一条款，去否认漏项责任由承包人承担这一约定的效力。这一结论也在大量的诉讼实践中得到了验证。有的法院试图通过公平原则合理分配双方的权利义务，但要知道，作为一个律师，想要用公平原则去说服法官维护承包人的利益，其实是有很大难度的。综上所述，清单缺项是发包人的责任，承包人不应当承担缺项的损失。

3. 清单缺项的处理

通过以上分析，读者们应该已经能够意识到，无论合同采取的是单价模式还是总价模式，在发现工程量存在遗漏时，都要将这部分工程量如实计算给承包人，这是根本原则。至于如何确定该部分工程量的单价，就要用到之前反复讲过的变更估价原则。《清单计价规范》将工程量清单缺项分为三种情况。首先，第 9.5.1 条规定："合同履行期间，由于招标工程量清单中缺项，新增分部分项工程清单项目的，应按照本规范第 9.3.1 条的规定确定单价，并调整合同价款。"对于新增的分部分项工程，应当执行变更估价原则，即有相同按相同，无相同按类似，既无相同也无类似，双方通过协商确定新增工程的单价。其次，第 9.5.2 条规定："新增分部分项工程清单项目后，引起措施项目发生变化的，应按照本规范第 9.3.2 条的规定，在承包人提交的实施方案被发包人批准后调整合同价款。"也就是说，当新增项目引起措施项目发生变化时，也要适用变更估价三原则。但更重要的是,在确定新的措施项目时,一定要提前将施工方案交给发包人确认。如果承包人没有事先将施工方案提交给发包人,那么就视为该漏项不会引起措施项目费的变化。这也是基于措施项目费在发生之后就无法再行复原的特性所作的规定。因其事后难以举证,所以从管理者的角度,要求措施项目费在发生之后需要通过一定方式得到发包人的确认,才更为公平合理。最后,第 9.5.3 条规定:“由于招标工程量清单中措施项目缺项,承包人应将新增措施项目实施方案提交发包人批准后,按照本规范第 9.3.1 条、第 9.3.2 条的规定调整合同价款。”如果招标人在编制工程量清单时就遗漏了某些措施项目,那么还是按照变更估价原则,在承包人将施工方案提交发包人批准后确定新增项目的单价。

对于实践中的这一问题,可以重点看一下重庆市高级人民法院《关于建设工程造价鉴定若干问题的解答》。应当说,在目前看到的各高级人民法院对造价问题的理解中,重庆市高级人民法院是理解得最为透彻的。其中第 11 条规定:“固定单价合同中,工程量清单载明的工程以及工程量清单的漏项工程、变更工程均应根据合同约定的固定单价或根据合同约定确定的单价确定工程造价;工程量清单外的新增工程,合同有约定的从其约定,未作约定的,参照工程所在地的建设工程定额及相关配套文件计价。”所谓“有约定按约定”,指的是《施工合同示范文本》通用条款部分约定的变更估价三原则。如果合同对于新增工程如何确定单价没有约定,那就参照工程所在地建设行政主管部门的定额进行计算。这也呼应了《施工合同司法解释一》第 19 条所规定的“因设计变更导致建设工程的工程量或者质量标准发生变化,当事人对该部分工程价款不能协商一致的,可以参照签订建设工程施工合同时当地建设行政主管部门发布的计价方法或者计价标准结算工程价款”。简言之,在发生工程量清单缺项的情况时,对于新增项目的单价可以按照变更估价三原则或是合同漏洞填补规则来确定。

4. 案例:清单缺项时仍要按实计量

前面已经对清单缺项产生的原因作了非常透彻的分析,读者们应该能够认识到问题的根源在于招标人在编制招标工程量清单时没有把图纸中的全部内容如实反映在清单中。因此,承包人在施工过程中按照图纸实际完成的全部内容,发包人都应当按实计量,支付对价。

但我们还是经常能看到,由于甲方的造价人员不懂法律或者说律师不懂造价,就会在合同中约定各种莫名其妙的条款。本案双方在合同风险范围部分约定,双方认可的工程量清单中,由于承包人漏报的项目不予调整。双方直到结算时发现,本案图纸当中包含了一项叫作高强螺栓的项目,但招标工程量清单中没有体现,因此双方产生争议。发包人认为因为合同当中已经约定了承包人的责任,所以对于高强螺栓,就不应再行计价。承包人当然主张按实结算,否则将会违反公平原则。最后法院在判决中认为,在双方签订合同时所附的工程量清单中确实不含高强螺栓,但在之后发包人向承包人提供的施工图纸中包含此项,承包人在实际施工中亦包含有此项目,且此项目并非承包人原因漏报的项目,因此对于高强螺栓仍应按实计价。可以看出,法官是从合同约定出发来解决清单缺项的问题。实际上,本案合同条款本身在法律的技术上约定得并不十分清楚。发包人试图将审查清单缺项的义务转嫁给承包人,原意是发包人在招标之前将图纸给到承包人,承包人对图纸就有相应的审查义务,如果承包人直到合同签订前都没有对清单项目提出异议,应当视为所有的漏项已经包含在其综合单价之中,即使后续实际施工也不再额外计价。但是,本案合同对此约定得并不清晰。笔者已经一再强调清单缺项的情况下,工程量仍要按实结算,所以本案的法院还是作出了比较正确的判决,将实际已经完成的项目对应的价款计算给了承包人。

通过这个案子读者们就能认识到,对于工程量清单缺项本身,要解决的是缺项之后单价如何确定的问题;但是,在实践中,发承包双方并没有走到这一步,大部分的纠纷还是围绕在工程量是否应当计算给承包人这一层面。通过这一讲的学习,律师读者们在遇到类似纠纷时,只要在法庭上把清单缺项产生的原因传达给法官,笔者相信法官是能够被专业律师说服的。

LESSON
30

第三十讲

工程量偏差

1. 工程量偏差的概念

对于首次接触造价的律师,不要先入为主地对“偏差”这两个字作出一种道德上的负面评价。偏差并不一定就是某一方的过错,实际上只是一种非常中性的客观情况。试想一下,招标工程量清单可能会有成百上千个项目,由于造价咨询机构编制人员的水平或者编制方法、编制顺序等多方面的影响,就有可能出现其中几项、十几项甚至几十项的工程量与实际发生的工作量不相符的情况,这是很正常的现象。

带着这种认识,我们看一下工程量偏差的定义。《清单计价规范》第2.0.17条规定:“工程量偏差是指承包人按照合同工程的图纸(含经发包人批准由承包人提供的图纸)实施,按照现行国家计量规范规定的工程量计算规则计算得到的完成合同工程项目应予计量的工程量与相应的招标工程量清单项目列出的工程量之间出现的量差。”比如,招标工程量清单中某一项目的工程量是100,但是承包人实际完成的量达到101、116甚至1100,无论工程量是增加了1个单位,还是16个单位、1000个单位,都叫作工程量偏差。只不过区别在于,当某一项目的增量达到非常大的规模时,需要额外考虑该项目的单价是否要做单独的调整。各位读者从生活经验中就能认识到,如在市场上购买任何一种商品,当购买的量非常大时,商家总归要给你更便宜一点的价格。所以,工程量偏差解决的就是这类量和价之间相关性的问题。换个角度考虑,招投标环节中,当投标人发现某些项目存在工程量偏差的问题,他就一定会采取一种对自己更为有利的投标策略。举例来说,假设有一教学楼项目,投标人发现在招标人提供的清单中,网线只列了100米,而实际的教学楼网线可能需要10,000米。到了实际施工阶段,中标人一定还是按照10,000米进行施工,由此就会产生9900米的增量。读者可以代入投标人的身份去想一下,此时对于清单中100米的网线,应当报低价格还是报高价格?一定是高价格。假设网线原来是1元/米,投标人报了101元/米,单价相对提高了100元,再与实际增加的工程量9900米相乘,就会得到非常高的超额利润,这样的做法就叫作不平衡报价。不平衡报价是相对通常的正常报价而言的,指的是在工程项目的投标总价确定后,根据招标文件的付款条件，在不抬高总价以免影响中标的前提下，合理地调整投标文件中子项目的报价，使其能够赢得更多利润的一种投标报价方法。不平衡报价是合法有效的投标策略，且很多大型机构，包括大型的国有企业或建工集团，同样也会采取不平衡报价作为一种主要的投标方式。当然，不平衡报价仅适用于单价合同，对于施工图总价，不存在不平衡报价的问题，因为承包人是直接根据施工图所列明的所有工作量进行施工的。通过以上内容，读者们就从正反两个方面认识到，工程量偏差会引起量和价之间的相关调整，而不平衡报价就是投标人在实际发现工程量偏差之后所采取的一种有效的投标策略。

2. 工程量偏差的处理

前文已经提到，工程量偏差的计量原则就是按实计量，无论承包人完成的工程量是 101，还是 116、1100，发包人都要按照实际完成的工作进行计量。这一点在《清单计价规范》中也有体现，其中第 8.2.2 条规定："施工中进行工程计量，当发现招标工程量清单中出现缺项、工程量偏差，或因工程变更引起工程量增减时，应按承包人在履行合同义务中完成的工程量计算。"这也是清单计价模式之下，一直在强调的按实计量原则。但是，笔者还需要提醒各位读者的是，很多人根据该条款会误解为因为工程量存在偏差，所以需要按实计量，这是不对的。实际上该条款表达的是工程量偏差是按实计量的逻辑结果，而不是相反。承包人秉持按实计量的原则对工程量进行比对时，发现实际完成的工程量与清单所示存在差异，这种差异叫作工程量偏差。

《清单计价规范》明确规定，招标工程量清单的准确性和完整性应由招标人负责，但是，在实践中，很多发包人还是意图将工程量偏差的责任转嫁给承包人。工程量清单中某一项目记载的工程量为 100，而承包人实际完成了 1000 的工程量，如果对于多出的 900 单位的工程量还要求承包人承担，这显然不公平。这一点在浙江省有明确的禁止性条文，《关于规范建设工程施工招标文件计价条款的指导意见》规定："单价合同的工程量计量风险应由发包人承担，工程量按照承包人完成合同工程应予计量的工程量确定，不应出现'结算时实际完成工程量与招标清单工程量偏差达到多少幅度方能调整'等类似表述。"举例来说，清单中某项工作内容的工程量是 100，但是双方约定工程量偏差 3% 的幅度范围之内不调整工程总价。因此,如果承包人实际完成了 102 的工程量,对于增加的 2 个单位的工程量,发包人就不予计量;只有当工程量偏差超过 3%,即实际工程量可能达到 104,发包人才会对超出 103 部分的 1 个单位的工程量进行计算。这样的条款在装修合同当中经常遇到,这种约定实际上违背了《清单计价规范》按实计量的根本原则,是一种不规范的做法。该约定虽然违背了清单计价规范当中的强制性条文,但是《清单计价规范》属于强制性国家标准,违反其并不会导致合同无效。

因此,对于工程量偏差,要探讨的重点绝对不是工程量如何计算,而是当工程量的变化超过一定幅度,增量部分的单价如何确定的问题。投标人对于工程量分别为 100 与 10,000 的同一项目,基于利润的考量,一定会采取不同的报价方式。所以,当工程量偏差达到一定幅度,就会对单价产生巨大的影响。对此,《清单计价规范》第 9.6.2 条规定:"对于任一招标工程量清单项目,当因本节规定的工程量偏差和第 9.3 节规定的工程变更等原因导致工程量偏差超过 15% 时,可进行调整。当工程量增加 15% 以上时,增加部分的工程量的综合单价应予调低;当工程量减少 15% 以上时,减少后剩余部分的工程量的综合单价应予调高。"继续前面举过的例子,招标工程量清单显示的工程量是 100,实际完成的工程量是 102,对于增加的这 2 个单位的工程量,是否需要执行新的单价?显然不需要,因为承包人当时投标的单价中就有可能包含了一定范围之内的工程量偏差,所以说尽管增加了 2 个单位的工程量,还是按照原先已经确定的单价进行结算。但是,当承包人实际完成的工程量达到了 116、120,工程量变更的幅度超过了 15% 的范围,对于增量部分,就需要对其综合单价,参考之前的投标报价予以适当的降低。当出现更极端一点的情况,承包人实际完成的工程量达到 1115,相对于清单中显示的工程量涨幅远远超过 15%,应当怎么处理?同样地,在 15% 的范围之内,综合单价保持不变;对于超过 15% 的部分即 1000 单位的增量,发承包双方应当另行确定新的单价,予以适当调低。所以在处理工程量增加的问题时就要记住,在 15% 的偏差范围之内,价格是不变的;超出 15% 以外的部分,才需对单价予以适当的调低。同理,工程量减少也要遵循 15% 的调整规则。比如有一项目在清单中的工程量为 100,但是承包人完工后发现实际工程量只有 60,此时偏差幅度已经超过了 15%,即工程量已经减少到 85 以下。承包人在招投标阶段确定的单价是按照 100 个单位的工程量填报的,但实际工程量远远不足,因此,对于承包人分摊在100个单位中的利润,理应得到补偿。具体做法就是工程量减少超过15%的部分应适当调高其综合单价。

至于如何调整单价,《清单计价规范》目前没有具体的规则。可以联系《施工合同示范文本》第10.4款变更估价原则第3款:"变更导致实际完成的变更工程量与已标价工程量清单或预算书中列明的该项目工程量的变化幅度超过15%的,或已标价工程量清单或预算书中无相同项目及类似项目单价的,按照合理的成本与利润构成的原则,由合同当事人按照第4.4款〔商定或确定〕确定变更工作的单价。"因此,还是按照商定确定最终的单价,即先暂时由监理工程师进行指定,双方按照指定的价格进行阶段性的进度款结算。如果双方对于指定的价格仍有异议,最后再通过诉讼手段解决。

3. 案例:工程量偏差的两种情形

最后,通过案子看一看工程量偏差所产生的争议。本案发承包双方在合同中约定:本工程实际施工工程量与招标投标中最终确定的清单工程量变化在15%以内时,不调整分部分项综合单价,15%以外部分重新确定综合单价,按现行定额、价目表及工程对应类别取费标准计算。实际上,该条款前半部分工程量变化幅度在15%范围以内的综合单价不变,超过15%以外部分重新确定综合单价的约定还是比较合理的,与本书前面介绍的工程量偏差的处理方式一致。但是,该条款最后一句补充说明,对综合单价的确定按照现行的定额、价目表、取费标准执行。这就意味着无论工程量是增加还是减少超过一定幅度,都要按照定额来组价。对定额稍微有些认识的读者们应该知道,按照定额组成的新单价一定会比投标报价时的单价高很多。这样就会导致,承包人实际完成的工程量增加,发包人反而要对此支付更高额的单价;承包人实际完成的工程量减少,发包人同样需要支付高额的单价,对发包人极其不公平。由此也能看出,当时审查案涉施工合同的律师完全不懂造价,以至于犯了非常致命的错误。到了最终结算阶段,双方发现实际施工工程量较清单工程量明显减少。发包人认为合同约定的15%以外部分重新确定综合单价,指的是只有在工程量增加时,才需要对增量超过15%部分进行综合单价的调整,而在工程量减少时,不需要重新进行组价。显然发包人的这种主张不会得到法院支持。最后法院在判决中确认,既然双方约定了上述条款,无论是工程量增加超过15%,还是工程量减少超过15%,都要执行新的单价,至于按照定额确定单价是发承包双方对于变量部分重新进行计价的合法有效约定,最后也就应当按照定额重新组成的新单价进行结算。

本案告诉我们,在对工程量偏差有关条款进行审查时,要注意工程量偏差对单价的影响是有两个方向的:工程量增加超过一定幅度时需要降低单价,而在工程量减少超过一定幅度时需要适当的提高单价。这一讲工程量偏差就介绍到这里,希望读者对其产生的原因、工程量按实结算的原则以及价格调整的两个方向有所认识。

LESSON 31

第三十一讲

赶工费

1. 赶工费的概念

建设工程施工合同有三大目标，分别是质量、价款和工期。所以工期会成为承包人一项重要的合同义务。建设工程施工合同纠纷，往往是承包人提起诉讼，要求发包人支付足额工程价款；同时发包人也会提起反诉，要求承包人支付逾期竣工违约金。实际上，对于发包人而言，追究承包人的工期违约责任是相对比较简单的，只需要证明合同约定的总工期是多长，以及案涉工程实际开竣工时间分别是哪一天，如果实际总工期超过了合同约定的总工期，那就可以追究逾期竣工的违约责任。对于发包人的反诉，承包人就需要举证证明工期存在顺延，举证行为实际就是抗辩。承包人可能会拿出签证、会议纪要、工程监理记录等证据来对抗发包人的主张。但实践中，承包人对于工期顺延在证据保留上做得比较不足，很多时候没有任何证据可以证明双方发生过工期顺延，可能只是口头上的一个约定。所以承包人还是要加强工期顺延的签证管理。

既然承包人逾期竣工可能产生相应的违约责任，那么提前竣工是否也会有相应的奖励呢？答案是有的，这里的奖励实际上就是这一讲要介绍的赶工费。首先来看一下赶工费的计取依据。第一种是合同工期。《清单计价规范》第9.11.2条规定："发包人要求合同工程提前竣工的，应征得承包人同意后与承包人商定采取加快工程进度的措施，并应修订合同工程进度计划。发包人应承担承包人由此增加的提前竣工（赶工补偿）费用。"对于发包人要求提前竣工，应当从合同变更的角度去理解。《民法典》第543条规定："当事人协商一致，可以变更合同。"合同工期本身作为一种约定，如果双方合意缩减工期，应当视为对合同的变更。但是，发包人有没有单方变更工期的单方变更权？显然没有。所以双方还是需要协商一致，才能够产生工期缩短的效果。此时承包人就可以提出，由于发包人要求提前竣工，承包人为此就必须采取一些特殊的措施以加快工程进度。对于因此产生的必要费用，发包人也应当给予相应的补偿，该笔补偿款就称为赶工费。赶工费的第二种计取依据是定额工期。定额除了消耗量定额，还有工期定额。工期定额是招投标环节，招标人制订施工方案、设置工期目标以及拟定工期条款的重要依据。《清单计价规范》第9.11.1条规定："招标人应依据相关工程的工期定额合理计算工期,压缩的工期天数不得超过定额工期的20%,超过者,应在招标文件中明示增加赶工费用。"《清单计价规范》作为国家标准,并不能当然成为发承包人之间的一种约定,但是,根据该条款,投标人如果在投标环节通过计算发现,合同要求的工期短于定额工期20%以上,可以要求发包人进行澄清、说明,或者通过向有关建设行政主管部门反映情况的方式对相关内容进行修正。

因此,赶工费本质上就是发承包双方的一种特殊约定,它既可能是基于双方协商一致变更合同而产生的,也可能是因为合同工期少于定额工期的80%而在行政管理层面产生的一笔费用。至于合同工期与定额工期之间的关系,就是发包人即使再想去缩减工期,压缩的天数也不能超过定额工期的一定比例。对于这一点,常州市有明确规定,《关于贯彻〈建设工程工程量清单计价规范〉(GB 50500-2013)等国家标准和省2014年建筑与装饰、安装、市政等专业工程计价定额及费用定额的通知》第5条规定:"合理的施工工期是保证工程质量与施工安全的必备条件,为了防止片面追求速度,盲目压缩施工工期的行为,建筑工程的施工工期原则上不得低于江苏省现行定额工期规定的65%。"如果定额工期是100天,那么合同约定的工期就不得少于65天。建设工程的总目标包括工程质量合格、工期在合理限度之内、价格控制在合同约定的范围内,以及杜绝发生安全事故。显然这几个目标是彼此牵制的关系,如果片面的追求工期,质量就没有办法得到保证。有些施工工艺,如混凝土施工,它有初凝时间和终凝时间的要求。如果没有给予足够的凝结时间,混凝土强度就达不到预期的指标,因此从施工质量的角度来看,工期也不得任意压缩。除此之外,北京市住建委《关于进一步规范本市建筑市场秩序的通知》第2条规定:"建设单位不得任意压缩合理工期。确需压缩施工工期的,建设单位应当按照规定先组织专家进行论证,在通过专家论证,并采取保证建设工程质量和施工安全的措施后,方可组织施工。因压缩工期所增加的费用由建设单位承担,并随工程进度款一并支付。压缩的工期天数不得超过定额工期的30%。超过30%,视为任意压缩合理工期,依照《建设工程质量管理条例》处理。"该条款涉及专家论证。本书在讲措施项目费时,提到对于一些深基坑、地下暗挖工程、高大模板工程等较危险的项目需要专家论证。施工单位应当在专项施工方案中载明具体的施工方法、施工计划、劳动力计划等,由专家组进行审查、评议。北京市这一规定对工期也是作了同样的考虑,以一种专家论证的管理措施来限制不合理的工期。读者们通过日常生活经验应该也能理解,完成一项工作,如果每天都拼命地干十几个小时,成效不见得好;更可取的做法是每天在固定的时间按照固定的节奏完成当天的工作,长时间保持这样的工作习惯,得到的结果往往好于临时的突击。学习本书也是一样的道理,讲究细水长流的过程,这样知识才能掌握得比较牢固。

最后再来了解一下赶工费的计算标准。《清单计价规范》第 9.11.3 条规定:"发承包双方应在合同中约定提前竣工每日历天应补偿额度,此项费用应作为增加合同价款列入竣工结算文件中,应与结算款一并支付。"《施工合同示范文本》也未明确赶工费的计算标准,仅在通用条款部分约定:"合同当事人可以在专用合同条款中约定提前竣工的奖励。"因此,赶工费的计算还是要看双方的约定。在前文提到的常州市贯彻文件中,当地建设行政主管部门对赶工费的计算给出了比较细致的公式,即"应按(提前天数/定额工期天数)/0.35 ×2% 的标准计取赶工措施费,计费基础为:分部分项工程费 + 单价措施项目费 - 工程设备费"。也就是说,在计算赶工费时,不但要考虑压缩天数与定额工期的占比情况,还要考虑缩减期间对应工程量的价值。以上就是对于赶工费需要了解的内容。

2. 案例:承包人提前竣工并不必然获得赶工费

最后,通过案例看一看,是否只要承包人提前竣工,就一定可以收到赶工费?本案发生在司法鉴定环节,鉴定机构根据不同基数计算出两项赶工费。第一项是以签证价为基数。施工过程中有工程签证单明确记载发包人同意支付因赶工而增加的模板使用费 266 万元,而工程签证在法律上应被定义为一种补充合同,因此,以签证单显示的费用作为赶工费计入工程价款。第二项则是以市场价为基数。施工过程中承包人曾提交要求增加措施费的报告,请求增加赶工费 437 万元。在此基础上,鉴定机构自作主张,在鉴定意见中表示,考虑到本项目开工时间为 2007 年,竣工时间是 2008 年,与国家定额工期相比提前的幅度超过 20%,因此按照相关规定执行 3.5% 的赶工费。鉴定机构本身并没有权利决定是否计取赶工费,这一做法属于典型的以鉴代审。当然,本案法院最终没有采纳鉴定机构的意见。法院认为,赶工费本身是一种可竞争的费用,如果要计取就必须有合同依据或者签证。双方在施工过程中仅就赶工增加的模板使用费形成了签证,因此只能计取对应的266万元。

由此读者们就能认识到,承包人提前竣工并不一定就会获得所谓的奖励,只有双方事先就赶工费的计取在合同中有约定,或是经过工程签证,才能够形成这样一笔费用。

LESSON 32

第三十二讲

索　赔

1. 索赔与违约责任的区别

工程索赔是建设项目施工过程中的重要环节，如果想要对索赔作彻底的了解，其内容就是两天也讲不完。但是作为合同履行过程中出现的一种调价因素，这一讲仅就索赔和违约责任的区别，以及索赔本身的一些特征进行简要的讲解。

首先来看索赔的定义，《清单计价规范》第 2.0.23 条规定："索赔指的是在工程合同履行过程中，合同当事人一方因非己方的原因而遭受损失，按合同约定或法律法规规定应由对方承担责任，从而向对方提出补偿的要求。"单看索赔的定义，读者们可能会联想到民法中违约责任的概念。《民法典》第 577 条规定："当事人一方不履行合同义务或者履行合同义务不符合约定的，应当承担继续履行、采取补救措施或者赔偿损失等违约责任。"两者的区别在于，索赔作为一种主张权利的途径，是双方当事人必须在合同当中予以约定的程序，因此就会受到合同约定的束缚。比如，《施工合同示范文本》第 19.1 款约定："承包人应在知道或应当知道索赔事件发生后 28 天内，向监理人递交索赔意向通知书，并说明发生索赔事件的事由；承包人未在前述 28 天内发出索赔意向通知书的，丧失要求追加付款和(或)延长工期的权利。"根据这一条款，人民法院在处理施工合同纠纷时，面对承包人在索赔事件发生 28 天之后提出的索赔，也只能依照合同的约定作出逾期失权的判决。而违约责任不同。违约行为也会受到时间的限制，但是这种时间限制指的是诉讼时效，超出诉讼时效的法律后果是权利人可能丧失胜诉的权利，但从来没有说当事人在某个时间段之内没有主张违约责任，就因此直接丧失违约损害赔偿的请求权。因此，在某一具体的事件发生之后，究竟是走索赔，还是走违约，对承包人权利的影响是非常巨大的。回想一下，在讲工程变更时曾经谈到，对于发包人取消合同中的某一项工作，转而交由第三方来做的行为已经不属于变更的范畴，而是一种违约行为。对此，承包人可以在事后去追究发包人的违约责任，请求发包人支付相应的预期可得利益损失，就无须遵守变更索赔要求的 28 天的期限限制。

因此，我们就需要分辨清楚哪些情形属于索赔，哪些情形又属于违约？《施工合同示范文本》第16.1款“发包人违约”部分规定了八种发包人违约的情形，包括：因发包人原因未能按合同约定支付合同价款；发包人违反合同有关变更的约定，自行实施被取消的工作或转由他人实施；因发包人违反合同约定造成暂停施工；发包人明确表示或者以其行为表明不履行合同主要义务，等等。实际上，这些情形都是因为发包人违反合同约定而造成的一些比较严重的违约行为。其中，值得注意的是，最后一种情形规定的是发包人未能按照合同约定履行其他义务。这里的“其他义务”，应当联系合同全文作整体的理解。比如，第6.1.1项“安全文明施工费”部分约定，发包人没有按照合同约定支付安全文明施工费的，按第16.1.1项〔发包人违约的情形〕执行；以及第7.5.2项发包人逾期支付预付款的，也要按16.1.1项〔发包人违约的情形〕执行。由此可以看出，第16.1.1项所谓的“其他义务”，仅仅指的是合同中已经明确表示构成违约行为的其他情况。虽然这些情况没有直接规定在第16.1.1项，但是它们本身已经自我说明了属于违约行为。也就是说，施工合同前后呼应，对于违约情形作了一种体系性的安排，某个行为是否需要承担违约责任，在合同中都有明确约定。除此之外，对于施工合同约定的其他情形，如施工现场发现文物、古迹以及具有地质研究或考古价值的其他遗迹、化石、钱币或物品属于国家所有，或是不利的物质条件以及异常恶劣的气候条件等，本身没有特别规定应当追究其违约责任，那么就可以认为，这些情形被排除在违约行为之外。因此，对于发生此类情形造成的损失，应当按索赔的流程处理。笔者希望各位读者能够对合同建立起体系化的认识违约和索赔的区别：(1)只有违反合同义务才构成违约；索赔的理由不限于违约行为，还包括第三方原因、不利物质条件或恶劣气候条件、不可抗力等原因。(2)索赔需要按照合同约定的程序主张，往往有一定的时间限制，超过规定的索赔期限没有主张的，逾期将会失去索赔的权利；违约责任的主张仅受诉讼时效的限制。律师在提供此类施工全过程法律服务时，也应当明确区分索赔与违约，因为对于索赔，就要严格按照合同约定的程序进行，否则经过一定期限可能丧失索赔的权利，就会导致非常可怕的后果。

2. 索赔的程序

前面提到，之所以要对索赔和违约作严格的区分，是因为当认识到某一行为应当属于索赔情形而非违约时，就要及时行使权利。《施工合同示范文本》对承包人的索赔作了两个阶段的限制。《施工合同示范文本》第 19.1 款明确规定："承包人应在知道或应当知道索赔事件发生后 28 天内，向监理人递交索赔意向通知书，并说明发生索赔事件的事由；承包人未在前述 28 天内发出索赔意向通知书的，丧失要求追加付款和（或）延长工期的权利。"这一条款通常叫作逾期失权条款，即权利人如果没有在一定的期限内主张相应的权利，事后就根本性地丧失该项权利。索赔期限既不同于诉讼时效也不同于除斥期间，而是工程领域中比较特殊的规定，根据《施工合同司法解释一》第 10 条，双方当事人完全可以对索赔期限的内容自主约定，但发包人在约定期限后同意工期顺延或者承包人提出合理抗辩的除外。所以即便索赔期限经过，当事人是否就此丧失索赔权也要看具体的情况。要知道施工合同的履行是非常漫长的过程，且合同履行过程中不可能将出现的所有事件都用证据完整地固定下来。为了促使承包人及时积极地行使权利，施工合同对索赔作了管理上的安排。《民法典》第 140 条规定："沉默只有在有法律规定、当事人约定或者符合当事人之间的交易习惯时，才可以视为意思表示。" 因此，从合同效力角度去分析，逾期失权条款本身并未违反任何禁止性规定，应为有效。承包人如果没有按照约定的程序主张权利，人民法院事后不可能准许承包人的索赔请求，这是明显违反合同约定的。这是第一阶段。到了竣工结算环节，《施工合同示范文本》第 19.5 款约定："承包人按第 14.2 款〔竣工结算审核〕约定接收竣工付款证书后，应被视为已无权再提出在工程接收证书颁发前所发生的任何索赔。"这是第二阶段。承包人自愿接受示范文本对其索赔的限制，合同条款仍为有效，法院很难以公平原则否认该条款的效力。

究其本质，施工合同应当是一种特殊的商事合同，与普通的民事买卖合同以及承揽合同在很多方面有着非常明显的区别，施工合同需要严格遵循交易过程中双方所共同适用的一系列商事交易习惯。按照国际工程惯例，发承包双方在施工合同中必然会约定这样的逾期失权条款。因此，在这种情况下，律师的作用就更为巨大。在国外的建设工程项目中，承包人会委托专门的律师代表自身进行索赔维权，且律师和当事人之间会约定按最终索赔金额的固定比例进行收费。当然，在中国这种人情社会的背景下，很多承包人在施工合同履行过程中，会担心一旦与业主方发生不愉快，今后就可能面临接不到工程的风险。诚然，对于目前建工市场不规范的招投标环境或者发承包模式，确实有很多无奈，以致很多承包人不愿意提出索赔。所以尽管索赔这一事项在国际上喊得很欢，但是在国内实际的承包人这一边，更多的是不太愿意提出索赔。既然《施工合同示范文本》有这样的约定，那么律师就要提醒当事人，你不主张是你的事情，但是我作为律师在给你提供法律服务时，就要明确地告知你，有两阶段的逾期失权可能对你产生非常不利的影响。

至于索赔的具体内容，《清单计价规范》第9.13.4条规定："承包人要求赔偿时，可以选择下列一项或几项方式获得赔偿：1　延长工期；2　要求发包人支付实际发生的额外费用；3　要求发包人支付合理的预期利润；4　要求发包人按合同的约定支付违约金。"由此可以看出，《清单计价规范》并没有对违约责任和索赔作出严格的区分，甚至将违约行为导致的违约金责任当作一种索赔项。但是深入思考一下，民法从未规定某种违约责任在经过一段时间之后没有主张，当事人就自此失去请求承担违约责任的权利。因此，《清单计价规范》将违约金作为一种索赔项并不合适，不如按照《施工合同示范文本》，对哪些行为属于违约行为，应当追究违约责任，以及哪些行为又应当按照索赔的流程进行规定得清清楚楚。另外，《施工合同示范文本》对于具体的索赔内容，也在各索赔项目条款中作出了具体规定，既可能是工期的延长，也可能是工程价款的补偿。比如，第1.9款规定："在施工现场发掘的所有文物、古迹以及具有地质研究或考古价值的其他遗迹、化石、钱币或物品属于国家所有……发包人、监理人和承包人应按有关政府行政管理部门要求采取妥善的保护措施，由此增加的费用和(或)延误的工期由发包人承担。"因此，具体的索赔内容应当视合同约定而定。在确定索赔的内容之后，索赔的金额又要如何确定呢？《施工合同示范文本》第19.2款约定："承包人接受索赔处理结果的，索赔款项在当期进度款中进行支付；承包人不接受索赔处理结果的，按照第20条〔争议解决〕约定处理。"这一条款的意思是，作为承包人委托的索赔律师，必须对索赔项及时地提出相应的主张。只要在规定的期限内提出过索赔请求，就不会有逾期失权的情形发生，此时不管发包人是否同意，即使产生争议，后面也可以再行按照争议解决的方式来处理，也就是通过诉讼或仲裁手段来解决。在诉讼阶段，律师可以在诉讼请求中单独提出一项索赔，以索赔事件发生时提交的索赔请求作为证据，要求发包人给予补偿。否则一旦逾期失权，法院没有理由支持承包人的请求。

与承包人逾期失权制度相对应的是，对于发包人有其默示推定的规则。《施工合同示范文本》第19.2款约定："发包人应在监理人收到索赔报告或有关索赔的进一步证明材料后的28天内，由监理人向承包人出具经发包人签认的索赔处理结果。发包人逾期答复的，则视为认可承包人的索赔要求。"因此，作为承包人的律师，只需大胆发送索赔报告即可，报告要求的索赔金额甚至可以稍微高一点。如果发包人不答复，按照约定就视为认可，此时就会直接依据索赔报告予以处理。人民法院在裁判此类索赔案件时，也是同样的思路。所以对于发包人逾期答复视为认可的条款，律师要有非常清晰的认识，这是对承包人而言非常有力的武器。

3. 案例：索赔应严格按照约定程序进行

最后还是通过案例讲一讲索赔程序的问题。本案主要处理的是停窝工损失的问题。案涉施工合同通用条款约定，如果承包人根据合同条款中任何条款提出附加支付的索赔时，应当在索赔事件首次发生的21天之内将索赔意向书提交监理工程师，并抄送业主。该条款体现的也是承包人逾期失权的意思。法院还在事实部分查明，案涉工程2004年至2005年停窝工期间的确定部分造价为677万元，其中既有现场监理人员签字确认的每日停窝工情况具体统计表，也有现场监理人员签字确认的每月停窝工情况统计表。对于这一部分损失，承包人已经按照索赔程序提出索赔，并且得到了监理人的确认，因此承包人的索赔就符合案涉施工合同通用条款有关程序的约定，发包人就应当按照索赔材料记载的677万元给予承包人相应的赔偿。对于2006年至2009年停窝工期间的损失，法院认为，承包人自认并未按照合同约定提出过索赔，因此无权获得该部分诉请款项的赔偿。实际上，各位读者也能感受到，法院判决的逻辑是非常鲜明的，承包人只要按照索赔程序提出索赔，法院就判决予以支持；承包人如果没有执行约定的索赔程序，法院也就判决驳回。

LESSON

33

第三十三讲

签　证

1. 签证的概念

对于工程签证,《清单计价规范》第 2.0.24 条规定:“现场签证指的是发包人现场代表(或其授权的监理人、工程造价咨询人)与承包人现场代表就施工过程中涉及的责任事件所作的签认证明。”通说上都将其理解为发承包双方在合同履行过程中达成的补充合同。既然是补充合同,就应当适用《民法典》关于合同效力的判断规则。当签证不存在《民法典》中合同无效或效力瑕疵的情形时,签证作为补充合同是有效的。紧跟着而来的问题就是,签证有可能改变原合同当中的某些约定,可能导致某一部分的工程款增加或者减少。此时就应将签证作为工程结算的依据。什么情况会产生签证?《清单计价规范》第 9.14 条“现场签证”部分对此稍有涉及:包括承包人应发包人要求完成合同以外的零星项目、非承包人责任事件、合同工程内容因场地条件、地质水文、发包人要求等发生变化等。从发生原因上看,既可以是合同以外的原因,也可以是履行合同过程中对合同的更改。当签证事项发生后,承包人应及时提交签证获得发包人认可,才能作为合同价款调整的依据。当然,作为补充合同,作为律师更要关心的是签订签证的程序问题,如谁有权在签证上签字,以及签订的程序是否有效等。

在讲签证之前,就不得不谈到国有投资项目,要看国家对于签证的态度。参考《阳江市政府投资项目管理暂行办法》第 38 条规定:“政府投资项目实行无现场签证管理制度。因特殊情况造成工程内容和工程量增加的,可以现场签证。现场签证须由施工单位提出,并提供相关资料,立即通知建设单位、监理单位,同时报请财政部门及时赶到现场签证确认。不进行现场签证的后果由施工单位负责。”从程序上可以看出,政府部门是非常害怕签证的。由于签证具有补充合同的性质,因此,在政府部门之前费了非常大的力气才把政府投资项目的中标人以及施工合同确定下来的情况下,施工单位通过签证,就可以直接对合同内容作出更改,这对政府来说是一种非常可怕的行为。所以从管理的角度,政府投资项目倾向于无签证或者说禁止签证。江苏省对于签证产生纠纷的原因进行了归纳,《关于工程量清单计价施工合同价款确定与调整的指导意见》提道:“目前,工程施工中的签证内容不清楚、程序不规范、责权不清等,是造成工程结算扯皮,项目造价不能得到有效控制的重要原因。”所以,对于国有投资的项目,江苏省明确规定:“发承包双方应在合同专用条款中约定有效工程变更签证的认定原则,发包人在合同中明确工程变更签证审批程序,指定变更签证金额不同时的审批人。没有约定的,签证单上必须有发包人代表、监理工程师、承包人(项目部)三方的签字和盖章,方可作为竣工结算的依据;签证单上必须明确签证的原因、位置、尺寸、数量、材料、人工、机械台班、价格和签证时间。”由此可以看出,江苏省这一指导意见规定的是一种非常理想化的签证管理制度,对签证的程序、签字的权限以及签证的内容都作出了较高的要求。正是因为签证是一种补充协议,能够改变双方已经达成的约定,因此,整体上来说,政府部门对于签证持有的是一种忌惮的态度,对签订的程序设立了较为严格的规则。

2. 签证的程序

有关签证的程序,重点来看《清单计价规范》第 9.14.2 条的内容:“承包人应在收到发包人指令后的 7 天内向发包人提交现场签证报告,发包人应在收到现场签证报告后的 48 小时内对报告内容进行核实,予以确认或提出修改意见。发包人在收到承包人现场签证报告后的 48 小时内未确认也未提出修改意见的,应视为承包人提交的现场签证报告已被发包人认可。”对于这一条款,如果发承包双方在施工合同中明确约定合同适用《清单计价规范》,那就意味着承包人完全可以大胆地提交现场签证报告,因为条款中包含了逾期失权的内容。另外,承包人对于提交的签证,可以稍微提高签证的金额,毕竟该条款还规定发包人在收到承包人的签证报告之后,如果未作不答复就视为认可。实务中可能还会经常遇到这样一种情形,就是发包人在收到承包人提交的现场签证报告后,采取了拒绝签字或是退回的措施。对于这一问题,《北京市房屋建筑和市政基础设施工程劳务分包合同管理暂行办法》第 26 条规定:“发包人、承包人应当在劳务分包合同中约定,一方当事人拒绝履行书面签证手续的,另一方当事人应当向合同中约定的对方通讯地址送达书面资料;收到书面材料的当事人应当在 7 日内给予书面答复,逾期不答复的视为同意。”笔者曾经处理过一则福建省的案件,案涉主体也采取了同样的做法,发承包人单独用一张 A4 纸作为补充协议,对甲方的邮箱地址和乙方的邮箱地址进行了确认,并且协议还注明,凡是送达至该邮箱地址的文件都视为发承包双方已经收到,如果逾期答复即视为同意。也就是说,承包人只需按照合同中载明的发包人通讯地址送达即可,发包人拒绝签字也应视为同意。《民法典》也肯定了沉默在当事人有约定的情况下,可以视为有效的意思表示的效力。因此,在签证的问题上,鼓励当事人对送达的程序提前在合同中做好约定。

关于签证,还有一小点需要单独讲解一下,就是签证与顺延工期的相关性。本书前面也提到过,施工合同纠纷通常是承包人提起诉讼,要求发包人支付工程欠款,如果发包人同时提出反诉,要求承包人承担逾期竣工违约金的责任,此时对于发包人而言,其举证责任相较之下是非常小的。发包人只需证明合同原定工期是多久,实际开竣工日期分别是哪一天,一比对就能看出承包人是否存在逾期竣工的情形。对于承包人而言,就需要搜集施工过程中发生的签证、会议记录、监理工作日志等证据来证明曾经发生过某些情况是可以顺延工期的。现实中还有一种比较特殊的情形,就是有施工合同还会单独约定,一旦发生顺延工期的情形,承包人就必须以签证的形式得到发包人的认可。但是读者们要知道,对于要求顺延工期的签证,发包人在很多情况下是不会签字批准的。就这一问题,《施工合同司法解释一》第 10 条规定:"当事人约定顺延工期应当经发包人或者监理人签证等方式确认,承包人虽未取得工期顺延的确认,但能够证明在合同约定的期限内向发包人或者监理人申请过工期顺延且顺延事由符合合同约定,承包人以此为由主张工期顺延的,人民法院应予支持。"除此之外,北京市高级人民法院在《关于审理建设工程施工合同纠纷案件若干疑难问题的解答》中明确规定:"因发包人拖欠工程预付款、进度款、迟延提供施工图纸、场地及原材料、变更设计等行为导致工程延误,合同明确约定顺延工期应当经发包人签证确认,经审查承包人虽未取得工期顺延的签证确认,但其举证证明在合同约定的办理期限内向发包人主张过工期顺延,或者发包人的上述行为确实严重影响施工进度的,对承包人顺延相应工期的主张,可予支持。"联系上一讲介绍的索赔的内容,承包人的索赔严格遵循逾期失权制度,如果承包人未能在索赔事件发生 28 天之内提出索赔,就自此丧失索赔的权利。笔者认为,北京市高级人民法院的这一规定同样适用于索赔。即使双方在合同中约定工期索赔应当经发包人签证确认,但是可以参照北京市高市级人民法院的这一规定对合同约定加以突破。当然这也只是笔者个人的理解，在实践中还是建议各方当事人，尤其是承包人，应当聘请律师专门协助做好索赔工作以及相关的签证工作，以避免后面不必要的麻烦。

最后再讲一下签证权限的问题。前面已经一再强调，签证是一种补充合同，所以对于哪些人能够签署签证，使签证发生法律效力，当事人必须在事先了解清楚。以笔者办过的一个案子为例，双方当事人对于工程款已经完成终局性的结算，并签订了相应的结算协议。但是由于项目中还有一些甩项工程没有做完，承包人的项目经理在后续与工作人员接洽的过程中，就要求现场的施工员对于一些结算后完成的工程量重新进行签字确认。由此产生的问题是，承包人找了一些农民工围堵甲方单位，要求其支付该部分工程量对应的价款。但是现场的施工员，实际上并没有权利对工程量及工程价款进行签字确认。最后的结果是承包人自觉理亏，才没有将事情闹得很大。对于签证的权利，北京市高级人民法院《关于审理建设工程施工合同纠纷案件若干疑难问题的解答》作出了几种情形的规定：第一，法定代表人的签证当然有效；第二，在表见代理的情形下，即只要相对方有理由相信该签证人员有代理权，也可以认定为签证有效；第三，职务行为所作的签证有效，如现场的投资监理在其职务范围内的签字就应当被认为有效。那么工程监理对哪些内容签字确认是有效力的？一般而言，工程监理对于工程量、工期以及工程质量这些事实的签字确认应为有效，对发包人具有约束力；当涉及工程价款变更的经济性决策，其签字对发包人不产生约束力。这是一种比较通说的观点，当然在具体的案子当中还要结合具体情况进行分析。

3. 案例：监理实施职务行为所作的签证有效

最后，通过案例看一看，监理单位的监理人员所作的签证在什么情况下会发生法律效力。本案在一审时，人民法院认为，双方争议的签证上面本身并没有监理单位的签字和盖章，发包人对于签证也不认可，且项目现场的总监理工程师事后单独出具证明表示对系争签证记载的内容并不知情。法院因此认定，现场监理人员冯某在现场签证单上签字的行为是超越了权限的个人行为，系争签证单不能够作为结算的依据。通过前面的讲解，读者们应该能够明白，本案的争议就在于现场冯某的签字行为究竟是属于职务行为，还是属于超越权限的个人行为。二审法院专门对此进行查证，判决写到，根据承包人提交的监理部进场人员名单，冯某是监理单位指派的总监代表，所有的工程签证单都是由冯某签字。按照《施工合同司法解释一》第 20 条“当事人对工程量有争议的，按照施工过程中形成的签证等书面文件确认”的规定，冯某作为总监代表又是现场的唯一监理，其签字行为就是对现场施工情况的真实反映。因此，法院认为，冯某签署的签证单能够证明项目发生了变更，签证反映的工程量应为属实。由此可以看出，二审法院在判定监理人员的签证效力时，最重要的依据就是承包人提交的监理部进场人员名单。这也给我们一个启示，就是代表承包人的律师，要在现场保留适当的监理工作日志、现场照片等证据，以此证明实际签字的人员确实在现场开展了监理活动，实施了职务行为，因此认定该监理人员的签字行为合法有效。

以上就是有关工程签证的全部内容，读者们要注意签证的权限问题。

LESSON 34

第三十四讲

约定不明

1. 约定不明的具体规则

这一讲是有关合同约定不明的内容。在前面的学习中，读者们应该能够注意到，笔者经常提到两个法条，分别是《民法典》第510条、第511条。这两个条款说的是合同漏洞填补规则。其中第510条规定："合同生效后，当事人就质量、价款或者报酬、履行地点等内容没有约定或者约定不明确的，可以协议补充；不能达成补充协议的，按照合同相关条款或者交易习惯确定。"根据这一条款，我们可以总结出合同漏洞填补有这样几个构成要件：首先，合同漏洞一定是在合同生效之后发生的问题。在有些高级人民法院关于建设工程施工合同纠纷处理的意见中也能看到，当合同无效之后，就不再适用《民法典》第510条的具体规则。其次，合同漏洞需要合同对某些内容没有约定或约定不明。在建设工程领域，当事人更多的是关心价款约定不明的情况。价款约定不明包含几种情形。第一种是发承包双方对于如何结算本身就没有约定，没有任何文字能够推测出当事人对最终如何进行结算达成了何种合意。第二种是双方当事人对结算有约定，但文字表述并不清楚，如仅约定总价合同，却没有明确是固定总价、施工图总价，还是清单总价。第三种就是当事人的合同条款出现了冲突，如既约定了按照信息价结算，又约定了按照采购价结算，显然两者之间具有矛盾，这种情况也称为约定不明。合同漏洞填补的具体规则：在发现合同漏洞之后，可以按照《民法典》第510条的规定，双方可以先协议补充；如果不能达成补充协议，就按照相关条款或交易习惯确定。其中"相关条款"，指的是同一合同中的其他条款。所谓"交易习惯"，最高人民法院《关于适用〈中华人民共和国合同法〉若干问题的解释（二）》（已失效）第7条规定："下列情形，不违反法律、行政法规强制性规定的，人民法院可以认定为合同法所称'交易习惯'：（一）在交易行为当地或者某一领域、某一行业通常采用并为交易对方订立合同时所知道或者应当知道的做法；（二）当事人双方经常使用的习惯做法。"也就是说，交易习惯既可以是《清单计价规范》这类国家标准，也可以是当事人双方之间经常使用的习惯做法。发承包双方之间可能在经过十几次的交易之后，已经形成了固定的计价方法，倘若双方就某一合同发生利益冲突，因其中合同价款约定不明的情况产生纠纷，此时就可以参照当事人在之前的交易中经常使用的习惯做法进行确定，这也叫作交易习惯。另外，江苏省高级人民法院《关于审理建设工程施工合同纠纷案件若干问题的意见》第 8 条规定："建设工程合同生效后，当事人对有关内容没有约定或者约定不明确的，可以协议补充；不能达成补充协议的，按照合同有关条款或者参照国家建设部和国家工商总局联合推行的《建设工程施工合同（示范文本）》的通用条款确定。"因此，在江苏省，《施工合同示范文本》也被普遍用作交易习惯，双方可以参照其通用条款对合同约定不明的部分进行确定。对于交易习惯，应当由提出主张的一方当事人承担举证责任，即"谁主张、谁举证"。

如果当事人依据《民法典》第 510 条仍无法确定工程造价，《民法典》第 511 条还规定，"价款或者报酬不明确的，按照订立合同时履行地的市场价格履行；依法应当执行政府定价或者政府指导价的，依照规定履行"。请各位读者回想一下《施工合同司法解释一》第 19 条"因设计变更导致建设工程的工程量或者质量标准发生变化，当事人对该部分工程价款不能协商一致的，可以参照签订建设工程施工合同时当地建设行政主管部门发布的计价方法或者计价标准结算工程价款"的规定，这里所谓的"当地建设行政主管部门发布的计价方法或者计价标准"指的应当是各地发布的定额。由此联系起来就能理解，某地的定额可以视为《民法典》第 511 条中的"市场价格"。可能有些读者会有疑惑，定额由国家制定，难道不应该够属于政府定价或政府指导价吗？但笔者要纠正的是，这是完全错误的理解，因为只有包括水电费在内的与日常生活息息相关的费用，才会被列入政府价格目录，实行政府定价或政府指导价。定额中公布的钢筋、水泥、黄沙等材料的价格只能是市场价格，所以各位读者对此要有清晰的认识。本书前文在讲材料价格波动时谈到，最终价格的确定需要由发承包双方进行核价，也即承包人报出价格，由发包人进行核对，核对的结果是一种市场价。在定额计价的方法中，造价管理部门公布的信息价，这里的信息价，实际上就是造价管理机构按照每个月或每个季度通过市场询价统计得到的平均价格。因此，信息价也是市场价格的一种表现形式。定额作为一种市场价，在合同约定出现漏洞需要填补时，可以将定额视为一种市场价进行填补，也可以通过市场询价的方式进行填补。但是定额价仅仅是市场价格的一种体现形式，和实际的市场价之间必然存在一定的差异。因此，根据确定市场价格的不同途径，就可以分出当事人双方核对、确认的市场价,以及造价管理部门通过抽样、调查、统计得到的市场价。笔者要强调的就是,《施工合同司法解释一》第 19 条规定的“参照签订建设工程施工合同时当地建设行政主管部门发布的计价方法或者计价标准结算工程价款”就是按照定额计价,这是一种市场价格。

2. 合同漏洞填补的适用情形

关于合同漏洞填补规则,其应用范围非常广泛。合同中经常会遇到诸如利息约定不明、垫资利息约定不明、甲供材约定不明、材料价格的市场价格波动的风险约定不明等情形,都要用到合同漏洞填补规则。这一讲主要就其中三种情形作简要介绍。

第一种是总价包干范围约定不明。前面在讲固定总价时,笔者一再强调,首先要确定固定总价对应的范围是什么。只有在总价对应的范围之内,合同的价格才是固定的;一旦超出总价范围,价格就应当进行相应调整。总价的范围如何确定?《浙江省高级人民法院民事审判第一庭关于审理建设工程施工合同纠纷案件若干疑难问题的解答》第 12 条规定:“建设工程施工合同采用固定总价包干方式,当事人以实际工程量存在增减为由要求调整的,有约定的按约定处理。没有约定,总价包干范围明确的,可相应调整工程价款;总价包干范围约定不明的,主张调整的当事人应承担举证责任。”按照浙江省高级人民法院的观点,如果承包人在总价包干对应的范围之外增加了新的工程量,并以此要求调整合同价款,那么该承包人就需要对总价包干的范围及实际工程量进行举证,即“谁主张、谁举证”。但广东省深圳市中级人民法院对这一问题作了相反规定,《关于建设工程合同若干问题的指导意见》第 21 条规定:“建设工程合同约定为固定总价的,承包人以工程量增加为由要求调整合同价款的,应按照以下方式处理:(1)在固定总价若干范围以外增加的工程量,应计入合同价款。(2)固定总价包干范围约定不明,如发包人不能证明该增加的工程量已包括在包干范围内的,应计入合同价款……”由此可以看出,该条款推定承包人主张增加的工程量在固定总价范围之外,因此如果发包人不同意支付这笔工程款,就应当对总价包干的范围进行举证,即广东省深圳市中级人民法院对总价的范围确定设置了一种举证责任倒置的规则。既然浙江省高级人民法院和广东省深圳市中级人民法院作出了两种截然相反的意见，只能建议律师读者们在哪个地方做案子，就要了解清楚当地的规则。律师读者们应该有体会，做建设工程纠纷，执业范围不可能局限在某地，所以有必要对各个省份关于造价管理的一些基本规定进行收集和汇编，通过横向地比较来了解各地就同一问题有哪些不同的规定，这对于理解工程造价争议会有很好的帮助。

第二种是变更估价约定不明。在工程变更一讲，笔者谈到变更估价三原则，内容是有相同按相同，无相同按相似，既无相同也无相似，双方通过商定确定合同价款。还谈到《施工合同司法解释一》第19条，说的是当事人对新增部分价款约定不明时，可以按照当地建设行政主管部门规定的计价标准和经验方法进行确定。这两个条文就是发生变更估价时的常用规则。综观各地建设主管部门的意见，北京市对于变更估价的问题规定得更为明确，《关于执行〈建设工程工程量清单计价规范〉(GB 50500－2008)若干意见的通知》第2条规定："对于漏项及新增项目等需要重新确定的综合单价(合同中没有适用或类似的综合单价)，发、承包双方必须在合同中对以下内容进行约定：消耗量确定的依据；人工、材料机械单价的确定原则；综合单价中管理费、利润、风险费的取费标准等作出明确约定。若合同中未作约定时，漏项或新增项目综合单价按以下原则确定：1. 消耗量：可依据现行定额相关项目及有关规定的消耗量确定。2. 人工、材料、机械价格：按发、承包双方确认的市场价格或参照施工期《北京工程造价信息》中的价格确定。3. 综合单价中各项取费标准：按相应项目原投标费率确定。"在变更估价约定不明时，北京市的建设主管部门给出了非常具体可靠的计价方法。各位读者应当加深印象，对于今后在实践中适用各地的计价标准和计价方法时，将会有很大的帮助。需要注意的是，如果合同对于原投标费率也没有约定，那就可以参考当地对于取费标准的规定。

第三种是约定不明，就是结算审核期限约定不明。参考《北京市建设工程造价管理暂行规定》第28条规定："承包人应当按照合同约定期限向发包人提交竣工结算文件，合同没有约定的，其期限为工程竣工验收合格之日起的28天内。"根据该条款，承包人应当在竣工验收合格的28天之内，将结算书提交发包人审核。发包人在收到结算书之后，原则上只能审核一次，不得以审计为由重复进行审核，拖延工程价款的支付。工程实践中经常遇到这样的情况，就是发包人在审核过程中，反复要求承包人提交资料，以此拖延支付合同价款；或是合同没有约定一次性的验收，发包人为了拒绝支付工程款，反复要求承包人来回修缮，拖延验收。因此，还是建议发承包双方对于审核期限、审核次数等内容都要在合同中约定清楚。对于审核期限应当按照合同约定执行，没有约定，则执行《建设工程价款结算暂行办法》。《建设工程价款结算暂行办法》对于不同金额的工程竣工结算报告规定了不同时长的审查时间：比如，500 万元以下是从接到竣工结算报告和完整的竣工结算资料之日起 20 天，500 万～2000 万元是 30 天，2000 万～5000 万元是 45 天，5000 万元以上就是 60 天。另外，《北京市建设工程造价管理暂行规定》第 32 条还规定："对已经办完竣工结算的工程，发包人应当按照合同的约定期限支付全部竣工结算价款。若合同没约定或约定不明确的，其支付期限为办完竣工结算之日起的 28 天之内。"因此，合同中还要明确约定，发包人在结算完毕之后多久时间内应当支付结算价款，如果发包人超过约定期限没有支付，应当视为违约，承包人就可以以此来追究发包人迟延支付工程款的违约责任。谈到这里，请读者们联想一下，《施工合同司法解释一》第 27 条规定："利息从应付工程价款之日开始计付。"该条款规定的"利息"不但包括竣工结算后总的工程款的利息，还包括在施工合同履行过程中，应当支付进度款却没有支付，因此产生的延期支付进度款的利息。

以上就是约定不明的全部内容，主要需要了解的是合同漏洞填补规则。笔者希望读者们能把《民法典》第 510 条、第 511 条反复理解，看一看条款在实践中的具体应用，因为这两个条款在笔者处理工程造价争议过程中确实发挥了非常重要的作用。

LESSON 35

第三十五讲

工程计量

1. 工程计量的基本概念

这一讲是有关工程计量，实务中也被称为工程量的收方。《清单计价规范》第2.0.43条规定："工程计量指的是发承包双方根据合同约定，对承包人完成合同工程的数量进行的计算和确认。"在施工单位完成某一部分的工作内容后，现场的造价管理人员就需要对实际完成的工程量进行计算和确认，如打了多少根桩，挖了多少土，都应当一一核算。在《清单计价规范》的规定中，更需要注意的是"完成合同工程"这几个字，这在后面的讲解中还会涉及。

在什么情况下需要工程计量呢？我们在本书前面的学习过程中已经知道，承包人应当按图施工，换句话说，图纸就是承包人的法定义务。如何判定承包人履行合同义务的程度呢？此时就需要进行工程计量，通过一系列证据来证明承包人究竟完成了多少合同义务，是否存在违约的情形等。所谓计量，就是造价工程师对工程量进行计算的过程，如施工单位在完成挖土方的工作内容之后，造价工程师会通过测量基坑的长、宽、深等数据，以此计算得出土方的量。工程计量还包含一个确认的过程，就是承包人将写有实际完成工程量内容的文件，交由监理单位或者发包人进行签字确认。此时监理单位或者发包人就需要对实际工程量与图纸工程量进行比对。承包人实际完成的工程量既不能比图纸多，也不能比图纸少。如果实际工程量少于图纸显示的工程量，应当属于承包人未按图施工，发包人得以追究其违约责任；如果实际工程量超过图纸，可能构成承包人强迫得利，这同样会给承包人带来不利影响。

关于工程计量的原则，《施工合同示范文本》第12.3.1项规定："工程量计量按照合同约定的工程量计算规则、图纸及变更指示等进行计量。工程量计算规则应以相关的国家标准、行业标准等为依据，由合同当事人在专用合同条款中约定。"这里简单提醒一下，《清单计价规范》中规定的工程量计算规则与定额的计算规则有所不同。《清单计价规范》第8.2.1条规定："工程量必须以承包人完成合同工程应予计量的工程量确定。"即《清单计价规范》要求按照实际完成的工程量作为计量单位，而定额的计算可能还会考虑例如土方开挖的放坡等工序,因此两者的计算规则略有不同。但是,显而易见,如果采用清单计量规则,发承包双方就要在合同当中明确约定,所有的计量工作都以统一的计量规则作为前提条件。

另外,还要讲一下措施项目的计量问题。我们已经知道措施项目,它是一种在工程竣工之后就看不见摸不着的东西。比如,脚手架究竟搭了多少,降水工程真正降了多少天,这些内容在事后非常难以举证。所以说措施项目的计量尤其重要,承包人在施工过程中要及时地对措施项目进行计量。

笔者接触到这样一个问题,某一建设单位,在项目建设过程中与施工单位就工程量签订了一份签证,签证记载工程量为1000。但是到了诉讼环节,建设单位发现施工单位实际完成的工程量只有500,而且从始至终就是500。那么此时到底是以签证为准,还是以查明的500为准呢?有些人认为,签证作为一种补充协议,双方就应当以协议为准。但是笔者认为,工程计量工作也是一种需要举证来证明其实际内容的证明对象。证据有证明力的大小之分,通过比较不同证据之间证明力的大小就可以确认最终的工程量。既然这个例子里已经查明500的工程量为真实,还是应当以500作为一个最终结算的量。

以上就是工程计量的基本概念。

2. 计量风险

接下来我们来谈一谈计量风险的问题。实际上,笔者在最近的研究过程中发现,很多发承包主体,或者说当前的建筑交易市场,将风险和责任这两个概念混为一谈。尤其是发包人,经常在专用条款部分,将很多本应当由自己来承担的责任情形,任性划入了综合单价的风险范围之内,以此转嫁给承包人来承担。比如,合同中常见的情形有,很多发包人会约定设计变更的风险由承包人承担。笔者认为,设计变更并不属于一种风险,而应当是一种责任。由于发包人发出设计变更的指令,导致承包人工程量的增加,因此引起了综合单价的变化,这种责任怎么可能要求一个对于这样一种状况完全无法控制、无法回避的承包人来承担呢?更何况这样一种设计变更最终的受益人仍然是发包人。对于这一情形,我们可以看到,现在招投标环节更多的是采用工程量清单计价的模式,可以较好地规避这一问题。

无论是《施工合同示范文本》还是各地的地方政府性规定,都对工程计量作出了较为清楚的规定。以《施工合同示范文本》为例,其中第 1.13 款规定:“除专用合同条款另有约定外,发包人提供的工程量清单,应被认为是准确的和完整的。出现下列情形之一时,发包人应予以修正,并相应调整合同价格:(1)工程量清单存在缺项、漏项的;(2)工程量清单偏差超出专用合同条款约定的工程量偏差范围的;(3)未按照国家现行计量规范强制性规定计量的。”也就是说,当工程量清单出现条款规定的三种情形时,应当由发包人来承担相应的责任。比如,承包人在现场实际完成某项工作之后,在与发包人的项目经理核对工程量时发现,工程量清单中并没有这一项。此时,发包人显然要对清单遗漏的项目进行补充,按照实际发生的费用支付承包人。即对于这样一种清单漏项的计量风险,《施工合同示范文本》要求应当由发包人来承担。浙江省住建厅对此规定得更为具体,《关于规范建设工程施工招标文件计价条款的指导意见》规定:“单价合同的工程量计量风险应由发包人承担,工程量按照承包人完成合同工程应予计量的工程量确定,不应出现‘结算时实际完成工程量与招标清单工程量偏差达到多少幅度方能调整’等类似表述。”举例来说,有一招标工程量清单显示某项工作的工程量为 100,同时合同约定,只有当承包人实际完成的工程量较清单工程量偏差达到 3% 才能调整。按照这一约定,如果承包人实际完成的量是 101、102、103, 合同价款不予调整,单价仍然执行投标时的单价。只有当工程量达到 104、105、110,对于超出 103 之外的这 1 个、2 个、7 个的工程量,发包人才会给予补偿。实际上,装修合同中经常能遇到类似的条款,这公平吗? 显然不公平。因为承包人完成的每一个工程量都是实实在在的人材机的投入,由于发包人在编制清单时产生的错误,怎么可以要求承包人来承担这样一种计量风险呢? 因此,对于计量风险,要有按实结算的认识。

有了这样的认识之后,再来看一下《清单计价规范》对按实计量这一原则的规定。《清单计价规范》将合同分为单价合同和总价合同,对于单价合同,第 8.2.1条规定:“工程量必须以承包人完成合同工程应予计量的工程量确定。”这一条款的意思是,招标工程量清单仅仅是提供一个公平竞争的平台,其中所列的工程量是对所有投标人统一适用的一个数据,最终的计量仍是按照承包人实际完成的工程量来计算,换句话说,招标工程量清单所列的工程量是一个预计工程量,一方面是各投标人进行投标报价的共同基础,另一方面也是对各投标人的投标报价进行评审的共同平台,体现了招投标活动中的公开、公平、公正和诚实信用原则。发承包双方竣工结算的工程量应以承包人按照现行国家计量规范规定的工程量计算规则计算的实际完成应予计量的工程量确定,而非招标工程量清单所列的工程量。接着,第 8.2.2 条规定:“施工中进行工程计量,当发现招标工程量清单中出现缺项、工程量偏差,或因工程变更引起工程量增减时,应按承包人在履行合同义务中完成的工程量计算。”这一条款实际上就是针对工程中经常出现的缺项漏项、工程量偏差、工程变更等情形,再一次明确以承包人实际完成的量来计算。我们要牢牢记住这样一种按实计量的原则。

至于《清单计价规范》对总价合同的规定就比较有趣了,甚至很多造价管理人员,对于清单总价合同的计量问题也存在认识上的误差。《清单计价规范》第 8.3.1 条规定:“采用工程量清单方式招标形成的总价合同,其工程量应按照本规范第 8.2 节的规定计算。”第 8.2 节就是前面讲到的单价合同按实计量的计量方法。因此,即使是采用工程量清单形成的总价合同,工程量也要按实计算。我们都知道总价合同,如施工图预算总价,一般是按照实际完成某一施工节点来直接拨付工程款。但是读者们要注意到,《清单计价规范》对清单总量也要求按实计量,也就是说,总价合同同样需要进行最后的收方工作,对实际完成多少工程量进行核算。最后将实际完成的工程量,与清单当中所列的工程量进行比较:当实际完成量比清单所列的招标工程量要多,对于超出的部分是一定要计量、计价给承包人的。因此,清单总价实际上并不是通常认识中的总价合同,它还是按照单价合同的原则进行计量和计价。前文笔者一再强调过,对于所谓的总价合同,一定要看总价对应的范围。清单总价对应的范围就是招标工程量清单,如果招标人在施工图纸翻译到工程量清单的环节做到了绝对正确,没有一点错误,此时清单显示的工程量就是总价对应的范围,但是这种情况是不可能出现的。所以在采用清单总价合同模式的情况下,发承包主体还是要注意按实计量的原则。

另外,《清单计价规范》第 8.3.2 条还规定:“采用经审定批准的施工图纸及其预算方式发包形成的总价合同,除按照工程变更规定的工程量增减外,总价合同各项目的工程量应为承包人用于结算的最终工程量。”什么意思?我们要明确施工图预算形成的原因。为什么会有这样一种施工图预算?因为在招投标阶段,招标人要求所有的投标人直接按照施工图纸进行报价,投标人需要自己根据图纸计算工程量后报价。按照这种做法,保证清单准确性、完整性的责任就要由承包人自己承担。既然施工图总价对应的范围就是施工图,那么对于各分项工程或是措施项目工程,就无须再单独计算其工程量,只要按照承包人实际完成某一节点的进度支付工程款就行了。即对于施工图总价就无须再行计量。

3. 工程计量的程序

实践中,工程量的计量工作是由谁来完成的呢?我们可以直接看《施工合同示范文本》的规定。作为一个示范文本,基本上各个地方或是各个项目,都会采用其中条款确定的规则来进行具体工程量的确认。《施工合同示范文本》第12.3.3项"单价合同的计量"规定:"除专用合同条款另有约定外,单价合同的计量按照本项约定执行:(1)承包人应于每月25日向监理人报送上月20日至当月19日已完成的工程量报告,并附具进度付款申请单、已完成工程量报表和有关资料。(2)监理人应在收到承包人提交的工程量报告后7天内完成对承包人提交的工程量报表的审核并报送发包人,以确定当月实际完成的工程量。监理人对工程量有异议的,有权要求承包人进行共同复核或抽样复测。承包人应协助监理人进行复核或抽样复测,并按监理人要求提供补充计量资料。承包人未按监理人要求参加复核或抽样复测的,监理人复核或修正的工程量视为承包人实际完成的工程量。(3)监理人未在收到承包人提交的工程量报表后的7天内完成审核的,承包人报送的工程量报告中的工程量视为承包人实际完成的工程量,据此计算工程价款。"

要由承包人报送已完工程量报表等相关资料。承包人为什么要这么做?因为工程量确认的工作与进度款的支付相挂钩。在收到承包人报送的工程量报表之后,监理单位会进行审核。如果监理人对于承包人完成的工程量有异议,可以要求承包人进行共同复核或抽样复测。一旦承包人没有按照监理人的要求参加复核或抽样复测,监理人复测或修正的工程量就视为承包人实际完成的工程量。当然,这是合同对于承包人没有履行应尽的负责义务而设置的不利后果,合同对于监理人这一方也作出了相应的规定:监理人如果没能在收到承包人提交的工程量报表后的7天内完成审核的,承包人报送的工程量报告中的工程量就视为承包人实际完成的工程量,据此计算工程价款。我们都知道,实务中承包人通常会在报送量表时,对工程量有所上浮。比如,明明只完成了100根管桩,承包人一定会报到110根、120根,因此监理人确实需要到现场去看一看承包人实际完成的管桩数量,在审核过程中进行修正。很多承包人也会从中玩一些手段,可能请监理人吃饭或者送礼,甚至搞定发包人的现场代表,这些情况都时有发生。但笔者建议各位律师读者一定要谨慎,不要参与这样的行为。

前文提到,工程量的计量工作是由承包人以及监理工程师来完成的。那么在施工现场的监理工程师,他所签字确认的有关工程量的文件,当然可以作为工程量的一个证明。这也可以在《施工合同司法解释一》得到验证,第20条规定:"当事人对工程量有争议的,按照施工过程中形成的签证等书面文件确认。承包人能够证明发包人同意其施工,但未能提供签证文件证明工程量发生的,可以按照当事人提供的其他证据确认实际发生的工程量。"但我们都知道工程量的证明首先应当依据图纸,因为图纸是承包人履行合同义务的基础,所以图纸应当是在工程量发生争议时最主要的证明文件。那么《施工合同司法解释一》为什么说签证文件才是首要的证明文件呢?实际上,这个问题应当从司法裁判的实务中去考虑。相信很多律师读者应该也有同样的认识,就是可能在最高人民法院的认识中,图纸上已有的工程量不会产生什么争议,只有在图纸以外另外形成的增量,才会发生工程量的争议,需要额外的签证文件进行确认,因此《施工合同司法解释一》就赋予了签证文件一个较高的地位。

那么究竟哪些证据可以证明工程量的实际发生呢?可以参考浙江省高级人民法院《关于审理建设工程施工合同纠纷案件若干疑难问题的解答》的规定:"双方当事人在建设工程施工过程中形成的补充协议、会议纪要、工程联系单、工程变更单、工程对账签证以及其他往来函件、记录等书面证据,可以作为工程量计算和认定工程价款的依据。"按照浙江省高级人民法院的规定,基本上施工过程中形成的所有文件都可以用来证明工程量。这也是比较符合现实情况以及法律规定的,因为作为律师,并不会在意现场文件的具体名称是什么,主要是看文件的实际内容。假如某一文件包含了工程量的确认的内容,自然要去确认它的效力,作为证据提交。因此,仅就工程量的证明这一点,从举证的角度来说相对还是比较简单的。

4. 案例:招标人应当对清单工程量负责

最后,通过一则案例看一看由工程计量引发的争议。某政府安置小区工程,采用的工程量清单进行招标。在招投标阶段,有投标人提出,招标人提供的工程量清单,地下车库部分钢筋混凝土的钢筋工程量为0,显然不合常理。为此,招标人专门作了答疑,解释称地下车库部分所有钢筋混凝土的钢筋量由投标单位自行测算,要求投标单位对包含在图纸范围之内的所有工程量准确报价,中标后不再调整,也就是工程中所谓的一次性包死。后中标的施工单位在实际施工过程中发现,实际使用钢筋的工程量与招投标时其自行估算的工程量有着巨大的差异。因此承包人提出,招投标阶段招标人要求投标单位自行测算钢筋工程量,但是钢筋工程量巨大,招标人没有给足测算的时间,作为投标单位只能按照估算的方式进行报价,导致钢筋用量出现严重缺口。承包人因此要求按照实际完成的工程量进行计算。

实际上,本案双方都存在过错。一方面,作为招标人,既然采用工程量清单计价,那么就应当对清单的准确性和完整性负责。因为清单的编制是招标人的工作,无论是招标人自行编制还是委托造价咨询单位将图纸翻译成清单,招标人都要对工程量清单的内容负责。另一方面,《清单计价规范》第4.1.2条规定:“招标工程量清单必须作为招标文件的组成部分,其准确性和完整性应由招标人负责。”尽管招标人要求所有的投标人自行测算违反了《清单计价规范》的规范,但是我们没有办法从法律效力层面对于这样一种违反《清单计价规范》的强制性条文的情形作出否定的效力判断。从管理的角度考虑,如果采用清单总价的计价方法,招标人一定要给投标人预留足够的时间,由投标人真实的按照招标人提供的图纸计算工程量,否则招标人不如直接采用施工图总价计价方法。所以本案法院就直接引用《清单计价规范》的强制性条文,即“施工中进行工程计量,当发现招标工程量清单中出现缺项、工程量偏差,或因工程变更引起工程量增减时,应按承包人在履行合同义务中完成的工程量计算”,最后将差额补偿给了承包人。

当然这一判决存在一定的问题,因为《清单计价规范》本身不能作为司法裁判的大前提。但是,我们应当认识到,就工程量的计算环节,更多地要从管理的角度去考虑,承包人可以抓住清单的编制人员资格、投标报价的时长及准备的精细程度等要素去说服法官。

LESSON

36

第三十六讲

工程进度款

1. 工程进度款的概念

接下来我们进入第三十六讲，工程进度款。《清单计价规范》第 2.0.49 条规定："进度款是指在合同工程施工过程中，发包人按照合同约定对付款周期内承包人完成的合同价款给予支付的款项，也是合同价款期中结算支付。"与之相对应的概念还有工程的预付款、竣工结算款、安全文明施工措施费以及质量保证金等，它们都属于工程价款的组成部分。工程进度款会产生相应的法定孳息，即进度款利息。

工程进度款的支付无非两种形式：一种是按月结算，也就是每个月进行一次进度款的支付。如果某一月的进度款支付发生了跨年度的情形，那么就在年终进行最后的盘点，办理年度结算。另一种是按照形象进度结算，也就是将工程根据形象进度分为不同的阶段进行支付。比如 ±0，或是完成土方开挖，再如完成主体工程的施工、装修工程的施工，电梯工程的施工等，以这样一些具体的形象进度作为一个支付节点。在实务中，按月支付应当更适合工程量清单计价形式，按形象进度支付更符合施工图预算总价合同形式。

《施工合同示范文本》第 12.4.2 项规定了进度付款申请单应当包含的内容："除专用合同条款另有约定外，进度付款申请单应包括下列内容：(1) 截至本次付款周期已完成工作对应的金额；(2) 根据第 10 条〔变更〕应增加和扣减的变更金额；(3) 根据第 12.2 款〔预付款〕约定应支付的预付款和扣减的返还预付款；(4) 根据第 15.3 款〔质量保证金〕约定应扣减的质量保证金；(5) 根据第 19 条〔索赔〕应增加和扣减的索赔金额；(6) 对已签发的进度款支付证书中错误的修正，应在本次进度付款中支付或扣除的金额；(7) 根据合同约定应增加和扣减的其他金额。"一是本次付款周期内已完成工程量对应的金额。二是本次付款周期内发生变更后应增加或扣减的金额，变更的款项直接计入当期进度款中进行支付。三是工程预付款。由于发包人在工程开工前已经预付了一笔款项，因此承包人需要通过每一次的进度款，将发包人的预付款在总额中予以扣除，直到扣减完为止。四是质量保证金。我们知道，在工程竣工结束之后，发包人会预留一定的质量保证金。工程质量保证金的收取既可以约定在进度款中逐次扣除,也可以约定在结算时一次性扣除。如合同约定在进度款中逐次扣除的,就需要在每期进度付款申请单中扣除相应的质量保证金。五是索赔金额。当期发生的索赔,应当在同期的付款周期内进行支付。最后就是对已签发的进度款支付证书中出现错误的修正,以及其他的一些款项的扣除。理解进度款的内容,有利于事后主张工程进度款的利息。简单地说,在承包人起诉要求发包人支付工程款的诉讼过程中,不但可以要求发包人支付工程结算款的利息,还可以要求支付每一进度款支付阶段未予支付的进度款所对应的利息。

2. 进度款的支付

对于进度款,笔者在实务中经常遇到这样的咨询,就是发包人拖延支付进度款,承包人是否可以停工。对于这个问题,律师读者们一定要谨慎地回答,因为施工合同对于停工有着明确的约定。《施工合同示范文本》第 16. 1. 1 项规定:“在合同履行过程中发生的下列情形,属于发包人违约:……(2)因发包人原因未能按合同约定支付合同价款的。”这里的合同价款,既包括结算款,也包括预付款、进度款等。在认定发包人构成违约之后,第 16. 1. 1 项还规定:“发包人发生除本项第(7)目以外的违约情况时,承包人可向发包人发出通知,要求发包人采取有效措施纠正违约行为。发包人收到承包人通知后 28 天内仍不纠正违约行为的,承包人有权暂停相应部位工程施工,并通知监理人。”通过这一条款就能看出,并不是说发包人一旦没有支付进度款,承包人就直接获得停工的权利,承包人在停工前必须履行合同约定的相应程序。承包人应当发出催告,只有催告后经过一定合理期限,也就是 28 天,发包人仍未支付的,承包人才获得相应部分的停工权。当然,进度款没有按期支付,本身已经构成违约行为,承包人可以根据合同去追究相应的违约责任。由此带来的问题是,这样一种违约责任,它和法定孳息是否冲突?答案应该是不一定的,也有高级人民法院作出明确规定,双方在合同中约定了进度款及其违约金,那么它所产生的法定孳息与违约金是可以同时主张的。当然这样一种主张还会受到实际损失金额的限制,即赔偿金不能超过实际损失金额的 1. 3 倍。

另外,《民法典》第 804 条规定:“因发包人的原因致使工程中途停建、缓建的,发包人应当采取措施弥补或者减少损失,赔偿承包人因此造成的停工、窝工、倒运、机械设备调迁、材料和构件积压等损失和实际费用。”这也就意味着，在发包人迟延支付进度款的情形下，承包人除了可以依程序行使停工权之外，还可以同时主张一定的索赔项，或者说可以主张一定的违约项目。例如，承包人在现场的大型塔吊等机械设备，由于停工期间不能够搬到其他地方用，此时发包人就应当对由此产生的损失进行赔偿，这是《民法典》赋予承包人的权利。

继续刚才说到的内容，发包人迟延支付进度款，承包人得以按照程序行使停工权。承包人停工之后，工期自然会发生顺延。由此产生比较矛盾的一点是，承包人要想从发包人处取得一个工期顺延的签证是非常困难的；施工合同往往要求承包人要想主张工期顺延，必须获得工期顺延的签证。因此，对于这个问题，不少高级人民法院作出了相应规定。例如，《安徽省高级人民法院关于审理建设工程施工合同纠纷案件适用法律问题的指导意见（一）》规定：“承包人以发包人未按合同约定支付工程进度款为由主张工期顺延权，发包人以承包人未按合同约定办理工期顺延签证抗辩的，如承包人举证证明其在合同约定的办理工期顺延签证期限内向发包人提出过顺延工期的要求，或者举证证明因发包人迟延支付工程进度款严重影响工程施工进度，对其主张，可予支持。”按照该条款的规定，在发承包双方已经产生激烈矛盾的情况下，并不强求承包人一定要获得工期顺延的签证。我们的人民法院非常理解承包人所要面临的窘境，因此在举证责任的问题上，法院只要求承包人能够证明曾经提出过顺延的要求就足够了。至于顺延的要求有没有得到回复，有没有形成签证，那都不是很重要。另外，关于顺延的工期，安徽省高级人民法院还规定：“因发包人迟延支付工程进度款而认定承包人享有工期顺延权的，顺延期间自发包人拖欠工程进度款之日起至进度款付清之日止。”由此可以看出，这样的规定有利于保护承包人的利益。当然，有的时候我们也会代理建设单位，因此对于这个问题，还得从另外一个角度再去考虑一下。笔者曾经在浙江省办的一个案子就是这样一种情况，本案由于公司内部管理的原因，发包人在进度款的支付上较合同约定晚了几天。因此到了诉讼环节，承包人就提出，因为进度款的延后，所以承包人得以主张工期顺延。显然，从情理上读者们也能分析出来，由于发包人的迟延履行，承包人才提出工期顺延的主张。但还要考虑的是，停工事实是否真的发生呢？对此，《盐城市中级人民法院关于审理建设工程施工合同纠纷案件若干问题的指导意见》第12条规定：“发包人逾期支付工程进度款，数额不大且承包人并未就此提出异议而继续施工,因工期发生纠纷,承包人主张顺延工期的,不予支持。”由此可以看出,对于逾期支付进度款所引起的工期纠纷,法律是规定得比较严格的,即必须产生了现实的停工行为,同时逾期支付的数额较大,承包人才得以主张工期的顺延。

既然工程进度款属于请求权,必然也要适用诉讼时效的规定。《民法典》第189条规定:“当事人约定同一债务分期履行的,诉讼时效期间自最后一期履行期限届满之日起计算。”工程欠款本身就是一项分期履行的债务,所以应当从最后一个履行期限届满之日起计算。这一点在广东省深圳市中级人民法院的文件中也有非常明确的规定,《关于建设工程合同若干问题的指导意见》第37条规定:“建设工程的工程款诉讼时效以合同约定最后一期工程款的支付期限为起算时间,工程质量保修款的诉讼时效以保修款返还日起算。”因此,在对工程欠款提起诉讼的过程中,就不太需要再去考虑之前的各期进度款是哪一天支付的,有没有超过诉讼时效等,这都是一些多余的问题。

最后有关工程进度款,还要讲解的就是进度款的利息问题。《施工合同司法解释一》第27条规定:“利息从应付工程价款之日开始计付。”按照文义解释的方法,该条款所谓的“工程价款”不仅包括最终的竣工结算款,而且包括工程的预付款、进度款、安全文明施工费以及质量保证金等。所以进度款的利息也是从应付之日开始起算而非结算之日。在起诉的时候,我们就要去看合同约定的进度款支付日期是哪一天,以及进度款的实际支付时间,对于延期支付的期间就可以主张相应的利息。当然,如果合同没有约定进度款的支付时间,《施工合同司法解释一》第27条也给出了具体的起算时间:“(一)建设工程已实际交付的,为交付之日;(二)建设工程没有交付的,为提交竣工结算文件之日;(三)建设工程未交付,工程价款也未结算的,为当事人起诉之日。”至于利息的计付标准,笔者就不再做过多说明,《施工合同司法解释一》第26条已经作了明确规定:“当事人对欠付工程价款利息计付标准有约定的,按照约定处理。没有约定的,按照同期同类贷款利率或者同期贷款市场报价利率计息。”

LESSON

37

第三十七讲

工程质量

1. 工程质量责任

这一讲是有关工程质量。笔者需要提前说明,这一讲的内容可能会引起非常大的争议。因为在实践中,各个高级人民法院以及一些建设工程领域的裁判法官,对于工程质量和工程价款的关系这个问题的理解有着非常明显的对立。笔者在本书仅从法律适用的角度来探究两者之间的关系。

第一,如果因为施工人的原因造成了工程质量不符合约定,施工人应当承担相应的违约责任。因此,我们要认识到,质量责任就是一种违约责任。

第二,《民法典》第 781 条规定:"承揽人交付的工作成果不符合质量要求的,定作人可以合理选择请求承揽人承担修理、重作、减少报酬、赔偿损失等违约责任。"笔者在前文也提到过,施工合同属于承揽合同的一种。因此,如果工程质量不符合合同约定,施工人也应当承担修理、重作、减少报酬、赔偿损失等违约责任。在《民法典》合同编的建设工程合同一章,第 801 条也作了同样的规定:"因施工人的原因致使建设工程质量不符合约定的,发包人有权请求施工人在合理期限内无偿修理或者返工、改建。"通过这样几个条款,我们就能深刻认识到,如果因为承包人的原因造成工程质量不合格,承包人一定需要承担违约责任,这是一个基本认识。以笔者之前讲过的案件为例,有一承包人在对防火涂料进行施工的过程中,没有严格按照要求进行涂刷。比如,本来应当刷 1cm 的防火涂料,这位承包人只刷了 1mm,甚至有些部位根本没有刷。但最后还是经过竣工验收合格了。等到发承包双方产生纠纷时,这位承包人就认为,既然工程已经竣工验收合格了,那么发包人就不能再追究其施工质量责任。对于这样一种说法,请各位读者思考一下,发包人的竣工验收可以免除承包人的施工质量责任吗?

我们来看发包人的法定验收义务。《民法典》第 799 条规定:"建设工程竣工后,发包人应当根据施工图纸及说明书、国家颁发的施工验收规范和质量检验标准及时进行验收。验收合格的,发包人应当按照约定支付价款,并接收该建设工程。建设工程竣工经验收合格后,方可交付使用;未经验收或者验收不合格的,不得交付使用。"按照这一条款的规定,验收应当构成发包人的法定义务，只有验收合格的工程才能交付使用。《民法典》是从行政管理、公共安全以及公共利益的角度，要求发包人必须履行法定的验收义务。再看《施工合同司法解释一》第14条的规定："建设工程未经竣工验收，发包人擅自使用后，又以使用部分质量不符合约定为由主张权利的，人民法院不予支持；但是承包人应当在建设工程的合理使用寿命内对地基基础工程和主体结构质量承担民事责任。"实际上，司法解释设置这一条款的目的也是凸显发包人法定的验收义务。简单来说，如果发包人对工程没有验收而擅自使用，就不得主张工程质量方面的权利。质量方面有哪些权利呢？既包括在竣工之前要求承包人返工的权利，也包括在竣工之后要求承包人承担保修责任的权利。很多人由此就会产生一定误解，认为一旦经过竣工验收合格，就可以免除承包人的违约责任。

讲到这里，笔者需要穿插着讲解有关保修的问题。《民法典》有关保修的内容规定在第795条："施工合同的内容一般包括工程范围、建设工期、中间交工工程的开工和竣工时间、工程质量、工程造价、技术资料交付时间、材料和设备供应责任、拨款和结算、竣工验收、质量保修范围和质量保证期、相互协作等条款。"但《民法典》并没有具体说明质量保修到底是一种怎样的制度以及应当适用什么样的规则。另外，《建筑法》第62条规定："建筑工程实行质量保修制度。"同样没有对制度展开详细论述。实际上，我国有关质量保修的规则主要还是规定在行政法规当中。《建设工程质量管理条例》第41条规定："建设工程在保修范围和保修期限内发生质量问题的，施工单位应当履行保修义务，并对造成的损失承担赔偿责任。"我们首先从正面的角度理解一下这一条款，如果某项工程在保修范围和保修期限之内，那么承包人就应当履行保修义务。这是法条应有之义。问题就在于，如果因承包人的原因造成的质量问题发生在保修范围和保修期限之外，是否承包人就不再承担任何责任了？回想一下，一方面，因承包人的原因导致工程质量不合格，承包人要为此承担违约责任；另一方面，《建设工程质量管理条例》将承包人的保修责任限定在保修范围和保修期限之内，两者之间是否存在矛盾？答案应该是否定的。《建设工程质量管理条例》的规定，并不影响承包人承担《民法典》设置的违约责任。在判断建设工程施工质量不合格产生的责任时，不仅仅需要考虑保修范围之内的保修责任，我们还要从根本上认识到，这是一个违约行为。也就是说，《建设工程质量管理条例》所确定的保修义务，没有权力去修改上位法关于违约责任的规定。因此，读者们应该就能理解,保修责任仅仅是一种加强之后的质量责任,它是从行政管理的角度对工程质量进行保障的举措。

至此,我们再来捋清一下相关的概念:第一,因承包人的原因造成工程质量不合格,承包人应当承担违约责任。第二,工程经过竣工验收合格之后,并不能免除承包人的违约责任。没有任何一部法律可以作出免除责任的解释。即使《施工合同司法解释一》第14条规定"建设工程未经竣工验收,发包人擅自使用后,又以使用部分质量不符合约定为由主张权利的,人民法院不予支持",但是我们没有办法由该条款反推出经过竣工验收合格就可以免除承包人的质量责任。因为竣工验收仅仅是发包人的法定义务,不能构成免责的条件。第三,工程经过竣工验收合格之后产生的质量责任,不只是一个保修责任。同样地,保修仅是《建设工程质量管理条例》所确定的一种加强责任,保修责任规则的设计并不意味着承包人违约责任的免除。就这一观点,实务中可能会有截然不同的看法。例如,北京市高级人民法院《关于审理建设工程施工合同纠纷案件若干疑难问题的解答》第28条规定:"建设工程经竣工验收合格,或虽未竣工验收,但发包人已实际使用,工程存在的质量问题一般应属于工程质量保修的范围,发包人以此为由主要求拒付或减付工程款的,对其质量抗辩不予支持,但确因承包人原因导致工程的地基基础工程或主体结构质量不合格的除外。"简单来说,北京市高级人民法院将工程经过竣工验收之后发现的质量问题,统统列为保修责任的范畴。笔者认为,这是一条完全错误的规定,正如前文所说,没有任何一个条文免除了承包人的违约责任。

2. 案例:竣工验收合格不能免除承包人的违约责任

最后,通过一个最高人民法院的公报案例,看一看工程质量和工程价款的关系。这个案例非常经典,笔者建议各位读者能够将本案反复研读。因为案例学习是了解工程造价争议非常快速的渠道,读者可以通过案例的事实与法律分析接触实际发生的争议。我们都知道建设工程案件通常较为繁杂,一个律师可能每年接触的案件数量有限,这样并不利于律师的快速成长。因此,通过学习案例,就能够把别人遇到的难题,别人想到的好的办法,别人没有想到的漏洞,都作为自己的经验积累起来。

本案在工程竣工验收合格之后,发包人发现屋面存在漏水,且经过检测,确实是因为承包人没有按照图纸要求的材料进行施工造成的。此时承包人提出抗辩,主张工程已经竣工验收合格,发包人就不能够再要求其承担违约责任;即使承担责任,也只能是《建设工程质量管理条例》所规定的保修责任。前文提过,合同违约责任的承担方式包括重作,而保修义务与重作相比,两者的金额相差较大,本案因此发生争议。法院认为,虽然工程质量已经经过竣工验收合格,但是这样一份验收证明并不能否认工程存在质量问题,也不能否认工程的质量问题是承包人造成的。所以就事实认定这一点,法院明确竣工验收合格的证明文件,不能够对客观事实形成有效的对抗。另外,法院还在判决中表明,《建设工程质量管理条例》仅仅是一个管理性的规范,而本案承包人的违约行为产生的法律责任应当属于民法中的违约责任。按照最高人民法院《关于裁判文书引用法律、法规等规范性法律文件的规定》,《民法典》应当作为裁判的基本依据之一,而《建设工程质量管理条例》在本案仅能起到一个参考作用。因此,法院最终就按照谁造成的质量问题就由谁来负责这一原则来处理,这也符合《民法典》的公平原则。

通过这个案例我们可以再次了解到:第一,因承包人的原因造成工程质量不合格是一种违约行为,承包人应承担违约责任;第二,工程竣工验收合格不能免除这一质量责任;第三,保修责任本身也不能够替代或免除这样一种违约责任。有的读者可能会考虑另外一个问题,就是违约责任到底要承担到什么时候?难道在竣工验收合格之后多少年之内都要承担这样一个责任吗?这可能是另外的问题,笔者之后再行分析。

LESSON 38

第三十八讲

合同无效

1. 合同无效的法律后果

这一讲是关于合同无效的法律后果。很多发包人或承包人一听到律师分析合同无效就非常紧张，非常恐慌。实际上作为承包人，大可不必紧张，因为《民法典》第 793 条规定得非常清楚："建设工程施工合同无效，但是建设工程经验收合格的，可以参照合同关于工程价款的约定折价补偿承包人。"因此，对于承包人而言，在某些情形下反倒能够因为合同无效而获利，这个问题笔者稍后再讲。

谈到合同无效的法律后果，就必然要谈到《民法典》第 157 条和第 793 条这两个条文，它们确定了建设工程施工合同无效之后，应当折价补偿以及赔偿损失这两个根本性的规则。《民法典》第 157 条规定："民事法律行为无效、被撤销或者确定不发生效力后，行为人因该行为取得的财产，应当予以返还；不能返还或者没有必要返还的，应当折价补偿。"行为人因建设工程施工合同取得了什么财产呢？我们都知道，发包人已经将工程款支付给承包人，所以承包人取得的财产就是工程款；而承包人也已将绝大部分工程款，甚至超额投入工程建设当中，所以发包人取得的财产就是建设工程。那么这样的财产能否主张返还呢？实际上，《民法典》设置返还原物这一法律后果，就是希望双方当事人能够在合同已经履行之后的这个时点，回到合同订立之前的这个状态。请读者们想象一下，承包人已经将工程款投入了建设工程中，是否还有返还的能力呢？显然没有。发包人一方，已经因为承包人的建设行为取得了建设工程的所有权。返还原物难道是要将建设工程拆除，重新拆分成钢筋、水泥、黄沙等材料以及劳务、机械之后，返还给承包人吗？这是不可能的。因此，对于建设工程施工合同，就存在不能返还的情况。既然不能返还，就只能折价补偿，这是第一个规定。具体如何折价补偿呢？《民法典》第 793 条规定："建设工程施工合同无效，但是建设工程经验收合格的，可以参照合同关于工程价款的约定折价补偿承包人。"回到《民法典》第 157 条，其中后半部分还规定："有过错的一方应当赔偿对方由此所受到的损失；各方都有过错的，应当各自承担相应的责任。法律另有规定的，依照其规定。"虽然这是一条关于损害赔偿的规定，但是该条款确定了合同当事人之间的过错责任,并且适用过错相抵这样一个减损规则。有过错的一方应当赔偿对方由此所受到的损失,那么损失包含哪些范围呢?实际上,这里的损失就是指双方在合同生效且履行之后达到的状态与合同订立之前双方的状态,两者之间存在差额,这里的差额所代表的费用就是损失。那么合同无效之后,一方当事人还能否请求对方继续履行合同?这是绝对不允许的。因为合同无效是一种当然无效,任何一方不得主张要求对方履行无效的合同。

笔者认为,还有必要对《民法典》第793条作更为深入的解读。实践中存在这样的情形,就是承包人在发现建设工程施工合同无效之后,就会想到,如果按照定额进行结算,最终的价格肯定要比无效合同本身的约定要高很多,因此就会主张按照定额结算。对于这种情况,《浙江省高级人民法院民事审判第一庭关于审理建设工程施工合同纠纷案件若干疑难问题的解答》第13条规定:"建设工程施工合同无效,但工程竣工验收合格,按照最高人民法院《关于审理建设工程施工合同纠纷案件适用法律若干问题的解释》第二条的规定精神,承包人或发包人均可以请求参照合同约定确定工程价款。"另外,《宁波市中级人民法院关于审理建设工程施工合同纠纷案件疑难问题解答》中也规定:"建设工程施工合同无效,但建设工程经竣工验收合格的,承包人请求按照工程定额标准计算工程款,发包人请求按照合同约定确定工程款的,可参照建设工程施工合同约定确定工程款。"因此,不管承包人是否要求按照合同约定结算,只要发承包双方有一方请求按照合同结算,在合同无效之后就应当参照无效合同有关工程价款的约定进行结算。因为如果按照定额结算,承包人显然将从中获得超过合同约定的利益,这对发包人而言不公平。因此,折价补偿的上限就是合同所确定的工程价款。

2. 合同无效的处理

笔者在这一讲开头提到,在合同无效的情形下,承包人可能还会因此而获利,这是什么原因呢?实际上这是针对工期违约的情况而言的。既然施工合同已经无效,那么合同中关于工程价款、工程质量以及工期的约定全部无效,对于承包人而言所有的法锁都被打开了,很多承包人就因此主张不再受到工期的约束。对于这一点,重庆市高级人民法院的明确观点值得借鉴。《重庆市高级人民法院关于当前民事审判疑难问题的解答》第 8 条规定："建设工程施工合同无效时，合同中关于工期的约定条款对当事人仍然具有约束力，人民法院可以据此判断工期是否延误。"当然，对于逾期竣工，发承包双方一般会在合同中单独约定违约金或损失的计算方法，如约定每天赔偿整个工程造价万分之一的损失。但需要强调的是，既然合同无效，那么合同中有关违约金、损失计算方法的约定也都无效，因此就不能依据这些条款来追究承包人的违约责任。可能读者会疑惑，这样是不是承包人就不用再承担责任了？这种理解也是不正确的。考虑到《民法典》第 157 条的规定，因为一方过错给对方造成了损失，还应当承担相应的损害赔偿责任。重庆市高级人民法院同样规定："合同被认定无效后，工期延误损失应当是因承包人延期完工给发包人造成的实际损失，可根据双方当事人的过错予以赔偿。对于实际损失的存在及金额，发包人应当承担举证责任。"由此可以看出，尽管承包人需要在合同无效之后继续承担工期延误损失，但是在举证责任的分配上，法院对承包人作出了较有利的安排。因此，根据这一规定，很多承包人反倒有动力去主张合同无效，尤其是在承包人存在严重工期违约的情形下。当然，诚实信用原则是民法的基本原则，有的地方法院认为，对于承包人延期造成的损失，还是可以参照合同约定的违约金条款来处理，这也是符合诚实信用原则的一种判决方法，笔者认为，在具体的案件中是可取的。

讲到违约金，读者们可能就会联想到上一讲所说的质量保证金。合同无效，承包人是否就无须承担质量保修责任？答案是否定的。因为保修责任是一种法定责任，所以发包人仍然可以要求承包人按照法律或行政法规的规定承担保修责任。涉及保证金的问题，正常情况下，由于发包人是在承包人每一次支付的进度款中逐笔的扣留一定的保证金，因此即使合同无效，很多法院也赋予发包人保留质量保证金的权利。例如，《北京市高级人民法院关于审理建设工程施工合同纠纷案件若干疑难问题的解答》规定："建设工程施工合同无效，但工程经竣工验收合格并交付发包人使用的，承包人应依据法律、行政法规的规定承担质量保修责任。发包人要求参照合同约定扣留一定比例的工程款作为工程质量保修金的，应予支持。"发包人可以在缺陷责任期届满之后再予返还。所以，在合同无效的情况下，工期违约金和质量保证金就有这样一些特殊的约定。

本书不会着重去讲什么情形会导致合同无效，但是其中有一种情况想要稍微讲解一下,因为它与造价有关,就是承包人的投标报价低于成本价。《招标投标法》第33条规定:“投标人不得以低于成本的报价竞标,也不得以他人名义投标或者以其他方式弄虚作假,骗取中标。”这个问题在实践中经常发生,但是各地司法判决也已形成了非常明确的意见,即以合同价格低于成本价为由主张合同无效的,基本不会得到支持。有的承包人会采取低价中标的策略,报了一个非常低的价格,希望在施工过程中通过变更、索赔进行加价,以此获得高额利润。当然,当这类承包人遇到管理比较完善,图纸比较准确,清单也比较完整的发包人,他就做不到二次经营,尤其是在施工现场的造价员将按照当地信息价计算得出的市场价格报给他作为成本参考的时候,他就更觉得吃亏了。此时承包人就会向人民法院起诉,要求确认合同价低于成本价,主张施工合同无效。

实际上,承包人将成本价等同于定额价,存在一定的误解。福建省高级人民法院《关于审理建设工程施工合同纠纷案件疑难问题的解答》规定得非常清楚:“工程造价定额标准不属于法律、法规的强制性规定,因此,建设工程施工合同约定的价款低于工程定额标准,不导致该约定无效。”定额价是各地造价站在统计市场上所有建筑企业的价格的基础上经过测算、调差得到的平均价格,与成本价绝不是相同的概念。企业的成本价只有企业自己知道,因此要想证明合同报价低于成本价是非常困难的。可能还有当事人会主张显失公平请求撤销合同,那么就要依照显失公平的规则来走。显失公平需要一定的除斥期间,一般工程都是在半年到一年以上,等到除斥期间经过,再请求撤销合同就已经来不及了。因此,实践中承包人以合同价格低于成本价为由主张权利的,基本得不到支持。

同样涉及合同价格,合同无效之后,送审价又要如何考虑?所谓送审价条款,《施工合同司法解释一》第21条规定:“当事人约定,发包人收到竣工结算文件后,在约定期限内不予答复,视为认可竣工结算文件的,按照约定处理。”如果发承包双方在合同中作了类似的约定,承包人就可以请求按照自己提交的竣工结算文件进行结算。那么,在合同无效的情况下,送审价条款还有效吗?《江苏省高级人民法院建设工程施工合同案件审理指南》中规定得非常清楚:“该条是发包人逾期不答复也不结算所承担的法律后果,前提是施工合同为有效。当合同无效时,当事人不得依据此规定请求按照竣工结算文件结算工程价款。”因此,如果作为发包人的代理人,就要考虑在哪些情况下,合同无效反而对发包人更有利。像这里所说的送审价条款,因为承包人在竣工结算文件中报的价格往往是非常高的。

关于合同无效的最后一个问题就是结算协议的效力问题。一个正常的合法有效的施工合同,在工程经过竣工验收合格之后,双方可能会签订一份结算协议。如果合同没有出现无效情形,结算协议当然是有效的,双方就应当按照结算协议进行最终的结算。如果双方签订的施工合同在诉讼过程中被认定为无效,但是按照无效合同履行的建设工程经过竣工验收合格,最后双方也签订了结算协议,那么该份结算协议的效力是否会受到施工合同的影响呢? 对此,《北京市高级人民法院关于审理建设工程施工合同纠纷案件若干疑难问题的解答》中规定:“当事人在诉讼前已就工程价款的结算达成协议,一方在诉讼中要求重新结算的,不予支持,但结算协议被法院或仲裁机构认定为无效或撤销的除外。建设工程施工合同无效,但工程经竣工验收合格,当事人一方以施工合同无效为由要求确认结算协议无效的,不予支持。”条款表达的意思非常清楚,除非结算协议本身无效或被撤销,否则并不会因为施工合同的无效而影响结算协议的效力。这也给我们提供了一个思路,就是应当分别单独去看施工合同与结算协议的效力,结算协议独立于建设工程施工合同存在,系对既存债权债务关系的结算与清理。结算协议和施工合同之间没有必然的联系,施工合同无效,不会必然导致结算协议无效。结算协议本身是否有效,需要审查的是协议本身是否违反了《民法典》对合同效力的规定。最后的结论就是,结算协议在施工合同无效的情形下,原则上仍是有效的。

LESSON

39

第三十九讲

黑白合同

1. 黑白合同的概念

接下来进入第三十九讲,这一讲主要介绍发承包双方在招投标阶段以及后续的履约过程中签订的多份施工合同的效力以及与工程造价的关系。我们将建设工程施工合同抛在一边,单独思考一下买卖合同这样一种比较简单的交易模型。双方当事人就同一事项约定了一个在先的合同和一个在后的合同,或是约定了一个一般的合同和一个特殊的合同,此时应当以哪一份合同为准呢?当然是按照成立在后的合同以及有着特殊约定的特殊合同来执行。建设工程施工合同同样遵循这样一种基本规则。不过,在建设工程施工合同中还要多考虑一个黑白合同的问题。《施工合同司法解释一》第 2 条规定:“招标人和中标人另行签订的建设工程施工合同约定的工程范围、建设工期、工程质量、工程价款等实质性内容,与中标合同不一致,一方当事人请求按照中标合同确定权利义务的,人民法院应予支持。”由此可以看出,该条款的法律构成要件较多,但是法律适用结果非常明确,就是以中标合同作为结算依据。简言之,黑白合同应当按照白合同来结算。当然,这个条款本身没有对白合同和黑合同的效力作出判断,如直接判定白合同有效,而只是规定结算的时候要按照白合同进行结算。

Lesson 39

为了弄清该条款的适用范围,我们需要对条款的构成要件逐一分析,去看看哪些情况适用,哪些情况不适用。该条款对合同实质性内容作出了界定,包括工程范围、建设工期、工程质量、工程价款等。比如,双方将工程质量所要满足的一般标准提升到一个较高的标准,这样一种质量变化属于实质性内容不一致;或者双方当事人约定的工期是 1000 天,施工过程中缩减至 800 天,这也是一种实质性变更;再或者关于计价方法,招投标阶段双方采用清单计价的模式,中标后又变更为固定总价的计价方法,这显然也是合同实质性内容的变化;工程中更多的情况是双方在中标合同中约定 1000 万元的工程款,而实际合同价款仅为 800 万元,这种工程价款的变化也构成实质性内容不一致。在实践中,对于黑白合同引发的争议,通常发包人会主张按照黑合同来结算,而承包人则会主张按照白合同来结算,因为黑合同的价格一般是比较低的。现实中还有一种比较特殊的情形,就是双方当事人在中标合同之后再行签订补充协议,后双方当事人同时要求按照补充协议,也就是黑合同来进行工程价款的最终结算。甚至很多时候,当事人到了诉讼环节才达成结算协议的合意。此时我们可以去想一想,这是双方一致的意思表示,能否按照当事人的意愿抛弃掉原先的合同,直接按照补充协议进行结算呢?《山东省高级人民法院关于建设工程施工合同纠纷会谈纪要》对此规定得非常清楚:“审判实践中曾经出现了当事人双方请求按照‘黑合同’作为工程款结算依据的情形,对此,会议认为,‘白合同’是依据招标投标这一法定形式确认的,虽然‘黑合同’可能是当事人的真实意思表示,但由于合同内容规避法律规定、合同形式不合法,不能代替‘白合同’即中标备案的效力,即不能依据‘黑合同’作为结算工程款的依据。”因此,对于黑白合同效力的结论就是,双方当事人的合意不能排除黑白合同这样一个基本规则,法院可以直接适用该规则认定中标合同的效力。

另外,需要注意的是,该条款设计的情形是项目通过招投标形成了中标合同。但有些项目并没有经过招标投标程序,发承包双方通过直接发包的模式,签订建设工程施工合同,所以并不存在条款所谓的中标合同。只不过按照建设行政主管部门的要求,双方对签订的施工合同也采取了备案登记的措施。当仅经过备案的合同与在先签订的合同在工程价款的实质性内容方面发生了变化,那么此时应当以哪一份合同作为结算依据呢?对此,《重庆市高级人民法院关于当前民事审判若干法律问题的指导意见》规定:“登记备案的合同与发包方和承包方在先签订的施工合同在价款、质量和工期等方面存在较大差异的,应当探究当事人的真实意思和合同的实际履行情况,确定一份合同作为结算依据,登记备案的合同并不必然作为双方的结算依据。”

另一个问题,假如一个依法必须招标的项目,发承包人也履行了招投标程序,只是承包人的施工队在招标之前已经进入现场进行施工。发承包人为了规避法律对于串通投标的禁止性规定,另外还签订了所谓的战略合作框架协议,以此来锁定双方的权利义务关系。对于如此明显的串通投标的情形,我们可以直接判定双方当事人签订的合同,包括在先签订的战略合作框架协议都是无效的。《施工合同司法解释一》第2条还有一个隐藏的适用前提,就是中标合同合法有效。既然两份合同都无效,也就无须再适用黑白合同的规则。《浙江省高级人民法院关于审理建设工程施工合同纠纷案件若干疑难问题的解答》中规定:“当事人违法进行招投标,当事人又另行订立建设工程施工合同的,不论中标合同是否经过备案登记，两份合同均为无效。”按照该条款的规定，如果发承包人事前签订框架合作协议，后依照招投标程序再行签订中标合同，之后又另行签订补充协议，那么这一系列合同都是无效的，不仅是两份合同无效，三份合同可能都无效。在这种情况下，不管是否经过备案，都不再按照中标合同进行结算，而是按照符合双方当事人真实意思并在施工中具体履行的那份合同作为结算依据。总结来说，违法招投标形成的中标合同不适用黑白合同规则。

2. 案例：中标合同之外另行签订的合同并非全部属于黑合同

最后，通过案例看一看《施工合同司法解释一》第 2 条的另外一个适用限制。本案双方经过合法的招投标程序签订了施工合同，并且向有关部门进行了备案。合同的签订日期为 2007 年 12 月 18 日，约定采用可调价格的计价方法。对于可调价，本书前面进行过具体讲解，无非就是按照定额的消耗量，以及当地的取费标准这样一种类似定额结算的方法进行计价。在合同签订之后，承包人按照合同约定进场施工。但是，在承包人的施工过程中，项目上发生了多起纠纷，包括拆迁户堵门、材料商要求支付供应款以及农民工要求结算劳务费等，因此导致数次停工。直到 2010 年 7 月 10 日，鉴于项目实际建设情况，发承包双方只得另行签订补充协议。只是在结算方式上，补充协议约定双方采用固定单价的方式进行结算，具体单价为住宅 1650 元/平方米，商业 1950 元/平方米。也就是说，补充协议将原合同中可调价格的结算方式变更为单方计价。显然，如果从认定黑白合同的角度，双方当事人已经对合同进行了实质性变更，应当按照《施工合同司法解释一》第 2 条的规定，以中标合同作为结算依据。不过我们也注意到，本案补充协议的签订有其合理的原因。因此，到了诉讼环节，发承包双方就黑白合同的问题产生了争议。人民法院首先对司法解释的立法目的作了解读，该条款针对的是实务中双方当事人为了架空和规避招投标程序，而在中标合同之外另行签订施工合同的情形。本案的补充协议是双方在施工合同的履行过程中，为了解决工程多次停工给承包人造成大量损失的问题而签订的。尽管合同对工程价款的结算方法这一实质性内容作出了变更，但法院认定这是一种经过协商一致而发生的合同变更，不属于《施工合同司法解释一》第 2 条规定的黑白合同的问题，最终应当按照补充协议进行结算。

这个案例给我们的启示是,发承包双方在中标合同之外另行签订的合同并非全部属于黑合同,也并非全部直接按照中标合同进行结算。可能是由于设计变更、不可抗力等情形,导致双方在正常的合同履行过程中需要签订补充协议。我们不能僵硬地执行司法解释的规定,即使发生合理的设计变更,也要求发承包双方按照原先的中标合同进行结算,这是不现实的。在判断黑白合同的问题上,我们应当多考虑一下,补充协议的签订究竟是不是为了规避招投标行为,为了躲避行政监管。就像本案中的补充协议就是有效的,它不是黑合同,不适用黑白合同规则。

LESSON

40

第四十讲

未完工程造价

1. 单价合同下的未完工程造价

接下来我们再看未完工程的造价这个问题。未完工程在现实生活中十分常见,通常也叫作半拉子工程,就是工程进行到一半或者多半就因各种原因停止了工程进度。对于这种未完工程如何计价的问题,首先要考虑的是相关证据的固定问题,只有在固定了相关证据之后才会涉及如何计价的问题。《徐州市中级人民法院关于进一步规范关于审理建设工程施工合同纠纷案件的若干问题》规定:"当事人就半拉子工程诉至人民法院主张工程款的,人民法院应当根据当事人申请邀请专家咨询员,并协调双方当事人勘验工地现场,固定交接界面,保存相关证据,确定工程量,必要时可以进行公证。"该条款实际上规定的就是现场勘查的要求,在进行现场勘查时,法院的人要在场,发包人与承包人也要在场,现场最好还有一个造价鉴定机构的人员以及公证人员,大家共同将项目已经完成的工作量对照图纸进行确认。当然,在现场勘查的过程中,也会发生发承包双方另外形成合意的情况。因为有些工程建到一半又全部拆除,在现场勘察时,发包人就有可能对承包人先前已完成的工程量予以承认,形成一种自认,这个环节是比较重要的。如果双方就已经完成的工程量发生争议,那么应当根据当事人在撤场时签订的会议纪要、交接记录、监理材料、后续的施工资料等文件对工程量进行确定。在人民法院看来,不论发承包双方因为什么原因导致合同解除,承包人在撤场的时候都应当处理好相关的手续,包括做好交接记录、清点材料等。比如,承包人需要确认大楼建到了第几层,发包人才好去找另外的施工单位继续施工;再如,承包人先前购买的材料堆放在现场,就需要确认剩余材料的数量,形成相应的记录,防止后续产生不必要的纠纷。实践中对于这种半拉子工程,如果没有做好证据固定,到了重大争议环节往往就会发生非常多的争议。因此,律师读者在接触这类案子的时候,可以在承包人退场时就采取公证的形式将已完的工程量固定下来。当然,如果工程就一直放在那里没有继续施工,到了诉讼环节也可以采用现场勘察的方法来确定具体工程量。但是,如果因为种种原因双方一直没有进行事实的确认,最终都没有办法确定已完工程量,那么法院就会考虑是否存在撤场时没有办理交接以及造成工程未完工的原因等因素来分配举证责任。

在固定了有关证据之后，接下来就要看计价的问题。我们可以按照合同的形成将合同分为通过清单招标形成的综合单价合同和施工图预算形成的总价合同。两种形式下的未完工程，它们的计价方法也会有所不同。对于单价合同，《造价鉴定规范》第 5.10.6 条明确规定，合同中有约定的，按合同约定进行鉴定；如果合同没有约定，就要区分合同解除的原因在发包人还是承包人。有观点认为，未完工程的计价是一个技术问题，而责任承担是一个法律问题，应当将两者完全分开，先从技术上对工程造价进行鉴定，再从法律上考虑责任分担的问题。这种观点是不恰当的，因为责任承担主体不同就会导致其采用的计价方法也不同。如果法院认定承包人违约导致合同解除，那么单价项目就要按已完工程量乘以约定的单价进行计算，但是对于合同中的总价措施项目仅规定按照与实体项目的关联度比例进行计算，并没有非常明确的计算方法。对于因发包人违约导致合同解除的情况，除了用已完工程量乘以单价计算之外，实体项目还要适当增加企业管理费。笔者要强调的是该条款的最后一句话："未完工程量与约定的单价计算后按工程所在地统计部门发布的建筑企业统计年报的利润率计算利润。"什么意思？如果工程始终按照计划进行，发包人在完工后就应按照合同约定给承包人计价，现在因为发包人的违约造成了承包人的损失，那么发包人所要赔偿的损失应当包括承包人履行合同之后可以获得的利润。因此，《造价鉴定规范》规定，对于未完工程没有完成的部分，可以计算出其所对应的工程造价以及利润，法院可以判决发包人将该笔利润支付给承包人。这一规则体现了在发包人违约的情形之下，发包人应当承担相应的违约责任，弥补承包人的预期可得利益的这样一种精神。

2. 总价合同下的未完工程造价

最后我们来谈一谈总价合同下的半拉子工程应当如何计价。实际上这个问题是相当复杂的，在具体的案件中要结合具体的情形综合判断。笔者大体总结了三种主流的观点。

第一种方法叫作扣减法，《山东省高级人民法院关于审理建筑工程承包合同纠纷案件若干问题的意见》规定："对未完工的工程，应从合同总价款中相应扣减按现行工程定额标准计算出的未完工程的造价。”举例来说，有合同约定总价为 100 万元，鉴于工程尚未完工，可以先按照定额标准计算出未施工部分对应的工程造价，如计算的结果为 20 万元，那么将 100 万元减去 20 万元得到的 80 万元，就是发包人应当支付给承包人的已完工程的价款。为什么要用定额标准进行计算呢？我们都知道，按照定额标准计算出来的未完工程的价格，很有可能甚至绝对要比合同本身约定的价款要高。因此，读者们应该也能想到，扣减法仅适用于承包人违约的情形，在发包人违约导致合同解除的情况下不能适用。发包人可以用扣减的 20 万元，在市场上重新找到一个第三方，由第三方继续完成工程施工。按照定额标准进行扣减，一是为了保证发包人在原先合同约定的 100 万元之外无须额外的支付其他费用，二是为了保证发包人不会因为承包人的违约而丧失更多的利益，这也是公平原则的体现。

第二种方法叫作比例法，它也是目前比较通行适用的一种方法。江苏省高级人民法院《关于审理建设工程施工合同纠纷案件若干问题的解答》第 8 条规定：“建设工程施工合同约定工程价款实行固定总价结算，承包人未完成工程施工，其要求发包人支付工程款，发包人同意并主张参照合同约定支付的，可以采用‘按比例折算’的方式，即由鉴定机构在相应同一取费标准下计算出已完工程部分的价款占整个合同约定工程的总价款的比例，确定发包人应付的工程款。”比如，同时适用定额标准计得已完工程造价为 60 万元，工程整体造价为 100 万元；但实际合同总价仅为 70 万元，那么按照等比例计算，60 ÷ 100 × 70 得到的 42 万元就是发包人当下应当支付给承包人的已完工程的价款。

第三种方法叫作定额法，就是直接按照当地的定额水平来计算出已完工程的价款，比较简单。《造价鉴定规范》规定，因发包人违约导致合同解除的，承包人可以请求按照定额计算已完工程价款。

以上就是对于半拉子工程如何计价的问题的讲解。需要再一次强调，具体适用哪一种计算方法，不仅要看具体的案件、合同形式，还要看是发包人违约还是承包人违约等具体情形。

LESSON 41

第四十一讲

工程造价司法鉴定

1. 鉴定意见的性质

本书就要到尾声，笔者想在最后两讲再来介绍一下工程造价司法鉴定的问题。应当来说，工程造价的鉴定是整个施工合同纠纷最重要的一个环节或者阶段。希望各位读者在阅读完本书之后，除了弄懂造价问题，也能搞清楚司法鉴定的问题，这样就可以利用这个环节给自己创造很多有利的条件。如果对司法鉴定完全不清楚，就很有可能被法官、对方当事人或者鉴定机构的鉴定人员带到坑里去。

笔者回想自己几年前做的第一个施工合同纠纷案件，发包人想要在厂区内的土地上建造一幢二层小楼，就将工程发包给了承包人，双方就此签订了一份固定总价 80 万元的施工合同。但是工程没有用地规划，没有工程规划，也没有施工许可证，直接就这么建起来了。在完成一层的几根柱子的浇筑之后，项目就被当地的村集体举报，工程地面以上的部分也随之拆除。双方因此产生结算争议。到了诉讼环节，法院委托鉴定机构对施工内容进行鉴定，但当时的鉴定人员本身仅为造价员而非造价工程师，只是受造价工程师的指派来对案涉工程进行鉴定。尽管最后在报告上签字的仍为造价工程师，但是所有的工作都是由这位造价员在做。实际上，笔者当时对鉴定的流程也不太懂，所以没有及时对鉴定人员的资格提出异议。后来鉴定人员到了现场，在收集信息方面也比较负责，对工程实际完成了几根基础、多长的基础，以及围墙多长、多高，现场运土运掉多少、运距是多少，都进行了全面的统计。但是在组织双方当事人就计价原则和计价方法进行协商的时候，这位造价员就表示，案涉工程造价按照定额计价的方法进行计算才是比较公平合理的。经过上一讲的学习，各位读者应该也能马上想到，这种鉴定方法有很大的问题。因为工程本身是一个固定总价之下的未完工程，至少可以采用比例法进行折算，而鉴定人却主张直接按照定额结算。按照两种不同方法计算的结果差别是非常大的，按照定额结算的工程造价达到二十六七万，而按照比例法折算的结果只有七八万。对于如此巨大的差额，如果作为当事人的代理律师不懂造价，就很有可能在鉴定环节给当事人带来很大的损失。所以造价鉴定确实非常重要，它需要具备非常多的知识储备。

那么鉴定意见在整个诉讼过程中是怎样一个法律地位呢?《民事诉讼法》第66条规定了八种证据类型,其中第七项就是鉴定意见。因此,我们可以肯定的是,造价鉴定报告属于鉴定意见,需要经过质证才能作为认定事实的根据。我们要充分注意到在当前的司法环境中“以鉴代审”的情况非常普遍,作为律师我们有必要引导法官将鉴定意见当作一项普通的证据来对待。实务中还有一些当事人对鉴定报告的结果不满意,但是他下一步采取的行动并不是从报告本身去找漏洞,想办法推翻,而是将它作为一种诉讼的对象起诉到法院,要求确认鉴定报告无效。对于这个问题,《徐州市中级人民法院关于进一步规范关于审理建设工程施工合同纠纷案件的若干问题》规定:“人民法院委托鉴定机构作出的司法鉴定结论,仅是诉讼证据之一,其不具有可诉性。当事人对鉴定结论存在异议,直接向人民法院提起诉讼请求确认鉴定结论无效的,不属于人民法院民事诉讼受案范围,应当依法裁定驳回起诉。”因此,对于鉴定报告,读者们要注意不用把它看得那么权威,那么神秘,它无非就是证据的一种。在对鉴定意见的结果不满时,还是可以按照对待一般证据的处理方式,围绕其真实性、关联性、合法性进行质疑、说明、辩驳,以此验证其证明力的大小。

2. 鉴定意见的审查

所谓“以鉴代审”,说的是很多法院对于司法鉴定机构出具的鉴定报告,不论鉴定内容是否真实统统直接采用。因为这些法院认为,既然鉴定机构有其合法的资质,对案件所涉的专业问题自然能够提出正确的意见。但实际上恰恰相反,现在市场上的司法鉴定人员,往往不具有法律知识,因此出具的鉴定结论很多情况下都存在不少错误。

那么作为律师,应当怎么做?最高人民法院《关于民事诉讼证据的若干规定》第36条规定:“人民法院对鉴定人出具的鉴定书,应当审查是否具有下列内容:(一)委托法院的名称;(二)委托鉴定的内容、要求;(三)鉴定材料;(四)鉴定所依据的原理、方法;(五)对鉴定过程的说明;(六)鉴定意见;(七)承诺书。”也就是说,律师在审查鉴定意见时,可以参考该条款对鉴定书的以上内容重点关注。本书就其中的几项要点展开分析。

首先,委托鉴定的内容非常关键。人民法院在委托鉴定的时候,应当向鉴定机构发出委托书,在委托书上写明委托鉴定的内容。这里有一个问题,很多法院可能认为既然鉴定的工作已经交给鉴定机构,那么鉴定机构自己就能厘清一个大致的思路,以此作出最准确的鉴定结论,因此法院对鉴定内容的描述往往非常笼统。但实际情况恰恰相反。鉴定机构是依照法院委托的内容进行的鉴定,这里就存在逻辑顺序的误区。举例而言,有一施工单位在已经建成的厂房之上进行防水施工,但是在施工完毕之后,业主发现楼顶还是存在漏水的情况。法院在对该厂房委托鉴定的时候,在委托书上仅注明要求就楼顶的修复方案及修复费用进行鉴定。但是要知道,楼顶漏水不见得就是因为施工单位的工程质量不合格,也有可能存在其他原因,法院在委托鉴定的时候,应当同时要求鉴定机构对漏水的原因作出鉴定。律师在代理此类案件的时候,一定要在展开鉴定之前,与法院确定鉴定的内容。

其次,鉴定依据的问题。谈到鉴定依据,实务中的错误做法可以说是五花八门。笔者曾经处理过这样一个案件,鉴定报告显示工程质量违反了某一国家标准,并用括号标注了具体标准的名称及编号。法院在收到鉴定报告之后,并没有审查具体依据,而是直接以鉴定报告的结论认定工程质量不合格。但是作为律师,在查阅鉴定报告所指的国家标准时发现,鉴定机构作出鉴定意见所引用的条款仅为推荐性标准,根本不是强制性条文。《标准化法》第 2 条规定:“强制性标准必须执行。国家鼓励采用推荐性标准。”如果合同双方对此没有约定,那么推荐性标准就不能作为双方的合同依据,也不是法律依据,所以即使一方违反推荐性标准,也无须承担任何责任。鉴定机构无权仅凭一项推荐性标准认定承包人工程质量合格与否。所以读者们一定也要注意鉴定依据的问题。

再次,对鉴定过程的说明,这个过程也是很重要的。还是以笔者亲身处理过的一个案件为例,本案鉴定机构在受托之后,没有经过法院许可,直接将其中一部分内容委托给其他造价咨询单位来做。事后法官在发现这样的情况之后也很头疼,但是又不想去推翻已有的鉴定结论,因此法官直接认定这样一种委托也是合法有效的。但实际上这样的做法存在瑕疵。我们律师应当牢牢地把握鉴定过程,去看一看鉴定机构有没有实际进行现场踏勘,鉴定人员有没有收集资料等。

最后,有关鉴定意见的问题。在有些边远地区存在一类不规范的做法,就是作出鉴定意见的鉴定人员根本就不具备相应的资格。笔者接触到的一个案件，整个工程的鉴定结论上，只有一个造价员的签名，并且所有的鉴定人员中，仅有一位造价工程师，其他人员包括高级经济师、高级工程师，但是都不具备造价鉴定的资格。笔者通过一系列方法找到鉴定人的证书编号，竟然发现这位鉴定人员根本不在司法鉴定机构执业。这是严重违法的行为。针对这个点，笔者在庭审过程中提出非常强有力的证据，二审的法官也就不敢采用这样一种鉴定结论。说到鉴定人员和鉴定机构的签名盖章，还要提醒一下，就是造价工程师一定要在最终的造价鉴定结论上亲笔签字，并且盖上本人带有证书编号的个人章，鉴定机构也要盖上机构公章。

综上所述，作为律师，我们可以通过上面所说的这些内容，想办法推翻鉴定报告。当然，如果作为认同鉴定报告一方的代理人，同样也要从这些点进行防御。实务中还有一种情形就是，法院在审理过程中需要鉴定机构出具鉴定结论来推动案件审理，但是双方当事人都不申请，这时候应当怎么办呢？对于这个问题，重庆市高级人民法院《关于建设工程造价鉴定若干问题的解答》第 6 条规定："在案件审理过程中，当事人未申请进行建设工程造价鉴定，但人民法院认为根据当事人举示的证据不能自行确定建设工程造价，确需进行建设工程造价鉴定的，应当根据举证规则向承担举证证明责任的一方当事人履行释明义务，告知其提出鉴定申请。"也就是说，鉴定一定要依申请而进行，法院不能强制推行鉴定。因为即使法院强行要求鉴定，只要任何一方不配合，鉴定就无法完成，所以它一定是依申请。但是有时当事人就是不愿意申请，此时作为律师要跟当事人说清楚，正如重庆市高级人民法院所规定的那样，承担举证证明责任的一方当事人经释明后拒不申请鉴定的，人民法院可以根据举证规则，由承担举证证明责任的一方当事人承担不利后果。也就是拒不申请鉴定的后果就有可能完全按照对方的主张进行判决。

鉴定是一个非常漫长的过程，当事人有可能在提出申请之后，拒绝缴纳鉴定的费用，或者拒不提供相关材料。对于这种情形，最高人民法院《关于民事诉讼证据的若干规定》第 31 条第 2 款规定："对需要鉴定的待证事实负有举证责任的当事人，在人民法院指定期间内无正当理由不提出鉴定申请或者不预交鉴定费用，或者拒不提供相关材料，致使待证事实无法查明的，应当承担举证不能的法律后果。"比如，承包人请求支付工程款，而与之相关的证据在发包人手中，此时对此负有举证责任的发包人如果拒不提供该份证据，承包人可以要求法院直接按照自己的请求进行判决。总之，鉴定是一项依申请进行的程序，当事人在鉴定环节该配合还是要配合。

3. 鉴定意见的质证

关于鉴定，还有一个比较基础的问题，就是鉴定所依据的那些鉴定资料或者说证据如何进行认定呢？重庆市高级人民法院《关于建设工程造价鉴定若干问题的解答》对此也作出了解答。重庆市高级人民法院的这一文件非常具有参考价值，它能够解决造价鉴定过程中的大部分问题，读者朋友们可以自行查阅。其中第18条规定："人民法院收到当事人提交的鉴定资料后，应当组织当事人进行质证。当事人提交的鉴定资料繁多、杂乱，人民法院认为确有必要的，可以委托鉴定人对鉴定资料予以整理后再进行质证。质证时，当事人应当围绕鉴定资料的真实性、合法性以及与鉴定事项的关联性陈述意见。鉴定人可以参加质证程序。经人民法院允许后，鉴定人可以就鉴定的相关问题向当事人发问。质证后，人民法院应当结合当事人发表的质证意见对当事人提交的资料能否作为鉴定资料作出认定，并将当事人无异议或者人民法院认为应当作为鉴定依据的鉴定资料移交给鉴定人。人民法院对当事人提交的资料能否被采信暂时难以认定，需要在庭审后结合其他证据一并作出认定的，可以将存在争议的鉴定资料提交给鉴定人，由鉴定人就存在争议的鉴定资料所涉及的工程造价予以单列。"从该条款的规定就能看出，对鉴定资料的认定并不是属于鉴定机构的权利，而是应当由人民法院组织质证。当事人可以在质证过程中对此发表意见，但最终认定某一资料能否作为司法鉴定依据的权力在法院。实践中，有的法院可能会考虑流程的简化，或是不愿过度干涉当事人对证据的提交，因此并没有在鉴定之前组织当事人进行质证，而是要求鉴定机构按照双方当事人提交的不同证据，分别鉴定，并列在鉴定报告中供法院参考。法院在收到鉴定报告之后，对于鉴定报告中没有争议的部分通常会直接处理，而对于有争议的部分，就会比较双方不同观点，再决定采取鉴定机构的具体哪一种意见。按照这样的做法，就能尽量避免双方在法庭之上共同将矛头指向法官的窘境。律师在这一环节中所要做的，就是注意作为鉴定依据的材料是否全部经过质证。否则，如果一方当事人随便向鉴定机构提供的材料都作为鉴定依据，一定会引起非常多的麻烦。

与之类似的就是有关法律适用的事实认定方面的问题。鉴定机构在接受鉴定委托之后,经常也是一头雾水。有鉴定机构曾经向笔者提出这样一个问题:是否需要对违约金进行鉴定,然后将其列为工程结算款的一部分。这种说法乍一听好像也有道理。在工程结算的时候,对于前期发包人或承包人任何一方的违约行为产生的违约金可以作为工程造价的一部分,进行一个大结算,并全部纳入结算书当中。但是我们要知道,违约金的计算不只是一个算数的问题,更是一个法律问题。对于违约金要不要承担,以及承担的金额是多少,这都需要人民法院进行裁判。所以对于技术问题或者说计算问题,需要和法律问题作一个大致的区分。《盐城市中级人民法院关于审理建设工程施工合同纠纷案件若干问题的指导意见》第 20 条规定:"人民法院审理建设工程施工合同纠纷案件中,不得将涉及结算方式、证据效力、事实认定、约定效力、违约金等司法裁判问题交由司法鉴定机构进行鉴定。"《重庆市高级人民法院关于建设工程造价鉴定若干问题的解答》第 13 条则规定得更为明确:"建设工程造价鉴定中,鉴定人应当对与建设工程造价相关的专门性问题出具鉴定意见。鉴定人在鉴定中认为需要对合同或者合同条款的效力、合同条文的理解、证据的采信等法律性问题作出认定的,应当向人民法院提交书面意见,并说明理由,由人民法院作出认定。人民法院对相关问题作出认定后,应当书面答复鉴定人。"所以对于法律适用的问题,还是应当交给法院处理。造价鉴定机构的人员本身在自己的领域一定也是非常专业,能够做到非常精准地计算出总的造价金额,但是对于合同的效力、条文的解释等法律问题,他们是没有能力回答的。

还有一个比较有趣的问题,就是鉴定机构在鉴定时,到底是进行局部的鉴定,还是对整体进行鉴定?重庆市高级人民法院对这一问题也作出了明确解答:"当事人仅对部分工程造价存在争议,或者人民法院根据当事人举示的证据能够自行确定部分工程造价,需要通过鉴定方式确定争议部分或者人民法院无法确定部分工程造价的,应当仅对当事人存在争议部分或者人民法院无法确定部分的工程造价进行鉴定。但当事人存在争议部分或者人民法院无法确定部分的工程造价与当事人无争议部分或者人民法院可确定部分的工程造价不可分,客观上需要对工程造价进行整体鉴定的除外。"但是读者们要知道,无论律师还是法官,对于这种部分和整体的认识或者说立场与鉴定机构是完全不同的。因为鉴定机构按照鉴定标的收费,自然希望鉴定内容尽可能多。所以律师在考虑局部鉴定还是整体鉴定的时候,既要充分尊重鉴定机构,也要想办法去说服他们。

4. 重新鉴定的情形

关于鉴定,最后要谈的就是重新鉴定的问题。很多律师在拿到对当事人不利的鉴定报告之后,首先就会想到要求鉴定机构重新鉴定。但是笔者想请各位读者考虑的是,在整个鉴定过程中,是否曾对鉴定机构的做法提出过质疑? 是否及时地纠正鉴定机构的错误做法? 否则,要想在最终的鉴定结论出来之后再推翻,非常困难。《江苏省高级人民法院关于审理建设工程施工合同纠纷案件若干问题的意见》第 17 条规定:"当事人诉前已经共同选定具有相应资质的鉴定机构对建设工程作出了鉴定结论,诉讼中一方当事人要求重新鉴定的,人民法院不予支持,但有证据证明鉴定结论具有《最高人民法院关于民事诉讼证据的若干规定》第二十七条第一款规定的情形除外。"由此可以看出,想要求鉴定机构重新鉴定,本身是非常困难的。至于该条款涉及的最高人民法院《关于民事诉讼证据的若干规定》第 27 条,在 2019 年重新修订后应为第 40 条,其规定:"当事人申请重新鉴定,存在下列情形之一的,人民法院应当准许:(一)鉴定人不具备相应资格的;(二)鉴定程序严重违法的;(三)鉴定意见明显依据不足的;(四)鉴定意见不能作为证据使用的其他情形。"这是要求重新鉴定时非常重要的条款。

关于鉴定人的资格,前文已经作过相应介绍,这里仅做一点补充。各地司法机构有其专门的司法鉴定机构名册,名册内记载了各鉴定机构的司法鉴定人员以及具体从事哪一方面的工作。只有在名册内的司法鉴定人员才能从事相应业务范围内的司法鉴定业务。还是以笔者办理过的案件为例,笔者在拿到鉴定报告之后,发现鉴定意见非常不合理,于是就怀疑从事鉴定的鉴定人员本身的资质问题。笔者找到当地的司法鉴定名册,并在名册中找到本案的司法鉴定机构。但是在查阅过程中发现,该鉴定机构仅能从事工程质量的鉴定,并没有工程造价相关的鉴定资质。且查找鉴定机构下列的鉴定人员,没有一个人具有从事造价鉴定的资格。从司法鉴定的角度来看,该鉴定机构明显超出法院许可的鉴定范围从事鉴定。对于这一点,有的法官可能会认为司法鉴定人员本身的资质不在法院的考虑范围之内,即使鉴定人员不在名册之内,不代表鉴定意见本身的错误。因此,法官可能直接依照该份鉴定意见作出裁判。此时作为代理律师,又要怎么做呢? 笔者马上想到建设部《关于对工程造价司法鉴定有关问题的复函》,该文件规定:"从事工程造价司法鉴定,必须取得工程造价咨询资质,并在其资质许可范围内从事工程造价咨询活动……从事工程造价司法鉴定的人员,必须具备注册造价工程师执业资格,并只得在其注册的机构从事工程造价司法鉴定工作。"按照这一规定,笔者找到当地建设厅,查询该家鉴定机构的造价咨询企业资质以及造价工程师的身份,发现鉴定人员根本不在该家鉴定机构执业! 毫无疑问,笔者马上将这个问题反映给法官。此时法官再想要维持鉴定报告的结论也无能为力,否则可能构成渎职行为。

《最高人民法院关于民事诉讼证据的若干规定》第40条还规定了一种情形,叫作鉴定意见不能作为证据使用。要理解这个问题,实际上稍微有点难度。以前文提到的防水工程为例,工程内容主要是5cm聚氨酯防水涂料的施工。在委托鉴定机构对此出具质量修复方案的鉴定意见时,鉴定报告显示修复费用达到80多万元。但合同总价仅为46万元,因此笔者也希望通过申请重新鉴定的方式推翻该份鉴定报告。鉴定报告显示,鉴定人员首先要求将所有已施工的内容全部铲平,上方设置一个20cm厚的水泥板,重新喷涂5cm的防水涂料,再做一个20cm厚的水泥板,最后进行覆土。笔者在看到这样的内容之后,就跟法官表达得很清楚,合同总共的施工内容仅有5cm的涂料,鉴定机构的修复方案却要求承包人做接近半米的内容,显然对承包人不公平。由此法官就能够认识到,鉴定意见明显不合理,不能作为证据使用。

需要注意的是,面对不合理的鉴定意见,不要慌张,从头到尾逐项分析,还是能够看出一些问题的。

LESSON 42

第四十二讲

鉴定依据

1. 定额与竣工图

这是本书的最后一讲,叫作鉴定依据。首先要谈的是定额的性质问题,实际上对于这个问题,相信大家都已经非常熟悉。那为什么还要讲呢? 因为《施工合同司法解释一》第19条"因设计变更导致建设工程的工程量或者质量标准发生变化,当事人对该部分工程价款不能协商一致的,可以参照签订建设工程施工合同时当地建设行政主管部门发布的计价方法或者计价标准结算工程价款"的规定并没有直接用到"定额"这两个字。但是我们都知道,该条款所说的计价标准或计价方法就是指的定额结算。定额包括消耗量的定额,也就是完成一个单位实体所对应的人材机的消耗量。针对消耗量定额,很多省份还会颁布对应的计价表,比如人工对应的每工日单价是多少,材料对应的每个单位的钢材价格是多少,以及机械对应的每个台班的单价是多少,将其与施工图纸或者现场的实际计量结果结合进行计算,就能得到一个符合当地建设行政主管部门发布的计价方法或计价标准的市场价。所以作为鉴定依据,我们要充分认识到定额仅仅是确定市场价格的一种方法。有很多人会认为定额价属于政府指导价,这一点在前文已经反复强调,是完全错误的认识。因为定额是消耗量的定额,是当地的造价站经过对人材机的市场价多年的统计得到的一个平均价格,应当属于市场价。另外,造价行业还有一种观点就是,当前的定额对于消耗量给的太高,对于价格又给的太低,但是按照一种比较不靠谱的消耗量标准和一个不靠谱的市场价的标准计算,反而得到了一个相对靠谱的总的造价金额。这种说法还是有其一定的合理性。因为目前在确定定额的消耗量时,考虑的还是比较老的那一套施工方法。但从法律这个角度,我们不能否认定额作为一种市场价的确定方法,有其填补漏洞的作用。

对于定额本身,《建设工程定额管理办法》第3条规定:"本办法所称定额是指在正常施工条件下完成规定计量单位的合格建筑安装工程所消耗的人工、材料、施工机具台班、工期天数及相关费率等的数量基准。定额是国有资金投资工程编制投资估算、设计概算和最高投标限价的依据,对其他工程仅供参考。"也就是说,定额对于非国有资金投资工程,只是一种具有参考作用的数据标准。

另外,定额仅在设置招标控制价阶段起作用,后续在计算施工图所对应的预算价格或是合同价格时,计算结果就不再受定额所影响。

在进行工程造价司法鉴定的时候,鉴定机构需要依据图纸进行鉴定。有的时候发承包双方会在合同中约定以竣工图作为结算的依据,而很多律师由于不做现场,没有现场管理的经验,很容易对竣工图本身产生误解,竣工图与设计单位出具的图纸有什么区别?能不能直接用竣工图来进行结算?对于这个问题,笔者稍加解释一下。关于竣工图的概念,国家建委《关于编制基本建设工程竣工图的几项暂行规定》第1条规定:“基本建设竣工图是真实地记录各种地上地下建筑物、构筑物等情况的技术文件,是对工程进行交工验收、维护、改建、扩建的依据,是国家的重要技术档案。”该条款中,最重要的几个字就是“真实地记录”。因为竣工图并不是设计单位编制的,也不是承包人施工时的施工依据,它是施工单位在工程竣工之后,对实际工作内容的记录。承包人要核对设计图纸中的哪些工作已经完成,哪些工作发生了设计变更,这些内容都要体现在竣工图中。当然,按图施工是承包人的法定义务,但是这里的图指的是施工图,不是竣工图,竣工图是一种如实的反映,施工图才是其履行法定义务合同义务的依据。因此,如果双方当事人约定以竣工图作为结算依据,实务中常会发生的一种情况就是,承包人很有可能篡改竣工图,在竣工图上做很多文章,把实际工作量尽可能地放大。对于这样一种情形,发包人就要加强施工管理,具体的做法就是在承包人每一项工作完成之后,发包人应当确认具体已完工程量的准确性,以保证最终形成的竣工图完全真实。只有这样,发包人才敢在合同中约定以竣工图作为结算依据,否则很有可能被承包人抓住机会,在最后的图纸编制过程中敲一笔竹杠。

说到这里,对于竣工图的编制流程我们需要稍作理解。如果已完工程与施工图纸相比,没有发生一点变动,那么承包人就可以直接在施工图上加盖竣工章,形成最终的竣工图;如果施工过程中发生了一般的设计变更也好办,只要在原图纸上注明已经修改的部分并加盖竣工章;但是工程如果发生了重大设计变更,图纸发生了非常大的变化,那么就要重新绘制图纸,具体要看变更是哪一方的原因,就由哪一方来负责绘制,最后再由施工单位加盖竣工章。由此产生的问题是,如果承包人在竣工图上做了很多文章,而发包人没有及时审查直接胡乱签字,那么一旦双方对工程量发生争议,法官很有可能认为该竣工图纸是发承包双方的一致意见，作为合同文件的一部分，最终就应当以此作为结算依据。所以竣工图的法律地位是什么？它仅是确认承包人已完工作内容的证据。至于承包人究竟有没有按照施工图纸完成全部工作呢？发包人如果不放心，可以在诉讼环节提出现场勘察要求，以此来比对竣工图纸和现场实际情况的匹配程度。

2. 案例：鉴定依据应当谨慎对待

最后，通过案例看一下鉴定依据的问题，这也是本书最后一个案例的讲解。笔者希望通过这个案例给大家提个醒，想做造价律师这个行业没有那么容易，一定要谨慎再谨慎，因为很有可能就因为律师的一句话导致当事人损失几百万。尤其是要认识到，发承包人在施工过程中的种种约定、种种变更、种种调价都有可能在诉讼环节，通过双方当事人的质证或者合议，改变一个律师在此之前完成的所有工作。

本案就是这样的情况。施工过程中共有两版图纸，到了司法鉴定环节，承包人向鉴定机构提供了其中第二版图纸。图纸本身也已经过质证，被认定为合法的鉴定依据。只是在鉴定机构依据图纸计算出具体的钢筋工程量之后，承包人傻眼了，为什么？因为在本次鉴定之前，发包人曾经自行委托过一个审计单位对案涉工程进行过一次审计，审计得到的钢筋用量与鉴定机构的计算结果有着巨大的差异，鉴定结果少了将近600吨。因此，承包人提出，要求按照第一版的图纸重新鉴定。各位读者可以考虑一下，此时法院还有可能要求鉴定机构按照第一版图纸重新鉴定吗？最高人民法院《关于民事诉讼证据的若干规定》第3条规定："在诉讼过程中，一方当事人陈述的于己不利的事实，或者对于己不利的事实明确表示承认的，另一方当事人无须举证证明。在证据交换、询问、调查过程中，或者在起诉状、答辩状、代理词等书面材料中，当事人明确承认于己不利的事实的，适用前款规定。"根据该条款的规定，承包人提供的第二版图纸已经作为定案依据，再想推翻也没有机会了。因此，法院最终在判决中明确，鉴定机构进行鉴定所依据的图纸，就是承包人自己提供的第二版图纸，且图纸也经过双方的认可，此时承包人再要求按照另外一版图纸进行鉴定，缺乏合理的法律依据，不予支持。所以对于鉴定依据，作为律师在诉讼环节也要格外加小心。

有些时候对于一些专业问题,你可以要求你的当事人,可能是建设单位,也可能是施工单位,派一个造价工程师来辅助你,这样一种造价和法律的结合才能起到最好的效果。

后　　记

本书内容到这里就全部结束了。笔者始终认为,造价才是建设工程最核心的内容。笔者建议,每一个想要从事造价行业的律师,应当服务于整个行业,跟着整个行业去发展,和那些行业领头人、行业内的专业机构一起,贴身式观察,贴身式学习,去看一看他们在做什么,他们要做什么,以此对自己的业务作出相应调整,才能给自己带来源源不断的机会。

另外还要说的就是,笔者所在的由朱树英律师创办建纬律师事务所至今已有30年,可以说,建纬律师事务所永远走在时代的前头。我们把超前作为律师事务所的一个宗旨,这就意味着我们永远在学习最新的东西,所以我们永远能够站在"风口"之上。而造价咨询行业也对律师提出了同样的要求,要深入这个行业就要不断学习最新的东西;反过来说,律师如果能够跟着专业的造价咨询企业一起发展,未来一定能够有所作为。

再次感谢各位读者的耐心阅读!